한국어 표현 교육론

한국문화사
한국어교육학
시 리 즈

한국어 표현 교육론

강현화·홍혜란·박지순·박수연·윤경원·남신혜·장채린 지음

한국문화사

머리말

언어 학습의 궁극적 목표가 상대와의 효율적 의사소통에 있다고 볼 때 이러한 의사소통의 수단이 되는 말하기, 듣기, 쓰기, 읽기의 언어 기술을 익히는 일은 매우 중요하다. 언어 교육에서 의사소통의 네 가지 요소를 중요시하는 이유는 이들이 소통을 위한 절대적인 수단이 되기 때문이다. '듣기와 읽기'라는 이해 과정을 통해 상대의 생각과 문화를 이해하며, '말하기와 쓰기'라는 표현 과정을 통해 생각이나 가치를 전달할 수 있게 되는 것이다.

또한 대면 상황에서는 말하기와 듣기를 통해 구어로 소통하며, 비대면 상황이나 시차가 있는 환경에서는 읽기와 쓰기를 통해 문어로 상대와 소통하게 된다는 점에서 사실 이러한 네 가지 요소는 분화적이면서도 상호연계적이다. 이런 이유로 네 가지 기능은 각각을 따로 다룰 수도 있고, 표현과 이해로 구분하거나 구어와 문어 영역으로 구분하여 다룰 수도 있다.

본서는 표현과 이해로 구분하여 표현 영역을 다루되, 말하기와 쓰기를 구분하여 기술하고자 하였다. 말하기와 쓰기는 표현 기술이라는 공통성을 가지는 동시에 구어의 표현과 문어의 표현이라는 차별적 요소도 가지므로, 전체적인 기술의 틀은 표현 기능에 초점을 두어 통일적으로 기술하면서도 각각의 특성을 따로 드러내어 보이고자 한 것이다.

상호 작용의 성공은 대면하고 있는 화자와 청자(혹은 필자와 독자)가 상대방에게 적절하게 반응하면서 상대와의 관계를 유지하거나 자신이 의도하는 생각을 얼마나 효율적으로 전개할 수 있는지 여부에 달려 있다. 이러한 효율성은 흔히 관례적인 언어 형식과 상호교섭적 기술로 얻어진다. 이러한 이유로 문법, 음운, 어휘의 체계적 기반에서 나오는 점진적인 표현 능력을 개발하는 것과 언어 접촉의 환경에서 실제로 소통할 수 있는 전략적 기술적 능력의 발달 모두 필수적 요소이다. 이에 본서에서는 말하기와 쓰기 영역의 언어적 지식과 더불어 해당 언어 기술에 대한 효과적인 교수·학습의 이론과 실제를 담고자 하였다.

먼저 1장은 말하기와 쓰기를 포괄하는 표현 영역의 전반적 특성을 기술하였다. 의사소통 능력을 바탕으로 한 표현 교육의 관점, 의사소통 능력과 표현 능력, 표현 교육의 필요성, 표현 교육의 범위와 내용을 다루었다. 그리고 입말과 글말의 특성을 구분하여 제시하고 표현 교육에서 이를 어떻게 고려해야 하는지 살펴보았다.

전반부인 2장~7장에서는 말하기 영역을 다루었다. 2장에서는 말하기의 개념과 말하기 교육의 목표, 말하기 교육의 흐름, 그리고 말하기 교육의 원리에 관해 다루었다. 3장에서는 말하기 교육의 내용을 살펴보고 단계별로 교수·학습되어야 하는 말하기 교육의 내용을 제시하였다. 4장에서는 말하기 교육의 방법과 실제에 관하여 다루었다. 말하기 수업 모형과 말하기 활동의 여러 유형, 실제 수업 모형을 제시하여 말하기 수업을 어떻게 진행할 수 있을지에 대해서 살필 수 있도록 하였다. 5장에서는 말하기 오류의 유형과 말하기 오류 수정의 절차와 오류 수정 시 고려해야 할 사항들 그리고 피드백의 유형에 대해 알아보았다. 6장에서는 말하기와 의사소통 전략에 관하여 다루었다. 의사소통 전략의 정의와 세부 유형, 의사소통 전략 훈련의 실제를 사례 중심으로 살펴보았다. 7장에서는 말하기 평가의 목표와 내용, 말하기 평가의 유형, 말하기 평가 문항 유형, 말하기 채점에 대해 살펴보았다.

후반부인 8장~13에서는 쓰기 영역을 다루었다. 8장에서는 쓰기의 개념과 범위에 대해 알아보고, 그 필요성에 대해 논하였다. 쓰기 교육의 흐름, 숙달도나 학습 목적 및 대상별 쓰기 교육의 목표, 쓰기 교육의 원리를 제시하였다. 9장에서는 쓰기 교육의 내용을 살펴보았는데, 숙달도별 쓰기 교육의 내용과 윤리적 글쓰기에 교육 내용도 함께 다루었다. 10장에서는 쓰기 교육의 방법과 실제에 대해서 다루었다. 쓰기 교육 이론과 쓰기 모형, 쓰기 활동의 유형, 쓰기 수업의 실제 구성 사례를 제시하였다. 11장에서는 쓰기 오류 특성과 유형, 쓰기 오류 수정과 피드백, 쓰기 피드백의 유형과 실제에 대해 살펴보았다. 12

장에서는 쓰기 전략의 유형과 쓰기 전략 훈련의 효과, 쓰기 전략 훈련 활동을 구체적인 실례를 통하여 제시하였다. 13장에서는 쓰기 평가의 목표와 내용, 쓰기 평가의 유형, 그리고 쓰기 채점의 방법에 대하여 살펴보았다.

본서는 말하기와 쓰기 영역의 교수 학습에서 반드시 알아야 할 주요 내용을 담아 대학과 대학원에서 해당 분야에 기초 지식을 배양할 수 있도록 노력하였다. 아울러 각 단원에 최신 이론에서 쟁점이 될 만한 요소들도 포함하여, 언어 교육의 현장에서 고려해야 할 부분들을 살필 수 있도록 하였다. 어려운 시국에 출판을 흔쾌히 허락해 준 한국문화사의 관계자에게 감사를 전하며, 본서가 교육 현장에서 활발히 사용되기를 희망한다.

2021.9 외솔관에서

차례

제1장
표현 교육론의 이해

들어가기······14
1. 의사소통 능력과 표현 교육······15
   1.1. 표현 교육에 대한 관점······15
   1.2. 의사소통 능력과 표현 능력······16
2. 표현 교육의 필요성······20
3. 표현 교육의 범위와 내용······21
   3.1. 표현 교육의 범위······21
   3.2. 표현 교육의 내용······24
4. 입말과 글말에서의 표현 교육······25
   4.1. 입말과 글말의 비교······25
   4.2. 입말과 글말의 언어적 특성······28
나가기······33

제2장
말하기 교육론 개관

들어가기······36
1. 말하기의 개념······37
2. 말하기 교육의 목표······38
   2.1. 숙달도 단계에 따른 말하기 교육의 목표······39
   2.2. 학습 목적에 따른 말하기 교육의 목표······42
   2.3. 대상에 따른 말하기 교육의 목표······44
3. 말하기 교육과 언어 교수법······46
   3.1. 말하기 교육과 문법번역식 교수법······46
   3.2. 말하기 교육과 청각구두식 교수법······47
   3.3. 말하기 교육과 의사소통적 접근법······48
4. 말하기 교육의 원리······50
   4.1. 말하기 지도의 원리······50
   4.2. 말하기 수업 구성의 원리······54
나가기······57

제3장
말하기 교육의 내용

들어가기······60
1. 말하기 교육의 내용 체계······61
2. 정확성을 위한 말하기 교육······63
3. 유창성을 위한 말하기 교육······66
   3.1. 유창성 향상을 위한 말하기 교육 내용······66
   3.2. 학습자 발화의 유창성 점검 방법······69
4. 적절성을 위한 말하기 교육······71
   4.1. 담화·화용적 지식······71
   4.2. 공손성과 공손표현······75
나가기······80

제4장
말하기 교육의 방법과 실제

들어가기······86
1. 말하기 교육의 접근법······87
2. 말하기 수업 모형······88
   2.1. PPP 모형······88
   2.2. TTT 모형······92
3. 말하기 활동······96
   3.1. 말하기 활동의 유형······96
   3.2. 말하기 활동의 실제······99
4. 말하기 수업의 실제······103
나가기······106

제5장
말하기 오류와 피드백

들어가기·················110
1. 말하기 오류·················111
　1.1. 말하기 오류 분석·················111
　1.2. 말하기 오류의 유형·················114
2. 말하기 오류 수정·················120
3. 말하기 피드백의 유형·················125
나가기·················128

제6장
말하기와 의사소통 전략

들어가기·················132
1. 말하기 능력과 의사소통 전략·················133
2. 의사소통 전략의 개념·················134
3. 의사소통 전략의 유형·················135
　3.1. 직접적 전략·················136
　3.2. 간접적 전략·················138
　3.3. 상호적 전략·················139
4. 의사소통 전략의 훈련·················141
나가기·················147

제7장
말하기 평가

들어가기·················150
1. 말하기 평가의 목표와 내용·················151
　1.1. 말하기 평가의 목표·················151
　1.2. 말하기 평가의 내용·················153
2. 말하기 평가의 유형·················156

　2.1. 간접 평가·················157
　2.2. 직접 평가·················157
　2.3. 준 직접 평가 방식·················159
3. 말하기 평가 문항 유형·················161
4. 국내외의 말하기 평가·················167
　4.1. 한국어 말하기 평가·················167
　4.2. 외국어 말하기 평가·················169
5. 말하기 채점·················171
　5.1. 채점 기준·················171
　5.2. 채점자 훈련·················173
나가기·················175

제8장
쓰기 교육론 개관

들어가기·················178
1. 쓰기의 개념·················179
2. 쓰기 교육의 필요성·················180
3. 쓰기 교육의 흐름·················183
4. 쓰기 교육의 목표·················186
　4.1. 숙달도에 따른 쓰기 교육의 목표·················187
　4.2. 학습 목적에 따른 쓰기 교육의 목표·················190
　4.3. 대상에 따른 쓰기 교육의 목표·················193
5. 쓰기 교육의 원리·················195
나가기·················199

제9장
쓰기 교육의 내용

들어가기·················202
1. 쓰기 교육의 내용 체계·················203
2. 기초 문식성에 관한 내용·················206

  2.1. 한글 교육·········206
  2.2. 문장 교육·········208
 3. 텍스트 생산에 관한 내용·········209
  3.1. 합목적적 글쓰기·········209
  3.2. 텍스트성 갖추기·········214
  3.3. 단계별로 글쓰기·········215
 4. 윤리성에 관한 내용: 쓰기 윤리·········216
 나가기·········220

제10장
쓰기 교육의 방법과 실제

들어가기·········224
1. 쓰기 교육의 접근법·········225
2. 쓰기 수업 모형·········227
 2.1. 과정 중심 쓰기 모형·········227
 2.2. 장르 중심 쓰기 모형·········229
3. 쓰기 활동·········231
 3.1. 쓰기 활동의 통제 정도에 따른 구분·········231
 3.2. 쓰기 목적에 따른 구분·········240
4. 쓰기 수업의 실제·········246
나가기·········249

제11장
쓰기 오류와 피드백

들어가기·········252
1. 쓰기 오류·········253
 1.1. 쓰기 오류의 특성·········253
 1.2. 쓰기 오류의 유형·········255
2. 쓰기 오류 수정과 피드백·········258
3. 쓰기 피드백의 실제·········261
 3.1. 쓰기 피드백의 유형·········262
 3.2. 유형에 따른 피드백 방법·········263
나가기·········274

제12장
쓰기 전략

들어가기·········278
1. 쓰기 교육과 쓰기 전략·········279
2. 쓰기 전략의 개념·········280
3. 쓰기 전략의 유형·········282
 3.1. 인지 전략·········285
 3.2. 상위 인지 전략·········288
4. 쓰기 전략의 훈련·········289
 4.1. 쓰기 전략 훈련의 효과·········289
 4.2. 쓰기 전략 훈련 활동·········291
나가기·········295

제13장
쓰기 평가

들어가기·········298
1. 쓰기 평가의 목표와 내용·········299
 1.1. 쓰기 평가의 목표·········300
 1.2. 쓰기 평가의 내용·········301
2. 쓰기 평가 유형·········303
 2.1. 직접 쓰기 평가·········304
 2.2. 간접 쓰기 평가·········305
 2.3. 과정 중심 쓰기 평가·········306
 2.4. 포트폴리오 평가·········306
3. 쓰기 평가 문항 유형·········307
 3.1. 직접 쓰기 평가의 문항 유형·········308
 3.2. 간접 쓰기 평가의 문항 유형·········309
4. 쓰기 채점·········311
 4.1. 종합적 채점·········311
 4.2. 분석적 채점·········314
나가기·········317

참고문헌·········319
찾아보기·········328

제1장
표현 교육론의 이해

들어가기

» 다음은 네 가지 의사소통 기능을 나타낸 것이다. 빈칸에 알맞은 말을 쓰고 질문에 답해 보자.

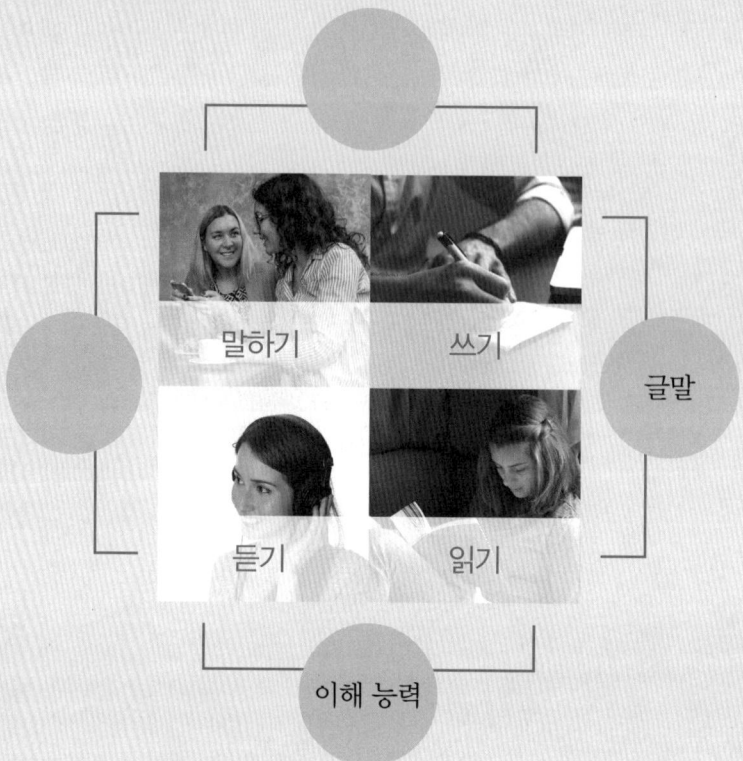

1) 말하기와 쓰기의 공통점은 무엇인가?

2) 말하기와 쓰기의 차이점은 무엇인가?

1. 의사소통 능력과 표현 교육

1.1. 표현 교육에 대한 관점

 사람은 말하기, 듣기, 쓰기, 읽기를 통하여 다른 사람과 의사소통을 한다. 말하기와 쓰기를 통하여 자신이 전달하고자 하는 바를 표현하고, 듣기와 읽기를 통하여 다른 사람이 전달하고자 하는 바를 이해한다.
 그런데 의사소통의 과정에서 이러한 표현 기능과 이해 기능은 밀접하게 상호 관련되어 있다. 우선 언어수행에서 이해 활동이 제대로 이루어지지 않는다면 표현 활동에 지장을 초래하여 성공적인 의사소통에 이르지 못하게 되며, 상대방의 의사를 이해하지 못한 채 자신의 의사만을 전달한다면 의미 있는 의사소통은 이루어지기 어렵다. 표현 활동 역시 상대방의 이해 활동을 전제로 하되 명확하고 분명하게 수행해야만 의사소통의 성공에 이를 수 있으며, 명확한 표현 능력은 화자와 청자 간 또는 필자와 독자 간의 상호적인 의사소통 능력을 확보하는 데에 기반이 된다.

외국어 교육의 궁극적 목표는 자신의 생각을 성공적으로 전달하는 것이라고 볼 때, 학습자로 하여금 표현 능력을 갖추게 하는 것은 매우 중요하다. 성공적인 표현 능력을 갖추기 위한 방법은 두 가지로 나누어 접근이 가능하다. 우선 표현 능력이 문법, 음운, 어휘의 체계적 기반에서 나오는 점진적인 발달로 보는 의견과 표현 기술은 문법적 능력이 아닌 언어 접촉의 환경에서 실제로 소통할 수 있는 능력이 발달되는 것으로 보는 의견으로 구분될 수 있다. 하지만 두 견해는 상반되게 나뉘기보다는 상호보충적인 것이라고 볼 수 있어서 효과적인 의사소통이 가능하도록 하는 역량을 기르기 위해서는 두 견해 모두 중요하다. 전자는 의사소통을 위한 도구라고 할 수 있는 언어의 단위, 범주, 문법 기능 등을 인지하고 이들에 관한 규칙을 내재화하는 훈련을 하는 기능 습득의 과정이며, 후자는 내재화된 규칙에 의해 자신의 의견이나 생각을 표현하고 상대방의 말을 이해하며 상호 의사소통을 위해 언어를 사용하는 기능 사용의 과정이므로 이들 모두는 학습에 있어 필수적인 요소가 된다.

1.2. 의사소통 능력과 표현 능력

Chomsky에 의해 인간은 보편문법을 가지고 태어난다는 언어의 생득성 가설이 널리 알려졌다. Chomsky에 따르면, 언어 습득은 새로운 문장을 무수히 산출할 수 있게 하는데 이 능력은 생득적이고 추상적인 언어 능력이라고 규정하고, 구체적인 언어 수행의 배후에 언어 능력이 규제하고 있다고 보았다.

하지만 70년대 초반에 사회언어학이라는 실용적인 학문이 주류를 형성하면서 Hymes에 의해 언어 능력의 한계를 극복하기 위한 대안으로 의사소통 능력이라는 개념이 등장하게 되었다. Hymes는 진정한 의사소통을 위해서는 '언어 능력'을 넘어서 내용을 해석하고 전달하며 상호 협의할 수 있는 '의사소통 능력'이 중요하다고 보았다. 그는 의사소통 능력을 인간이 특정 상황에서 메시지를 전달하고 해석하며 인간 상호 간에 의미를 타협하게 해 주는 능력이라고 보았다. 이후 이러한 사회언어학적 접근은 언어 교육 및 언어 습득에 있어서 많은 영향을 미치게 된다.

이후, 촘스키 학파에서는 '언어 학습'을 인간의 성장 과정상에서 일정 시기가 지나고 나서 두뇌의 다른 부분에서 발달을 겪는 연역적 모형으로 설명한다. 즉 규칙을 제시하고 사고의 시간을 거친 뒤 학습자가 스스로 의사소통을 위한 표현을 구사할 수 있는 것으로 본다. 이러한 관점은 외국어 교육에서는 학습자의 연령, 외국어 습득 단계, 학습자의 모국어와 해당 외국어와의 계통적 관계 등을 고려한 학습자 중심의 교수법들이 나오게 되는 바탕이 된다.

사회언어학적 관점의 의사소통 능력을 제2언어 학습과 관련하여 규정한 것은 Canale & Swain(1980)에서 이루어졌다. 의사소통 능력을 아래의 네 가지로 구분하였고 이러한 구분은 언어 교육에서 널리 인용된다.

» 문법적 능력(grammatical competence)
» 사회언어적 능력(sociolinguistic competence)
» 담화 능력(discourse competence)
» 전략적 능력(strategic competence)

문법적 능력이란 어휘와 문법에 관한 능력을 말한다. 문법 규칙이나 형태, 구문, 철자, 구두점 등의 사용 능력을 말하며 기존의 언어 능력과 유사하다.

사회언어학적 능력이란 사회적 맥락에 맞게 의사소통을 진행할 수 있는 능력을 의미하는데, 언어가 사용되는 사회 문화적 규칙에 대한 지식으로 필자나 화자가 의사소통의 목적이나 주제, 독자나 청자에 따라 표현을 달리할 수 있는 능력을 포괄한다. 사회언어학적 능력을 갖추려면 언어 사용 상황에 대한 이해가 필요하고 한국 사회에서 필요한 상호 작용의 문화에 대한 지식을 갖추어야 한다. 해당 상황에 가능한 다양한 표현들 중에서 한국 문화의 관습에 비추어 어떤 것이 가장 적합한 것인지를 선택하여 사용할 수 있어야 한다. 상황에 따른 격식적 혹은 비격식적 표현, 친근하거나 공손한 표현, 직접적 혹은 간접적인 표현 등을 익혀서 적절하게 사용할 줄 알아야 한다.

담화적 능력이란 의사소통이 전체 담화에서 어떤 위치에 있는가를 파악하는 능력을 말한다. 지시어와 생략, 반복 표현의 삭제와 같은 방법을 사용하여 대화나 글을 응결성 있고 일관성 있게 구성하는 능력을 일컬으며, 문장 사이의 상호관계와 연관된 능력을 말한다. 담화를 이어가는 형태적인 응집성과 의미적인 긴밀성 유지하고, 주제(화제)에 맞게 일관된 내용으로 담화를 지속하고, 자신의 생각을 예시, 이유, 가정 등의 방법을 활용하여 논리적으로 표현할 수 있는 담화적 능력을 갖추어야 한다. 아울러 대화 원리를 이해하여 적절하게 화제를 유지하거나 바꾸고, 상대를 고려하면서 적절한 시간에 대화에 끼어들거나 적절하게 순서를 교대하는 능력도 갖추어야 한다.

전략적 능력이란 언어 수행상의 변인이나 불완전한 언어 능력 때문에 의사소통이 중단되는 경우 이를 보완하기 위해 사용하는 언어적, 비언어적 의사소통 전략을 의미한다. 얼굴 표정, 몸짓, 발화 속도, 강세 등을 조절하고, 언어가 막혔을 때 몸짓언어로 의사를 전달하는 등의 다양한 전략을 구사할 줄 알아야 하며, 주저함이나, 번복, 시간 끌기, 강조하기, 모르는 표현을 돌려 말하기 등의 다양한 언어적 책략도 필요하다.

결과적으로, 어떤 사람이 한국어로 의사소통을 할 수 있는 능력을 갖추었다고 하면 한국어의 문법을 알고 이를 적절히 사용할 줄 알며, 한국 사회 속에서 통용되는 표현을 이해하고 이를 목적이나 상황에 맞게 사용할 수 있어야 한다. 뿐만 아니라 한국어를 사용하면서 어떠한 문제에 부딪히게 될 경우 이를 해결할 수 있어야 한다는 것이다.

또한 Widdowson(1984)는 '의사소통으로서의 언어'를 가르칠 것을 강조하면서, 언어 교육에서는 목표어에 대한 지식과 기술과 전략을 사용하여 해당 언어를 사회적, 문화적 맥락에서 효과적이고도 적절하게 사용할 수 있어야 한다는 언어의 기능을 강조하였다. Bachman(1990)은 Canale & Swain 모델의 의사소통 능력 대신 의사소통 언어 능력을 제안하면서 인지적 언어 습득을 강조한 언어 지식이라는 용어를 사용하기도 하였다. 이렇듯 언어 교육에서의 의사소통으로서의 언어 지식과 사용 기술은 두 측면 모두 중요한 요소로 강조되어 왔다.

상호 작용의 성공은 대면하고 있는 화자와 청자(혹은 필자와 독자)가 상대방에게 적절하게 반응하면서 상대와의 관계를 유지하거나 자신이 의도하는 생각을 얼마나 효율적으로 전개시킬 수 있는지 여부에 달려 있다. 이러한 효율성은 흔히 관례적인 언어 형식과 상호 교섭적 기술로 얻어진다. 상황별로 관례적으로 사용되는 상투 표현에 대한 이해는 다양한 상황에서 이미 준비된 언어로 손쉽게 소통하게 한다. 예를 들면, 전화 대화나 회의 등의 대화 상황이나 특정 장르에 고정적으로 관례적으로 사용되는 표현을 익히는 것은 효율적 소통에 유용하며, 상호 교섭적 기술 역시 다양한 의사소통에서 생길 수 있는 여러 문제들을 해결해 나갈 수 있게 한다는 점에서 중요하다. 표현의 의미를 점검하거나 표현을 바꾸는 능력, 실수나 오류를 수정하거나 교정하는 능력 등이 이러한 기술에 포함될 수 있다. 학습자들은 이러한 표현들을 기억하고 사용하는 기술을 수행해가면서 상호 작용 기술을 습득하고 발전시키게 된다.

말하기와 쓰기에서 요구되는 기술은 서로 다르다. 우선, 대면 상황에서의 말하기에서는 어떤 상황에서 전형적으로 쓰이는 언어 형식을 아는 것은 매우 중요한데, 목표어 화자들의 전형적인 대화 방식이나 표현 등을 하나의 패턴으로 저장하면 말하기가 더욱 용이해지기 때문이다. 또한 대화를 나누고 있는 상대방과 서로를 이해하고 조정하는 교섭적 행위도 매우 중요하다. 공적인 만남이나 토론, 비격식적 대화 등에서 효율적 상호 작용을 하는 언어 기술을 익혀야 한다. 이러한 말하기 기술은 결코 언어적 정확성의 기술만으로는 습득될 수 없으며 다양한 상황 문맥에서 반복적으로 연습되는 과정 속에서 축적된다.

완성된 표현으로서의 쓰기는 문자 언어의 표현 기능으로 맞춤법 지식과 어휘 지식, 구문 지식을 갖추어야 하며, 나아가 목표 언어와 문화에 관한 지식 등이 기반이 되어야 한다. 쓰기에서는 완성에 초점을 두어 오류나 부정확성을 용납하지 않으므로, 글자에서 문장에 이르기까지 정확성이 요구되는 영역이다. 이에 쓰기 능력은 지속적인 학습과 훈련을 필요로 하며, 다른 언어 능력을 포괄하는 가장 상위의 능력이라고도 볼 수 있다.

2. 표현 교육의 필요성

외국어 학습의 이상적인 방향은 말하기, 듣기, 읽기, 쓰기의 네 가지 언어 기능을 균등하게 숙달시키는 것이다. 화자의 의사 표현이라는 기준에서 볼 때는 말하기와 쓰기를, 정보 습득이라는 측면에서 읽기와 듣기를 하나로 묶을 수 있다. 담화 참여자 간의 의사소통에서 본서의 대상이 되는 표현 기능은 담화의 시작이라는 점에서 매우 중요하다. 표현 교수의 필요성은 아래와 같다.

첫째, 표현 기능은 담화 참여자 간의 주요한 소통의 도구가 되며, 기본적인 인간의 의사소통의 토대가 된다. 표현은 간단한 의사 표현이나 안부 확인부터 다른 사람과의 관계 확인을 통한 정서적 유대 유지, 그리고 토론이나 반론문 등을 통한 갈등의 조정까지도 가능하다. 그런데, 표현 영역인 말하기와 쓰기 모두 화자나 필자만의 활동이 아니라 담화 참여자 간의 상호 작용을 기반으로 하므로, 효율적인 소통을 위해서는 화자는 청자를 고려한 적절한 대화를 구사해야 하며, 필자 역시 독자를 의식하면서 이해시키고 설득하는 글을 써야 한다. 말하기는 의사 개진과 설득, 타협 등에서 매우 중요한 요소이며, 쓰기 역시 매체 등에서의 정보 전달과 정련된 의사 표현의 도구로서 주요한 요소가 된다.

둘째, 표현 영역의 교수는 학습자의 학습 동기를 유발하는 장점도 있다. 외국어 학습자들은 낯선 언어로 자신을 표현해야 하는 부담을 갖지만 반면에 낯선 언어로의 표현하는 매력에 빠지게 된다. 전혀 몰랐던 새로운 언어를 사용하고 소통에 성공하는 경험을 통해 새로운 사회와 만나는 체험이 가능하기 때문이다. 말이나 글로 표현하는 활동은 학습자의 동기 유발 면에서 매우 중요하다.

셋째, 표현 교육은 언어 습득 과정에 대한 정보를 주고 언어 습득을 촉진시킨다. 학습자의 표현 활동에 의해 산출된 자료는 언어 습득의 과정을 이해하고, 학습 정도를 파악하는 데에 유용한 자료로 활용된다. 교사는 학습자의 표현 자료를 통해 학습의 진전 상황을 알 수 있으며, 학습 목표에의 부합 여부나 오류의 유형, 성취의 정도 등에 대한 다양한 정보를 얻을 수 있다. 해당 자료는 연구자들에게도 큰 도움을 주는데, 표현 자료를 통해 언어가 학습되는 과정이나 학습자가 언어 규칙을 발견하기 위하여 사용하는 전략의 절차 및 방법에 대해 추측해 볼 수 있다는 점에서 유용하다. 학습자들 역시 언어 학습 과정에서 자신이 산출한 표현 자료를 교사를 통해 평가를 받음으로써 이를 학습에 다시 활용할 수 있다.

3. 표현 교육의 범위와 내용

3.1. 표현 교육의 범위

말하기는 한국어로 정확히고 유창하게 밀해야 함이 목표이다. 해당 목표를 효과적으로 구현하기 위해 구체적으로 어느 것을 더 중시하는가에 따라 교육의 내용과 범위가 달라진다. 정확성에 초점을 둔다면 문법 교수에 초점이 놓이게 되며 문법 학습을 위한 구어 연습이 이루어지게 된다. 초급 수준에서 말하기는 문법 교수를 무시할 수 없으며, 구조적인 연습의 단계를 거쳐 자유로운 생산 단계로 연계된다. 학습의 단계에서 생겨나는 오류의 화석화를 막기 위해서는 오류 교정에 주의를 기울인다. 하지만 오류의 교정에 집중하면 자연스러운 구어 발화의 습득과 생산이 지연되며 소극적인 학습자의 경우에는 유창성이 떨어지는 문제가 생길 수 있다.

유창성에 초점을 둔다면, 문법에 관해 아는 지식이 아니라 실제 다양한 상황과 맥락에서 표현할 수 있는 언어 기술을 갖춘 의사소통 활동이 중심이 되어야 한다. 정확한 언어의 용법을 익히기보다는 다양하고 활발하게 언어를 쓸 수 있는 활동이 유의미한 맥락에서 활발하게 이루어져야 한다.

쓰기는 문자 언어의 표현 기능으로 언어 교육에서는 초급에서의 글씨 쓰기부터 완성된 글쓰기를 모두 포함하는 개념으로 사용한다. 쓰기는 어휘력·구문력·표현력·맞춤법에 관한 지식, 그 언어와 문화에 관한 지식 등을 고루 갖추어야 할 뿐 아니라, 언어에 대한 명확한 이해와 표현 능력도 요구되므로, 언어의 종합 운영 능력이라고 할 수 있다. 쓰기에서는 다른 언어 기능과는 달리 언어적 정확성이 높게 요구되므로 많은 노력과 훈련을 필요로 한다. 사실 듣기·말하기·읽기에 상당한 능력을 갖추었다 하더라도, 쓰기 능력이 없다면 그 언어 능력을 완전히 갖추었다고 보기는 어렵다.

구체적인 표현의 영역은 표현의 목적과 참여자, 그리고 상황 혹은 장르에 따라 구분할 수 있다. 표현 기능은 기본적으로 상대에게 정보를 전달하거나 친근한 관계를 유지하기 위한 목적으로 구현되며, 참여자가 직접 대면하는 상황과 대면하지 못하고 순차적으로 소통되는 경우가 있다. 표현 상황도 미리 계획되었는지 여부와 장르나 매체 등의 맥락에 따라 달라진다.

» 목적(purpose): 정보 전달
　　　　　　　　관계 유지

» 참여(participation): 대면 상황(상호 작용적) (예, 대화, 필담)
　　　　　　　　　　비대면 상황(비상호 작용적) (예, 녹음, 편지)
» 상황: 계획된 혹은 비계획된 표현
　　　　장르별 혹은 매체별 표현

학습자의 표현 능력을 갖추기 위한 표현 교육의 범위에는 다양한 내용들이 포함된다.

» 표현 교육의 목표
  : 목표는 숙달도별, 학습 목적별, 대상별로 구분될 수 있다.
» 표현 교육의 원리
  : 학습 지도의 원리나 수업 구성의 원리 등이 포함된다.
» 표현을 위한 지식
  : 언어 구조에 대한 지식과 내용 지식, 맥락 지식 등이 대상이 된다. 언어 구조 지식에는 말하기와 쓰기의 언어적 특성(음운적, 통사적, 담화화용적)과 의사소통적 특성(격식성, 공손성, 간접 표현 침묵 등의 비언어적 지식)이 포함된다. 언어적 지식 외에도 표현할 내용에 대한 지식과 표현 상황에 대한 맥락적 지식도 포함된다.
» 표현 교육의 방법 및 실제
  : 표현 교수를 위한 수업 모형, 표현 교수를 위한 교수학습 활동, 수업 구성의 실제 등이 포함된다.
» 표현 교수 방법론
  : 학습자의 오류(특성 및 유형)와 교수자의 피드백(기능, 내용 및 범위, 절차 방법)등이 포함된다.
» 표현 영역의 의사소통 전략
  : 효과적인 표현을 위한 의사소통 전략의 유형 및 전략의 훈련 등이 포함된다. 적절한 담화 표지의 사용과 담화 구조, 순서 교대, 담화의 결

속성 등이 다루어진다.
- » 표현 영역의 평가
   : 산출된 표현에 대한 평가(직접 평가와 간접 평가) 방식과 평가의 문항 유형, 평가의 실제 방법론 등이 포함된다.

3.2. 표현 교육의 내용

언어는 음성 언어와 문자 언어를 매개로 이루어지며 말하기와 쓰기 활동을 통해 표현된다. 구체적인 표현 교육의 내용을 말하기와 쓰기로 구분해서 살펴보면 아래와 같다.

우선, 말하기는 음성 언어를 사용하여 자신의 생각, 느낌, 정보 등을 표현하는 활동으로 음성 언어와 함께 비언어적인 요소인 몸짓, 표정 등을 사용해서 소통한다. 사람들은 사실상 다양한 대인관계를 경험하는 사회생활에서 정보를 얻거나 혹은 타인과 원만한 관계를 유지하기 위해 말하기를 통해 자신의 의사를 표현하고 감정을 전달하므로 다양한 상황에 필요한 의사소통 기능을 말하기로 수행할 수 있도록 교육 내용을 구성해야 한다. 한국어 학습자들에게 말하기는 필수적인 언어 기능이며, 한국어 생활권에서 기본적인 생활을 영위하기 위한 기본적인 수단이 되므로 학습자들에게 매우 중요한 의미를 갖기 때문에 교육 내용 선정에 주의를 기울여야 할 것이다.

또한 언어 교육에서의 말하기 교육은 정확성과 유창성을 균형 있게 추구하면서, 다른 의사소통 기능인 듣기와 읽기, 쓰기와도 적극 연계되도록 해야 한다. 또한 교실에서는 상호 작용이 활발히 일어나도록 학습자 활동을 적극적으로 유도하면서, 문맥에 초점을 둔 발음 지도와 담화능력을 키우기 위한 말하기 활동, 실제적인 과제 중심으로 수업을 구성할 필요가 있다.

다음으로 쓰기는 문자 기호를 이용하여 자신의 생각이나 정보, 느낌 등을 글로 표현하여 독자에게 전달하는 표현 활동으로, 간단한 메모부터 완성된 글쓰기까지 다양한 방법을 활용한다. 편지와 같은 감정이 담긴 글부터 상상적 글쓰기와 실제적 정보를 전달하기 위한 쓰기, 설명·분석·설득을 위한 글쓰기까지 다양한 장르의 글쓰기 교육이 실시되어야 한다. 언어 교육에서의 쓰기 교육은 주로 정확성에 초점을 두는데, 창조적이고 상상력 있는 언어 사용 기회를 제공하며 직업 수행이라는 실무적 목적에까지 목표를 둘 수 있어야 한다는 점도 교육 내용 선정 시 고려할 사항이다. 또한 교실에서는 문자를 손으로 쓰기, 구두점, 문단 나누기 등의 기본적 활동부터, 특정한 장르의 쓰기를 이해하고 표현하는 데에 필요한 언어적·수사적 기술을 익히고 발달시키는 활동, 실제 글쓰기 기술을 발달시키고 연습시키는 작문 활동, 확장하여 쓰기 활동 등을 포함할 수 있다. 글쓰기는 노력에도 불구하고 성취되기 어려운 측면이 있으며, 학습자의 요구와 연계되어 다양한 유형의 글쓰기가 존재하는 중요한 영역이다. 아울러, 글쓰기는 주제 영역에 포함된 개념들에 대한 내용 지식, 텍스트가 읽혀질 맥락에 대한 지식, 과제를 완성하는 데 필요한 언어 체계에 대한 지식, 특정한 글쓰기 과제를 준비하는 가장 적합한 글쓰기 과정에 대한 지식을 총체적으로 요구하는 활동으로서 이에 대한 글쓰기 교육에서 이러한 내용을 고려해야 한다.

4. 입말과 글말에서의 표현 교육

4.1. 입말과 글말의 비교

말하기로 구현되는 입말(음성 언어)과 쓰기로 구현되는 글말(문자 언어)은 표현 기능이라는 공통점에도 불구하고 차이를 가진다.

첫째, 입말은 글말에 비해, 덜 길고 덜 복잡한 경우가 많다. 글말에서는 실질적인 뜻을 가지고 있는 형태소들보다는 문법적인 기능을 담당하는 형태소들이 차지하는 비율이 훨씬 높다. 또한 입말은 글말에 비해 반복적인 표현이나 불필요한 정보가 많고, 전달하고자 하는 내용이 반복적으로 나열되는 경우가 많다. 따라서 출현한 어휘 간의 밀집도(lexical density)는 글말에 비해 상대적으로 낮다. 이에 반해 글말에서는 문장의 배열이나, 텍스트의 조직, 통사적인 결속성 및 의미적인 결속성과 관련된 절과 절 사이의 관계에 많은 관심을 둔다. 입말보다 문장이 복잡하게 구성되므로 문장의 구성이나 통사적, 어휘적인 다양한 변화를 시도하며, 이에 따라 어휘 간의 밀집도도 높다. 입말보다 다양한 어휘 사용이 요구되며, 글을 구성하는 데에 있어서의 형식을 갖추도록 지도할 필요가 있다.

둘째, 입말과 글말은 처리 제약 조건이 다르다. 입말은 시간상의 제약에 의해 영향을 받으며, 계획하기, 기억하기, 촉박감 아래서 만들어내므로 이와 관련된 문제들에 의해 영향을 받는다. 흔히 통사적 오류를 저지르기 쉽고 말하려는 의도를 잊어버리거나, 반복할 수 있다. 기억상의 문제로 잘못 이해하거나 다시 말하기를 요청할 수도 있으며, 주변의 소음, 순간적인 주의 산만에 제약을 받을 수도 있다. 이에 화자는 산출을 촉진하기 위해 여러 기제들을 사용한다. 이에 반해 글말은 표현 과정에서 자신의 배경 지식을 동원하여 작성되며, 반복적인 수정 과정을 거쳐서 완성된다. 일단 완성된 쓰기 전달되면 수정하기가 어렵고, 산출 시간도 제약되는 경우가 많다. 독자와 시간적·공간적 거리감을 가지게 되므로, 필자는 독자의 관점에서 자신의 글을 읽고 독자의 지식, 문화, 사고 등을 예측해야 한다.

셋째, 입말과 글말은 동시성과 순차성 면에서 차이를 가진다. 입말에는 두 명 이상의 담화 참여자가 같은 시간에 같은 장소에 있으며 실시간으로 동시에 이루어진다. 말하기에서는 담화 참여자들 간에 화제를 자유롭게 전환하고, 서로 협력하여 정보를 구성한다. 이에 반해 글말은 의사소통이 한 방향으로 이루어져 있고, 필자와 독자가 같은 시간에 같은 공간에 있지 않은 경우가 많다. 쓰기는 충분한 시간을 갖고 계획하고 작성하는 것이 일반적이다.

넷째, 입말과 글말은 격식성 여부에서 차이를 보이기도 한다. 비격식적인 입말은 체계적이지 못하며, 문법적으로 볼 때 비문이 생성되는 경우도 있고, 복문보다는 단문이 주로 사용된다. 이에 반해 글말은 문장이 체계적이고 격식적이어서 문법적으로 오류가 용납되지 않으며 단문보다는 복문이 주를 이룬다. 쓰기는 표정이나 억양의 도움을 받지 못하므로 완성된 문장의 형식을 이루어야 정보의 전달이 이루어지기 때문이다.

다섯째, 입말과 글말은 상호교환성의 측면에서 차이가 있다. 입말에서는 화자가 말을 하면 청자는 이에 동의하거나 동의하지 않거나 이해하거나 이해하지 못하는 것을 즉각 나타낼 수 있다. 말하기는 상호교환적으로 이루어지므로 실수 교정, 묻기, 동의 등이 실시간으로 처리되므로, 청자에 주의를 기울여야 하고 청자의 반응에 따라 전달 내용을 적합하게 고쳐 주어야 하며, 청자의 반응의 도움으로 이해가 증진될 수 있다. 이에 반해 글말은 쓰기는 즉각적인 상호교환의 불가능하고 일방적 전달이 이루어지며, 이해 여부의 결과는 필자와 독자의 양쪽의 능력에 의해 좌우된다. 이에 필자는 독자의 이해 정도를 예상해야 하고 가능한 문제점을 예측해야 하며, 독자도 조심스럽게 읽어 필자의 의도를 파악해야 한다. 쓰기는 말하기에 비해 형식성이 더 강하며 수사학적 형식이나 글을 조직하고 구성하는 형식, 글을 시작하고 끝내는 형식, 논리적 순서 등을 중시하게 된다.

한 언어를 유창하게 말할 줄 아는 사람이라고 하더라도 그 언어로 수준 있는 글을 쓸 수 있는 것은 아니다. 입말을 그대로 전사하여 놓는다고 글말이 되는 것은 아니기 때문이다. 또한 쓰기는 그 언어가 사용되는 환경에 노출된다고 하여 저절로 습득되는 기술이 아니다. 따라서 제2언어나 외국어로서 어떤 언어를 배울 때도 말하기 기술과 쓰기 기술은 서로 다른 전략을 사용하여 익혀야 한다. 이는 외국어 교육 현장에서 말하기와 쓰기를 교육할 때도 교육 내용이나 교육 방법이 서로 달라야 한다는 것을 의미한다. 아울러 말하기와 쓰기는 독립적으로 습득되는 것이 아니고, 말하기, 듣기, 읽기와 쓰기라는 네 가지 언어 기능 간의 병행적 습득으로 이루어진다는 점에 주목해야 한다.

4.2. 입말과 글말의 언어적 특성

말하기는 특히 시간적 제약 하에서 청자와 화자 간의 상호 교섭적인 행위로 이루어지는 의사소통이므로, 듣기와 말하기 사이의 자연스런 연결을 극대화해야 한다. 또한 말을 하는 과정에서 '시간'이라는 요소는 기억에 부담을 주는 요인이므로 이를 극복하기 위한 다양한 언어적 전략을 사용한다.

첫째, 구어에서는 발음에 있어 표준어 발음과는 상이하나 일상생활에서 통용되는 발음이 존재한다. 이러한 발음을 듣고 이해할 수 있어야 구어의 의사소통에 어려움을 겪지 않는다. 표준 발음과 더불어 일상생활에서 통용되는 발음을 함께 익히는 것이 바람직하다. 아울러 말하기에서 자연스럽거나 용인 가능한 정도의 음운, 억양, 속도로 발화하는 것은 소통에 있어 매우 중요하다.

둘째, 말하기에서는 단순한 문형을 사용한다. 접속사 없이 단문을 병렬로 연결한다거나 절이나 구의 형식을 사용하여 의미를 전달하는 것이 일반적이다. 복잡한 문형의 사용은 결국 기억에 부담을 가져오게 되어 청자와 화자간의 원활한 의사소통을 방해하므로, 화자는 가능한 단순한 문형으로 문장을 계속 나열하는 전략을 사용한다. 등위 접속사를 사용한 나열이 상대적으로 많이 나타나며, 긴 수식어를 가진 복합절을 피하고, 동일한 문장 반복하거나 꾸미는 말을 뒤에 추가하는 방식으로 소통하는 경우가 많다.

> **예**
>
> 아침에 급하게 씻고, 대충 밥 먹고, 무거운 노트북 들고, 그리고 택시 잡느라 너무너무 힘들었어. 내가 또 늦잠 자는 바람에…

셋째, 완전한 문장이 아닌 축약이나 생략된 형태로 메시지를 전달하는 것이 일반적이다.

즉 화자와 청자가 이미 공유하고 있는 내용을 서로의 상호 작용을 통해 의사소통하므로 완전한 문장이 아닌 생략되거나 축약된 형태를 사용한다. 이는 구어로 하는 의사소통은 가능하면 짧고 간단하게 메시지를 전달하고자 하는 언어의 경제성을 반영하는 측면이기도 하다.

> **생략**
>
> A: 사라 씨는 어디에서 왔어요?
> B: 미국에서요. (저는 미국에서 왔어요.)
> A: 미나는? (미나는 어디에서 왔니?)
> C: 일본. (나는 일본에서 왔어)

> **축약**
>
> A: 사라 씬 뭘 드시겠어요? (씨는, 무엇을)
> B: 전 냉면. (저는 냉면)
> A: 미난? (미나는)
> C: 난 만둣국. (나는)

넷째, 구어에서 주로 활용되는 문법의 형태가 존재한다. 구어와 문어에 두루 쓰이는 문법 형태가 수를 이루지만 때로는 구어에만 주로 활용되는 문법 형태가 있으므로 이에 주의를 기울어야 한다. 예를 들어 이유를 나타내는 연결 표현 중에 '-니까'나 '-어서'는 구어와 문어에 두루 사용되지만

'-어 가지고'는 구어에서 더 높은 빈도로 나타나며 문어에서의 사용 비중이 상대적으로 낮으며, '-므로'는 이와 반대이다.

> 예
> » 피의자는 두 번이나 같은 법을 어겼으므로, 가중 처벌이 타당하다. (문어)
> » 그 사람이 또 죄를 져 갖고 (지어 가지고) 결국 감방에 갔다잖아. (구어)

다섯째, 말하기에서 자주 사용되는 전략이 있다. 어휘 구사에서는 시간 벌기 전략을 선호하며, 필요한 어휘가 학습되지 않았거나 떠오르지 않는 경우 이미 알고 있는 대체어를 사용하는 전략을 구사하기도 한다. 청자와의 대화에서 시간적인 압박 하에 놓여 있는 화자는 다양한 전략을 구사하게 된다. 발화를 주저하거나 잠시 휴지 상태에 있거나 반복과 수정을 거치면서 생각할 시간을 얻게 되는데, 이러한 행위는 자신의 생각을 구성하고 적절한 단어를 찾기 위해 스스로가 좀 더 많은 시간을 얻고자 한다. 이를 위해 군말 집어넣기나 주저하는 언어적 기제를 사용하기도 한다.

> 예
> 음… 그게… 음… 아, 동그라미 달(√보름달)이었어.

또한 덩어리로 나타나는 연어나 상투적인 표현을 사용하여 유창성을 높이기도 한다. 일상회화에서 빈번히 쓰이는 관용 표현이나 속담, 숙어적 표현을 사용하는 일도 잦다.

> 예
> 여보세요! 오늘 전화를 드린 건 다름이 아니라, 제가 드디어 국수를 먹게 되었다는 소식을 전하려고요.

여섯째, 담화 상황별, 장르별로 적절한 구어 담화 표지들이 적극 활용된다. 학습자들이 담화 상황별, 장르별 시작, 종결 부분에 맞는 담화적 표현을 적합하게 선택하는 것이 중요하다. 순서교대, 중복, 끼어들기 등을 위해, 이를 표시하는 억양이나 표지 등이 선택되기도 한다. 이러한 담화 표지는 자연스러운 담화 구조를 이해하고 결속성이 드러나는 것들을 사용할 수 있게 한다.

일곱째, 구어 발화에서는 화용적 특성이 중요하다. 따라서 한국어 구어의 화용적 특성에 맞는 발화를 이해하고 표현에도 활용할 필요가 있다. 이에 학습자들은 간접 화행, 공손 표현과 같은 간접 표현을 이해하고 다양한 화행(칭찬하기, 감사하기, 요청하기, 거절하기, 사과하기, 불평하기)을 효과적으로 수행할 수 있는 어휘나 문법 표현을 익혀야 한다.

마지막으로, 구어에서는 비언어적인 의사소통 수단이 활용된다. 그러므로 구어의 특징인 비언어적 의사소통의 특성을 이해하고 이를 말하기 수업에 활용할 수 있도록 한다. 인사법, 고개 끄덕임, 악수, 자신을 가리키는 표현 등 비언어적 의사소통의 기능과 적절한 사용법에 대해 이해해야 하고 학습자의 모국어와 다른 한국어의 문화 간 차이를 인지하여 비언어적 의사소통 표현을 적절하게 활용하게 해야 한다.

다음으로 쓰기는 일반적으로 시간적 제약에서 자유로우며 필자와 독자 간의 상호 교섭이 순차적으로 이루어진다는 점에서 말하기와 구별된다. 쓰기는 주로 자신의 주장을 나타내거나 상대방 설득하기 등의 활동이다. 쓰기는 문자라는 도구를 통하여 음성 언어를 기록하는 수단이 됨으로써 이미 습득된 다른 언어수행 능력을 확인하는 도구의 기능을 가진다. 따라서 쓰기를 하는 과정에서 필자의 의도를 정리하고 완결해 내기 위한 다양한 언어적 전략을 사용해야 한다.

첫째, 쓰기는 목표어의 정확한 철자 교육에 기반해야 한다. 한국어의 소리와 글자는 늘 일치하지 않으므로, 이를 이해하여 정확한 쓰기에 이어지게 한다. 모국어와 다른 목표어의 자소 체계에 주의하도록 지도할 필요가 있다. 한국어에는 띄어쓰기도 존재하므로 정확한 용법과 더불어 허용 규정에 대한 것도 숙지해야 한다.

둘째, 쓰기에서 사용되는 어휘는 매우 다양하며, 말하기에 비해 한자어 사용에 대한 요구가 더 높을 수 있다. 주제에 적절한 어휘 선택과 더불어 장르별로 적절한 전문 어휘의 활용 능력도 요구된다. 또한 대명사, 지시어, 어휘 반복, 논리적 표지들, 다양한 관용 표현을 구사할 줄 알아야 한다.

셋째, 글말의 문장들은 길고 복잡하고 전문적인 경우가 많다. 말하기에 비해 정확한 어순과 통사적 완성도가 필요하며, 정확한 의미 전달을 위한 수식어구의 사용과 복문의 사용이 두드러진다. 쓰기에는 문법의 정확한 사용이 요구되며, 비슷한 의미의 문법과 문형을 적절하게 사용하는 법도 알아야 한다.

넷째, 담화의 구조에 맞는 수사적 형식의 글을 구성해야 한다. 이를 위한 언어적 형식을 학습하고 수행해야 하는데, 수사학적 형식, 글을 조직하고 구성하는 형식, 글을 시작하고 끝내는 형식, 글의 논리적 순서 등을 고려해야 한다. 특히 한국적 수사 구조에 적절한 쓰기가 가능하도록 해야 한다. 글의 장르에 따른 쓰기 형식은 범언어적인 것도 있지만 한국어에 더 적절한 쓰기 형식도 존재하기 때문이다.

마지막으로, 문자 언어를 산출하기 위해 시간이 걸리므로 그 과정에서 사용할 수 있는 전략을 개발할 필요가 있다. 사회적 기능의 결과로서 구현되는 쓰기의 결과물이 조직화되는 방식들이 외국인 학습자들에게는 어려움이 될 수 있으므로, 사회활동과 관련된 다양한 글들을 산출하는 적절한 방법을 익히는 것이 중요하다.

나가기

» 다음 두 자료를 비교해 보고 각각의 특징에 대해 이야기해 보자.

교육 현장에서 문화 교육의 바람이 불기 시작하면서 문화 교육 관련 연구들도 함께 활성화되었다. 먼저, 학습자들의 의사소통 능력을 길러주기 위한 요소 중에서 문화 능력이 중요해지면서 어떻게 문화를 가르칠 것인지, 즉 문화 교육 방법과 관련된 연구가 진행되었다. 이경수(2019)에서는 문화 교수에서 언어와 문화를 통합적으로 교수·학습해야 한다고 보았다. 기존의 문화 교수에서는 지리, 예술, 음식, 역사, 생활 등 광범위한 문화 영역 중에서 교수·학습 대상이 되는 문화 내용을 선별하는 것에 머물렀다. 하지만 문화 교육의 주제들이 구체적으로 정해지기 시작하면서 연구자들의 관심은 그 문화를 어떻게 가르칠 것인자의 문제로 차츰 옮겨가게 되었다. 결국 언어는 문화를 담는 그릇이라는 점에서 문화 교수의 구체적인 방법은 언어와 문화의 통합적 교수·학습이라는 주장에 수렴되었으며, 구체적인 실행 방법으로 '상호적 접근의 문화 교육'이 부상하기 시작했다.

상호 문화성이란 "사람마다 각기 주관이 다르지만 사람들 사이에서 공통된 주관성이 존재하듯이 독특한 개별성을 지닌 각각의 문화들 사이에도 (존재하는) 공통된 보편성"으로 정의된다. 즉, 상호문화성은 단순히 문화들의 접촉이나 교류의 차원을 말하는 것이 아니라 문화들 속에 내재한 보편적 성격과 내적 연관성을 드러내는 개념인 것이다.

자료 출처: 강현화(2020:19)

P1 아르바이트하면서 되게 그래두 사람이랑 살구 부대끼는 거 배우는 거 같애.
P2 응응.
P1 근까 나두 솔직히 고생 안 해 봤다면 정말 안 해 본 축에 끼는데, 그런 거 하면서 난 또 되게 소심하단 말이야.
P2 응.
P1 사람한테 상처 잘 입구. 근데 그런 걸 하면서 쫌 나진 거 같애. 우리 엄마 아빠는 그런다? 엄마 아빠가 특히 엄마가 돈을 버니까 너는 아르바이트 하지 말고,
P2 응.
P1 방학 때 공부해라. 엄마는 또 자기가 하고 싶은 공부를 많이 못했으니까 그런 말 하는 거야. 그 시간에 공부할 땐 정말 딱 부모들이 항상 그러잖아,
P2 응.
P1 때가 있다구. 그걸 알겠는데. 솔직히 나는 지금 돈버는 것두 나름대로 도움이 많이 된다고 생각을 해.
P2 응 맞어.
P1 그리고그구 자기가 뭐~ 하기 싫은 거 억지루 하는 거두 아니라 내 돈 벌고 싶어서 하는 거니까. 우리 엄마가 막~ 어저께 막~ 어깨 주물르래서 어깨 주물러 주는데, 어디 나가냐 세현아.

자료 출처: 21세기 세종 한국어 균형 말뭉치 현대 구어

제2장
말하기 교육론 개관

들어가기

» 동물의 말과 사람의 말은 어떤 차이가 있을까? 사람이 말을 하기 위해서 알아야 할 것에는 어떤 것들이 있을까?

1. 말하기의 개념

인간은 다양한 방법으로 다른 사람들과 의사소통한다. 말로 자신의 생각을 표현할 수도 있고, 글자를 쓰거나 손짓이나 그림 등을 이용하기도 한다. 우리가 사용하는 다양한 의사소통의 수단은 언어적 것과 비언어적 것으로 나눌 수 있는데, 보통 사람들이 가장 일상적으로 사용하는 말이나 글은 언어적 수단이며, 이때 말은 음성 언어이고 글은 문자 언어라 볼 수 있다. 그림이나 기호, 각종 몸짓, 표정, 시선 등은 체계화된 언어는 아니지만, 의미 전달의 수단으로 사용되기도 하고 언어의 보조적인 수단으로 언어와 함께 사용되므로 비언어적 의사소통 수단이라 할 수 있다. 음성 언어는 구분되는 낱소리인 음소와 더불어 강세, 억양, 장단과 같은 초분절적 요소를 통해 의미를 표현하는데, 한국어에서는 억양이 의미를 구분하는 중요한 요소이다. 음성 언어로 의사소통하는 과정에서는 몸짓, 표정과 같은 비언어적 요소가 음성 언어와 함께 쓰여 의미 전달을 돕는다. 비언어적 요소를 동반하는 면대면 대화가 음성 언어만으로 의사소통이 이루어지는 전화 대화보다 의미 전달과 이해가 쉬운 것은 비언어적 요소가 의사소통에서 상당한 역할을 하기 때문이다.

　말하기는 음성 언어를 사용해 청자에게 자신의 생각이나 감정을 표현하는 의사소통 기능으로 인간의 의사소통 중 가장 기본이 된다. 말하기는 보통 담화 참여자들과의 상호 작용 속에서 이루어지므로 화자는 다음 순간 청자가 되고 다시 화자가 되기를 반복하게 된다. 사실상 대화 과정에서 상대방의 발화를 이해하지 못하면 말하기를 적절히 수행할 수 없으며, 청자와의 상호 작용 속에서 말할 내용과 형식이 결정되므로 말하기는 듣기와의 관계 속에서 이해되고 수행될 수밖에 없다. 이렇게 말하기와 듣기는 불가분의 관계이므로 말하기 교육은 듣기 교육과 통합적으로 이루어질 필요가 있다. 또한, 말하기를 적절히 수행하기 위해서는 언제 발화를 시작하는지, 어떻게 화제를 바꾸는지에 대한 암묵적인 규칙을 알아야 하는데, 이처럼 화자와 청자 사이의 상호 작용 규칙이 말하기 수행에 큰 영향을 준다는 점은 다른 기능과 구분되는 말하기의 특징적인 면이라 할 수 있다. 상호 작용 규칙은 언어권에 따라 차이가 있어서, 제2언어 학습자들은 말하기를 학습할 때 모어와 다른 목표어의 상호 작용 규칙을 별도로 학습할 필요가 있다.

2. 말하기 교육의 목표

　한국어 말하기 교육의 목표는 학습자가 음성 언어로 다양한 상황에서 적절하고 효과적으로 의사소통할 수 있는 능력을 기르는 것이다. 그러나 이같은 목표가 실제 한국어교육 과정 속에서 구현되기 위해서는 교육적 목표로 구체화되어야 할 필요가 있으며, 교육적 목표는 한국어 숙달도, 학습 목적, 학습 대상 등 교육 환경에 따라 달리 설정되어야 한다. 이 장에서는 한국어 말하기 교육의 목표를 숙달도 단계, 학습 목적, 학습 대상에 따라 구분하여 살펴보도록 한다.

2.1. 숙달도 단계에 따른 말하기 교육의 목표

2020년 11월 27일 문화체육관광부에서 고시한 '한국어 표준 교육과정'은 국내외 다양한 교육 현장을 모두 포괄할 수 있는 최상위 교육과정으로서 교육 목표를 포괄적으로 설정하고, 그에 따른 성취기준, 교육 내용, 교수·학습 및 평가 방향을 모두 아우르는 체계를 가진 국가 수준 교육과정이다. 한국어 숙달도 평가 도구인 '한국어능력시험(TOPIK)'을 비롯해 대부분의 국내외 한국어교육 기관의 교육과정 및 한국어교육 자료와 마찬가지로 한국어 숙달도를 1급부터 6급까지 6단계로 구분하고 있다. '한국어 표준 교육과정'에서는 등급별 말하기의 목표 및 성취기준을 〈표 2-1〉과 같이 제시하고 있다. 의사소통 상황과 의사소통 기능을 중심으로 말하기의 목표가 제시되고 있으며, 소재, 격식적/비격식적 상황, 의사소통 목적, 담화 구조, 문장 구조 및 발음과 같은 구체적인 사항은 성취기준으로 상세화하고 있다.

초급에 해당하는 1, 2급에서는 일상생활에서 기본적인 의사소통 기능을 수행할 수 있도록 하는 것이 말하기 교육의 목표로서, 이에 따르면 초급 교육과정을 마친 학습자는 자기소개하기, 쇼핑몰에서 물건 사기와 같은 기능을 수행할 수 있게 된다. 법무부에서는 결혼이민자 대상 비자 취득 요건으로 한국어 숙달도 1급에 상당하는 능력을 요구하고 있는데, 이는 한국에서 일상생활을 문제없이 영위할 수 있는 최소한의 언어 능력이다. 중급에 해당하는 3, 4급에서는 초급과 다르게 일상적인 범주를 넘어 사회적인 의사소통 기능을 수행할 수 있게 되는데, 그리하여 3급에서는 격식적인 상황과 비격식적인 상황을 구분하여 말할 수 있으며, 4급에서는 직업과 관련된 업무 상황에서 요구되는 의사소통을 수행할 수 있게 된다. 고급에 해당하는 5, 6급에서는 직업, 학문 영역과 같은 전문적인 분야에서 의사소통할 수 있도록 하는 것이 말하기 교육의 목표이다. 이에 따라 한국 대학에서는 입학 기준으로 한국어 능력 4급에 상당하는 언어 능력을 설정하고 있으며,

졸업 요건으로는 한국어 능력 5급을 요구하는 곳이 있다.

<표 2-1> '한국어 표준 교육과정'의 등급별 말하기 목표 및 성취기준
(문화체육관광부고시 제2020-54호)

등급	목표 및 성취기준
1급	• 기초적이고 일상적인 내용의 짧은 대화를 할 수 있으며, 인사나 소개 등의 의사소통 기능을 수행할 수 있다. • 자신과 주변의 일상적인 대상이나 사물에 대해 말할 수 있다. • 개인적이고 친숙한 상황에서 필요한 대화를 할 수 있다. • 단순한 정보를 전달하기 위한 말하기를 할 수 있다. • 정형화된 표현을 사용하거나 두세 번의 말차례를 가진 대화를 할 수 있다. • 기초 어휘와 기본적인 구조의 문장을 사용하여 부정확하지만 비원어민 화자의 발화에 익숙한 한국인이 이해할 수 있는 발음과 억양으로 말할 수 있다.
2급	• 일상적으로 접하는 공적 상황에서 필요한 대화를 할 수 있으며, 정보에 관해 묻고 답하기, 허락과 요청 등의 의사소통 기능을 수행할 수 있다. • 일상에서의 친교적인 대화를 할 수 있으며 구체적인 소재에 대해 말할 수 있다. • 친숙한 공공장소나 비격식적인 상황에서 필요한 대화를 할 수 있다. • 자신의 기본적인 의사를 표현하기 위한 말하기를 할 수 있다. • 전형적인 구조의 대화를 하거나 짧은 독백을 할 수 있다. • 간단한 구조의 문장을 활용하여 부정확하지만, 의사소통이 가능한 정도의 발음과 억양으로 말할 수 있다.
3급	• 자주 접하는 사회적 상황에서 필요한 대화를 할 수 있으며, 권유나 조언 등의 의사소통 기능을 수행할 수 있다. • 자신의 삶과 관련된 사회적 소재에 대해 말할 수 있다. • 격식적 상황과 비격식적 상황을 구분하여 대화할 수 있다. • 자신의 경험이나 생각에 대해 간단한 담화를 구성하여 말할 수 있다. • 복잡한 구조의 대화를 하거나 짧은 내용의 발표를 할 수 있다. • 다소 복잡한 문장 구조를 활용하여 비원어민의 발화에 익숙하지 않은 한국인도 이해할 수 있는 발음과 억양으로 말할 수 있다.
4급	• 친숙한 사회적·추상적 소재나 직장에서의 기본적인 업무에 필요한 발화를 할 수 있으며, 동의와 반대, 지시와 보고 등의 의사소통 기능을 수행할 수 있다.

	• 직업, 교육 등과 같은 보편적인 사회적·추상적 소재의 대화에 참여할 수 있다. • 업무 상황이나 공적인 상황에서 격식과 비격식 표현을 구분하여 대화할 수 있다. • 객관적인 사건이나 상황에 대해 사실적으로 말할 수 있다. • 간단한 업무 보고나 짧은 분량의 업무 관련 발표를 수행할 수 있다. • 다양한 구조의 문장을 사용하여 자연스러운 발음과 억양으로 말할 수 있다.
5급	• 사회 전반에 대한 소재와 자신의 업무나 학업에 필요한 발화를 할 수 있으며, 업무 보고, 협의 등의 의사소통 기능을 수행할 수 있다. • 사회적·추상적 소재나 자신의 전문 분야에 대해 말할 수 있다. • 일부 전문적이고 격식적인 상황에서 적절한 발화를 할 수 있다. • 자신의 생각과 의견을 유창하게 말할 수 있다. • 보고나 사실 전달을 위한 프레젠테이션을 수행하거나 회의에 참여할 수 있다. • 업무와 학업에 필요한 어휘와 표현을 사용하여 유창한 발음과 억양으로 말할 수 있다.
6급	• 전문적이거나 학술적인 영역에서 필요한 발화를 할 수 있으며, 설득이나 권고 등의 의사소통 기능을 수행할 수 있다. • 자신이 종사하는 전문 분야에 등장하는 대부분의 소재에 대해 말할 수 있다. • 대부분의 전문적 상황에서 격식에 맞는 발화를 할 수 있다. • 타당한 근거를 들어 논리적으로 자신의 의견을 말할 수 있다. • 의견의 교환이 활발한 토론이나 토의에 참여할 수 있다. • 전문적이고 학술적인 표현을 사용하여 의도에 따라 발음과 억양을 조절하며 유창하고 정확하게 말할 수 있다.

비교적 이른 시기에 제2언어 교수, 학습의 참조 기준을 체계적으로 기술한 '유럽공통참조기준'은 여러 언어 교육과정에서 중요한 참조가 되고 있는데, '유럽공통참조기준'에서 제시하는 숙달도별 말하기 능력 기술은 〈표 2-2〉와 같다. A, B, C의 세 단계를 다시 1, 2로 구분하여 큰 틀에서 6단계로 볼 수 있지만, Pre A1 단계를 두어 초급을 세 등급으로 세분화하고, B2의 등급 기술을 세분화하여 전체 등급을 총 7~8단계로 구분하고 있는

것이 특징적이다. 또한, 전반적인 등급 기술뿐 아니라 말하기의 주요 기능별로도 숙달도 등급을 구분하여 기술하고 있다. '유럽공통참조기준'의 말하기 영역에서 제시되는 말하기 기능은 경험 기술하기, 정보 제공하기, 사례 제시하기(토론 등에서), 공지하기, 발표하기이다.

<표 2-2> 유럽공통참조기준의 말하기 능력 기술

등급	말하기 전반
Pre A1	• 자신에 관해 기본적인 정보를 제공하는 짧은 구문을 산출할 수 있다(이름, 주소, 가족, 국적).
A1	• 사람과 장소에 관한 독립된 단문을 산출할 수 있다.
A2	• 사람, 생활, 작업 환경, 일상, 선호/비선호 등을 목록 형식의 단순한 구나 문장의 연쇄로 묘사하거나 제시할 수 있다.
B1	• 관심 분야의 주제 중 하나에 대한 간단한 설명을 합리적으로 유창하게, 요점을 나열하는 방식으로 제시할 수 있다
B2	• 자신의 관심 분야와 관련된 다양한 주제에 대해 명확하고 상세하게 설명하고 제시할 수 있으며, 부차적인 사항과 관련 사례로 아이디어를 확장하고 뒷받침할 수 있다 • 중요 사항 및 관련 지원 세부 사항을 적절히 강조하여 명확하고 체계적으로 설명하고 제시할 수 있다.
C1	• 복잡한 주제에 대해 명확하고 상세하게 설명하고 제시하며, 하위 테마를 통합하고, 특정 항목을 개발하고, 적절한 결론을 도출한다.
C2	• 청자가 중요한 점을 인지하고 기억하는 데 도움이 되는 효과적인 논리 구조로 명확하고 부드럽게 연설할 수 있다.

2.2. 학습 목적에 따른 말하기 교육의 목표

말하기 교육의 목표는 숙달도에 따른 전반적인 목표 외에도 학습 목적에 따라 세부 능력 기술이 달라질 수 있다. 여기에서는 국내외 한국어 학습자의 주요한 학습 목적인 학문 목적, 취업 목적에 따라 말하기 능력 기술이 어떻게 달라질 수 있는지 살펴보도록 한다.

1) 학문 목적

학문 목적 학습자는 한국 대학에서 학업을 수행하기 위해서 한국어를 학습하는 학습자이다. 2000년대 초반부터 한국의 경제 발전, 국제적 위상 강화 등의 요인으로 국내외에서 한국 대학에 진학을 희망하는 외국인들이 급증하기 시작하였다. 이에 한국어교육 기관에서는 학문 목적 학습자를 위한 교육과정을 개발하고 이에 맞추어 교재를 개발해 왔다. 학문 목적 학습자들의 궁극적인 목적은 대학에서 성공적으로 학업을 수행하고 대학생활을 원활하게 영위하는 것이기 때문에, 이에 필요한 말하기 교육이 제공되어야 한다. 이들은 기본적으로 한국에서 생활하기 때문에, 한국어로 일상생활을 하는 데 필요한 기본적인 의사소통 기능을 적절히 수행할 수 있어야 한다. 따라서 중급 단계까지는 일반 목적 한국어교육에서의 말하기 교육 목표와 동일한 목표를 설정할 수 있다. 이에 더하여 중급 이후의 말하기 교육의 목표는 대학에서의 학업 수행에 필요한 특수한 과제를 수행할 수 있도록 하는 것이어야 한다. 이러한 목표를 달성하기 위해서는 발표하기, 토론하기, 토의하기, 상담하기, 문의하기, 요청하기 등의 의사소통 기능이 구체적인 과제 속에서 수행될 수 있도록 하여야 하는데, 이를테면 학과 사무실에 수강 변경 방법 문의하기, 교수님에게 과제 제출 기한 연장 요청하기, 조별 과제 주제 설정을 위한 토의하기 등의 과제를 생각해 볼 수 있다. 따라서 중급 이후의 교육 과정에서는 이러한 과제를 중심으로 말하기 교수요목을 설계할 필요가 있다.

2) 취업 목적

국내 한국어 학습자 중 가장 큰 비중을 차지하는 학습자 집단은 약 50만 명에 달하는 외국인 근로자를 포함한 취업 목적의 한국어 학습자이다.

이들은 한국어교육 기관에서 정규 과정을 이수하는 경우는 많지 않고, 다문화가족지원센터, 이주노동자지원센터 등에서 비정기적, 간헐적으로 한국어를 학습하고 있다. 취업 목적의 학습자들 역시 한국에서 일상생활을 영위하면서 직업 현장에서 근무를 하기 때문에, 일상생활을 영위하는 데 필요한 한국어 의사소통 능력을 갖출 필요가 있다. 따라서 중급까지의 말하기 교육 목표는 일반 목적 한국어교육의 목표와 크게 다르지 않다. 그러나 중급 이후부터는 직업의 종류에 따라 해당 분야에서 기본적인 의사소통이 가능하여야 하기 때문에 말하기 교육 목표가 달라질 수 있다. 고용허가제로 산업 현장에서 근무하는 노동자의 경우에는 작업에 필요한 비교적 단순한 말하기 능력이 요구되는 반면, 경제, 외교, 언론 등 전문 분야 종사자의 경우에는 그보다 정교하고 복잡한 말하기 과제를 수행할 필요가 있다.

2.3. 대상에 따른 말하기 교육의 목표

말하기 교육의 목표는 학습 목적뿐 아니라 학습자의 연령이나 모어 등 개인적인 변인에 따라서도 차별화될 수 있다. 여기에서는 이주민, 아동·청소년 학습자, 그리고 한국어가 계승어인 재외동포 학습자의 말하기 교육 목표에 대해 살펴보도록 한다.

1) 이주민

1990년대 이후 증가하기 시작한 결혼이민자는 국내에서 이주노동자의 뒤를 잇는 가장 큰 학습자 집단이다. 결혼이민자는 한국인과의 혼인으로 한국 국적을 취득하는 이들로 주로 여성이지만, 이 외에도 한국 국적을 취득하여 한국에 영구히 거주하고자 하는 이들도 존재한다. 이민자들 중에서는 이와 같이 한국 국적을 취득하는 이들뿐 아니라 여러 가지 이유로 한국에 장기간 거주하고자 하는 이들도 포함되는데, 이들은 한국에서 지역사회를 비롯한 한국 사회의 구성원으로서 여러 가지 의무와 혜택을 가지고 생활하게 된다. 따라서 유학생이나 비교적 단기간의 취업자와는 달리 자신이 속한 공동체에서 한국어로 심도 깊은 의사소통을 할 수 있어야 한다. 이에 이주민의 말하기 교육 목표는 기본적으로 자신이 속한 한국어 공동체의 일원으로서 공동체의 주요 이슈를 파악하고 의무와 권리를 잘 이행하고 누릴 수 있도록 하는 것과 관련이 된다.

2) 아동, 청소년

아동, 청소년 한국어 학습자는 인지, 정의적 측면에서 성인 학습자와는 달리 발달 과정에 있으므로 이와 같은 점을 고려하여 말하기 교육의 목표를 설정할 필요가 있다. 또 한 가지 고려할 점은 이들이 기본적으로 국가 정규교육과정인 초, 중등 교육과정을 이수하고 있는 학문 목적 학습자라는 점이다. 따라서 아동, 청소년 한국어 학습자의 말하기 교육 목표는 해당 연령층의 말하기 발달 수준을 고려하여 설정되어야 한다. 이를테면 초등학교 저학년 한국어 학습자라면, 초등학교 저학년 한국어 모어 화자의 말하기 능력을 넘어서는 목표를 설정하는 것은 적절하지 않다. 이와 함께 해당 학습자들이 학업 활동의 목적과 연계된다면, 학교 밖 일상생활뿐 아니라 학교 안에서 교사와 동료 학생들과 원활히 의사소통할 수 있어야 하며, 학교 수업 중에서 성공적으로 학업을 수행할 수 있어야 하기 때문에, 이들에게 요구되는 말하기 능력은 여러 차원이 될 수 있다. 이때 목표어 사용 환경에 충분히 노출되는 경우 성인과 달리 자연스럽게 언어 습득이 가능하다는 점을 고려하여 일상생활에 필요한 말하기 능력보다 학업 수행에 필요한 말하기 능력에 좀 더 초점을 둘 필요가 있다.

3) 재외동포

어린 시절에 한국어를 접한 경험이 있는 재외동포 학습자는 한국어가 모어가 아니라 부모나 조부모의 언어이기 때문에 구어 의사소통 능력에 비해서 문어 의사소통 능력이 떨어진다는 특징이 있다. 이들은 한국어가 생활에서 중요한 언어가 아니기 때문에 한국어로 의사소통할 필요성을 크게 느끼지 못한다. 친척들과 대화하기 위해서, 그리고 한국 문화를 이해하고 한국인과 소통함으로써 정체성을 찾기 위해 한국어를 배우는 경우가 많으므로, 한국어 기본적인 의사소통이 가능한 정도면 충분하나, 취업이나 학업과 같은 구체적인 목적을 가지게 되며 그에 합당한 목표로 변환해야 할 것이다.

3. 말하기 교육과 언어 교수법

3.1. 말하기 교육과 문법번역식 교수법

제2언어 교육의 역사에서 말하기가 중요하게 여겨지기 시작한 것은 그리 오래 되지 않았다.

흔히 문법번역식이라고 하는 전통적인 교수법에서는 언어의 네 기능인 말하기, 듣기, 읽기, 쓰기 중 읽기와 쓰기가 중심이 되었다. 학습자들이 제2언어를 배우는 목적은 해당 언어 사용자와 의사소통하기 위한 것이 아니라 해당 언어로 쓰여진 고전을 읽고 교양을 쌓기 위함이었으며, 모어 외의 다른 언어의 문법 체계를 학습함으로써 일종의 지적 훈련을 하기 위함이었다. 따라서 수업에서는 목표어의 문법을 학습하고 목표어 문장을 학습자 모어로 번역하는 활동이 주를 이루었으며, 목표어 단어를 모어로 번역한 어휘 목록을 암기하도록 하였다. 교실 수업은 학습자 모어로 진행되었으며, 교사에게 특별한 교수 기법이나 목표어 의사소통 능력은 필요하지 않았다. 그 결과, 문법번역식 교수법으로 제2언어를 학습한 학습자들은 목표어로 말하고 들을 수 있는 능력을 향상시킬 수 없었다.

그러나 상업과 교통의 발달로 상인이나 외교관 등 특별한 직종에 종사하는 이들 외에도 일반인들이 국경을 넘어 서로 활발히 교류하게 되면서 제2

언어를 사용해 구어로 의사소통할 필요가 생겼고, 이에 따라 제2언어 학습의 동기와 목적, 방법론이 변화하기 시작했다.

3.2. 말하기 교육과 청각구두식 교수법

20세기 초에는 목표어로 구어 의사소통 즉, 말하고 들을 수 있는 능력을 개발하는 것이 제2언어 교육의 목표가 되면서, 오랫동안 그 전통을 지켜 왔으나 말하기와 듣기 능력을 개발할 수 없는 문법번역식 교수법에 대한 반성으로 직접식 교수법이 등장했으며, 20세기 중반에는 말하기를 강조한 청각구두식 교수법이 등장하게 되었다. 제2언어 교육의 역사에서 비로소 구두 의사소통이 강조되기 시작한 것이다. 직접 교수법은 어린 아이가 자기 모어를 배울 때와 마찬가지로 목표어를 목표어로 직접 가르쳐야 한다고 보았으며, 이러한 이유로 모어 화자가 제2언어 교사가 되었다. 직접 교수법은 구어 능력을 전혀 개발시킬 수 없었던 문법번역식 교수법에 비해 효과가 있었기에 한때 유럽에서 성행하였으나, 공립학교에서 교사를 구하기 어렵고 집합 교육에 적합하지 않으며 비용이 많이 든다는 점 때문에 오랫동안 활용되지는 못하였다.

한편 1940~50년대 제2차 세계대전에서는 적국의 정보를 수집하기 위해 여러 언어의 구사자가 필요하게 되었는데, 훈련받은 이중 언어 구사자를 구하는 것은 쉽지 않은 일이었다. 이에 효율적으로 제2언어를 훈련시킬 수 있는 방법으로 청각구두식 교수법이 사용되었다. 청각두구식 교수법은 그 명칭에서 알 수 있는 것처럼, 듣기와 말하기가 수업에서 핵심을 차지하였으며, 그 중에서도 말하기가 특히 강조되었다. 듣기는 반복적으로 듣고 따라하는 교실 활동을 통해 말하기를 습관화시키기 위한 수단에 불과하였으며, 말하기가 완전히 학습되면 읽기와 쓰기는 자연스럽게 습득될 것이라고 보아 말하기가 완전히 학습될 때까지 읽기와 쓰기 학습을 미루기도 하였다. 목표 언어 구조는 해당 구조를 포함한 짧은 대화문으로 제시되었으며, 교실에서의 주된 학습 활동은 반복 연습, 교체 연습과 같은 기계적 연습이었다.

청각구두식 교수법에서는 정확성이 매우 강조되었으며 오류는 피해야 할 부정적인 것으로 간주하였다. 그리하여 학습자 발화에서 오류가 발생하면 이를 적극적으로 처치해 오류의 화석화를 방지하고자 힘썼다. 오류의 화석화란 학습 초기 단계에서 나타난 오류가 숙달도가 높아짐에도 교정되지 않고 계속 남아 있는 현상을 말한다. 청각구두 교수법은 구조주의 언어학과 행동주의 심리학 이론을 바탕으로 한 체계적인 교수법이었으나, 반복을 통한 습관 형성만으로는 다양한 상황과 맥락에 적절히 대처할 수 있는 의사소통 능력을 개발하기 어렵다는 점 때문에 비판받았다.

3.3. 말하기 교육과 의사소통적 접근법

이후 1980년대 초기에 등장한 의사소통적 접근법에서는 제2언어 학습의 목적은 의사소통 능력을 향상하기 위한 것이라는 점을 전제로 하여, 의사소통 능력의 모든 구성 요소에 초점을 맞춘다. 그리하여 문법적 요소뿐 아니라 사회언어학적 능력, 담화적 능력, 전략적 능력이 모두 강조된다. 또한 청각구두식 교수법에서 말하기가 완전히 학습될 때까지 다른 기능의 학습을 미루었던 것과 달리 의사소통적 접근법에서는 말하기, 듣기, 읽기, 쓰기의 네 기능이 모두 중시되며 필요하다면 네 기능을 동시에 학습하기도 한다. 정확성과 유창성 모두를 중시하여 때로는 학습자로 하여금 언어의 형태적 정확성에 주의를 기울이게 하기도 하고 또 때로는 의미 있는 언어를 사용하도록 하기 위해 정확성보다 유창성을 더 중요하게 여기기도 한다. 의사소통적 접근법에서 학습자는 궁극적으로 교실에서 연습하지 않은 교실 밖 상황에서 적절하게 의사소통할 줄 알아야 하며, 전략을 활용하여 자신의 학습 과정을 조절하고 학습에 능동적으로 참여하며 교실 밖에서도 계속 언어를 학습할 수 있는 자율적인 학습자가 되도록 요구받는다. 의사소통적 접근법에서는 학습자의 의사소통 능력 발달에 효과적인 기법이라면 무엇이든 사용 가능하다.

최근까지 제2언어 교실에서 활발히 사용되고 있는 교수법인 과업 중심 언어 지도(Task-Based Language Teaching:TBLT), 학습자 중심 교수(learner-centered instruction), 협동 학습(collaborative learning), 상호 작용적 학습, 총체적 언어 교육(whole language education), 내용 중심 교수(Content-Based Instruction: CBI) 모두 문법적 요소를 넘어 언어의 사회적, 문화적, 화용적 자질에 관심을 갖고 정확성과 유창성 모두를 중시하며, 학습자로 하여금 교실 밖에서 연습하지 않은 언어를 사용할 수 있도록 하는 것을 목적으로 한다는 점에서 의사소통적 접근법의 틀 안에 있다고 볼 수 있다.

<표 2-3> Finocchiaro & Brumfit(1983)의 교수법 비교

청각구두식 교수법	의사소통적 접근법
1. 의미보다 구조와 형태에 관심	1. 의미는 다양함.
2. 구조 중심의 대화를 암기함.	2. 의사소통 기능을 기반으로 한 대화가 중심이며 암기하지 않음.
3. 언어 항목은 문맥과 고립되어 제시	3. 의미는 맥락이 전제되어야 함.
4. 언어 학습은 구조, 소리, 단어의 학습	4. 언어 학습은 의사소통 방법의 학습
5. 완전 학습 또는 과잉 학습을 추구	5. 효과적인 의사소통을 추구
6. 기계적인 훈련은 핵심 교수기법	6. 기계적인 훈련은 주변적인 것
7. 모어 화자와 같은 발음을 목표로 함	7. 이해 가능한 발음을 목표로 함
8. 문법 설명은 피함	8. 학습자에게 도움이 되는 것이라면 무엇이든 가능
9. 의사소통 활동은 오랜 기간 엄격한 연습을 거친 후에 수행	9. 학습 초기부터 의사소통하려는 시도를 권장함
10. 학습자 모어 사용 금지	10. 필요한 경우 모어의 분별 있는 사용 허용
11. 초급 수준에서는 번역 금지	11. 필요한 경우 번역 사용
12. 말하기가 완전히 학습될 때까지 읽기, 쓰기를 미룸	12. 첫 날부터 읽기와 쓰기를 시작할 수 있음

13. 목표어 체계의 패턴을 명시적으로 가르쳐서 목표어 체계를 학습시킴	13. 의사소통을 하려고 애쓰는 동안에 목표어 체계가 학습됨
14. 학습의 최종 목표는 언어적 능력 함양	14. 학습의 최종 목표는 의사소통 능력 함양
15. 언어의 다양성이 인식되지만 강조되지는 않음	15. 교육자료와 교수법에서 언어적 변이가 핵심 개념임
16. 언어의 복잡성에 따라 교수요목 순서가 결정됨	16. 흥미를 유발하는 내용, 의미, 기능 등 어떤 것이든 순서를 결정
17. 교사는 학습자를 통제하고 교육이론에 배치되는 행동을 막음	17. 교사는 학습자가 언어를 사용하도록 동기 유발을 도움
18. 언어는 습관이므로 어떤 대가를 치르더라도 오류는 반드시 막아야 함	18. 학습자는 언어 습득 과정에서 시행착오를 겪음
19. 형태적 정확성이 일차적인 목표	19. 유창성과 수용할 만한 수준의 언어가 일차적인 목표·정확성은 맥락 속에서 판단
20. 학습자는 언어 체계와 상호 작용함	20. 학습자는 짝 활동, 소그룹 활동을 통해 사람과 상호 작용함
21. 교사는 학생들이 사용하게 될 언어를 특정해야 함	21. 교사는 학생들이 어떤 언어를 사용할지 정확히 알 수 없음
22. 언어 구조에 대한 흥미로부터 내적 동기가 유발	22. 언어를 통해 의사소통하는 내용에 대한 흥미로부터 내적 동기 유발

4. 말하기 교육의 원리

4.1. 말하기 지도의 원리

말하기는 어찌 보면 가장 가르치기 어려운 기술이다. 말하기를 효과적으로 가르치기 위해서는 다음과 같은 원리를 이해할 필요가 있는데, 여기서 소개하는 원리들은 '어떻게 가르칠 것인가'에 대한 지침이라고 할 수 있다. 이들 원리에 기반하여 교육 자료 개발, 교실 활동 고안, 수업 운영 등이 이루어져야 할 것이다.

1) 유창성과 정확성 모두에 초점을 둔다.

정확성은 발음, 어휘, 문법을 형태적으로 정확하게 알고 사용하는 것, 즉 언어 체계에 맞추는 것을 의미하고, 유창성은 담화의 이해와 표현 과정이 끊어짐 없이 흐르듯 지속되는 것, 즉 언어 체계를 빠르게 조작하는 것을 의미한다. 정확성과 유창성은 의사소통 과정에서 상호보완적이므로 어느 한 쪽만을 추구해서는 안 된다. 전통적인 교수법 시기에서부터 청각구두식 교수법의 시기까지 정확성을 유창성보다 중시한 결과 학습자의 의사소통 능력을 향상시키기 어려웠기 때문에 점차 의사소통의 유창성을 강조하게 되었으나, 의사소통 교수법에서 지나치게 유창성을 강조한 결과 역시 정확성 부족으로 인해 성공적인 의사소통이 어려운 문제에 직면하게 되었다. 이에 유창성과 정확성의 균형이 필요하다는 것이 최근의 제2언어 학습 이론에서 보편적인 견해이다. 숙달도에 상관없이 수업의 단계에 따라 정확성과 유창성의 어느 한쪽에 초점이 맞추어지도록 해야 하는데, 이를테면 목표 언어 항목을 제시하고 연습하는 단계라면 정확성을, 목표 언어 항목을 실제적인 의사소통 상황에서 활용해 보는 단계라면 유창성을 더 중시해야 할 것이다.

2) 유의적 맥락 속에서 실제적인 표현을 사용하도록 한다.

학습자가 교실에서 수행하는 의사소통이 실제 교실 밖 의사소통과 얼마나 유사한가는 교실 수업이 '의사소통 능력 향상'을 목표로 하는 제2언어 학습의 본질과 얼마나 가까운가를 보여준다. 학습자가 수행하는 의사소통 활동은 교실 밖의 실제 상황에 전이될 수 있어야 한다. 이를 위해서는 학습자들에게 실제 발화를 바탕으로 한 언어 자료가 주어져야 하고, 발화의 맥락 또한 실제적이어야 할 필요가 있다. 진정성 있는 언어 사용은 제2언어 학습자들의 내적 동기를 높여 학습 효과를 높인다는 점에서도 중요하다.

3) 학습자의 요구를 반영하여 학습자 중심으로 지도한다.

학습자들은 각기 다른 학습 유형과 성격 유형을 가지고 있기 때문에 가장 효과적인 단일한 지도 방법은 존재하지 않는다. 각 학습자에게 맞는 방법이 있을 뿐이다. 따라서 학습자들이 어떤 교수·학습 방식을 선호하며 어떤 방식이 학습자들에게 적합한지 학습자의 요구를 적극적으로 반영해 지도할 필요가 있다. 특히, 말하기는 쓰기와 달리 즉각적인 수행이 이루어지고 이것이 학습자의 연약한 언어 자아에 영향을 줄 수 있으므로 세심하게 지도될 필요가 있다. 이를테면 어떤 학습자는 교사가 오류를 즉시 수정해 주기를 원하고 어떤 학습자는 전체 학생들 앞에서 오류를 지적 받는 것을 선호하지 않을 수도 있다. 교사는 학습자의 요구를 반영해 적절한 지도 방법을 선택해야 하며 이는 학습자에게 내적 동기를 부여하여 학습자가 학습자가 자신감을 갖고 적극적으로 수업에 참여할 수 있도록 한다.

4) 적절한 피드백과 교정을 제공한다.

언어 교사는 적절한 피드백을 제공함으로써 제한된 학습 기간 동안 학습자의 말하기 능력이 가장 효율적으로 개발되도록 할 수 있다. 한국어 모어 화자와의 상호 작용을 통해서도 어느 정도 학습자의 발화에 대해 피드백을 받을 수 있지만 발화의 어떤 부분에 대해, 어느 시점에서, 어떤 방식으로 피드백을 주는 것이 가장 효과적인지는 훈련된 언어 교사만이 알 수 있다. 특히 한국어 모어 화자를 접할 기회가 적은 국외 현장에서는 교사의 피드백이 매우 중요하다. 교사는 학습자가 범하는 오류에 대해 적절한 시기에 피드백을 줌으로써 오류가 교정되지 않고 화석화되는 것을 방지하여야 한다. 그러나 모든 오류에 대해 피드백이 제공될 필요는 없는데 학습자의 현재 숙달도와 수업 단계를 고려해서 현재 숙달도 단계에서 아직 학습되지 않은 항목이거나 유창성을 위한 수업 단계라면 의사소통을 실패로 이끌 만한 총체적인 오류가 아니라면 교정해 주지 않는 것이 좋다.

5) 학습자의 말하기 수행 중심이 되도록 한다.

말하기 수업에서 학습자는 실제로 말하기 활동을 최대한 수행할 수 있어야 한다. 말하기 활동에 필요한 언어를 제시하는 단계가 아니라면 교사는 설명을 최소화하고 학습자가 더 많이 말할 수 있도록 한다. 교사는 학습자가 활발하게 의사소통할 수 있는 환경을 만들어 주고 학습자가 발화하는 동안 도움이 필요할 때만 개입하는 촉진자, 조력자의 역할을 하는 것이 바람직하다. 학습자에게 발화할 시간을 충분히 주고, 교사는 학습자들 사이를 돌아다니면서 도움이 필요한 학습자는 없는지 살피면서 학습자들의 발화를 관찰해 전체적인 또는 개별적인 피드백을 주어야 할 사항에 대해 메모하는 것으로 충분하다. 열정적인 교사는 학습자가 제때 발화하지 않으면 다른 학습자에게 발화 차례를 넘기거나 교사가 개입하여 발화를 완성해 주는데, 학습자들은 모어 화자와 달리 즉각적으로 발화를 수행하기 어렵기 때문에 기다려 주는 것이 중요하다.

6) 학습자에게 의사소통을 시작할 기회를 제공한다.

교실에서 이루어지는 상호 작용은 교사가 주도하기 때문에 교사가 질문하거나 지시하고 학습자는 그에 반응하여 말하는 경우가 대부분이다. 말하기 능력을 온전히 개발하기 위해서는 먼저 대화를 시작하고, 화제를 정하거나 변경하며, 말차례를 가져오는 등의 대화를 통제할 수 있어야 한다. 따라서 교사는 실제 의사소통 상황에서와 마찬가지로 학습자가 대화의 주도권을 갖고 적극적으로 대화에 참여할 수 있도록 맥락과 분위기를 조성해 주어야 한다. 이를 위해서는 실제적인 의사소통 과제를 제공하여 유의미한 맥락을 만들어 줄 필요가 있고, 교사와 학생이 대화할 때 언어 능력이 더 높고 정보를 더 많이 가지고 있는 이가 대화를 주도하게 되는 일반적인 상황이 되지 않도록 주의하는 것이 좋다.

4.2. 말하기 수업 구성의 원리

수업 구성의 원리는 말하기 수업에서 무엇을 가르쳐야 하는가에 대한 것이다. 정규 교육과정에서는 대부분 교재에 제시된 학습 내용을 따라 수업을 진행하기 때문에 교사가 개인적으로 말하기 수업의 내용을 고민하지 않아도 된다. 그러나 그렇지 않은 경우 교사가 교육 자료를 구성해야 하고, 교재가 정해져 있더라도 매 학기 학습자가 달라지면 학습자에게 적합한 교수·학습 내용도 달라져야 할 필요가 있으므로 교재의 내용을 변경할 필요가 생긴다. 이런 경우에 염두에 두어야 할 사항들을 다음과 같이 정리할 수 있다.

1) 한국어 구어의 특성이 반영되어야 한다.

어떤 언어나 구어와 문어는 사용하는 표현과 담화 형식에 차이가 있다. 한국어도 마찬가지이다. 말하기 수업에서 학습자들은 한국어 구어에 사용되는 어휘와 관용 표현, 담화 형식에 대한 이해를 바탕으로 발화할 수 있어야 한다. 예를 들면 구어에서는 '매우, 아주' 대신 '되게, 너무, 완전'과 같은 정도 부사가 사용된다. 구어에서 문어체의 어휘와 표현을 사용하면 어색하고 자연스럽지 않은 발화가 된다. 그밖에도 구어는 문어에 비해 발화의 길이가 짧고 중복 발화가 많으며, 발화 도중 수정이 자주 일어난다. 말하기 활동에서 모범 대화문에 이러한 구어의 특징이 반영되어야 하며, 교사와 학습자는 학습자가 길고 복잡한 문장으로 중복 없이 한 번에 명료하게 발화해야 한다는 강박관념에서 벗어나는 것이 좋다.

2) 듣기와 말하기를 연계하여 구성한다.

말하기와 듣기는 불가분의 관계에 있다. 사실상 표현 기능인 말하기는 이해 기능인 듣기를 통해 발달되며, 듣는 내용에 따라 발화의 내용과 적절성이 결정되기 때문이다. 실제 구어 의사소통 과정은 말하기와 듣기가 연계되는 과정이기 때문에 듣기와 말하기가 연계된 활동이야말로 유의미한 실제적인 과제라고 할 수 있다. 따라서 교실 수업은 두 기능을 통합하여 구성해야 하며 이 과정에서 두 기능은 서로 강화될 수 있다.

3) 과제 중심으로 수업을 구성한다.

과제는 주어진 언어 자원을 활용하여 특정한 의사소통 목적을 달성하기 위한 의사소통 활동이기 때문에 실제 의사소통과 가장 유사한 학습 활동이다. 학습자는 과제를 해결하기 위한 수단으로 목표 언어를 사용하기 때문에 언어의 형태보다 의미에 집중하게 되므로 언어 사용의 본질에 가까운 활동이라고 할 수 있으며, 이 과정에서 언어 습득이 촉진된다. 과제는 실제적인 과제로 구성하여야 교실 밖 의사소통 활동에 전이될 수 있다. 학습자마다 언어 학습의 목적이 다르기 때문에 학습 목적에 맞는 실제적인 과제를 구성할 필요가 있다.

4) 다양한 상황에서의 담화 능력을 키우기 위한 내용으로 구성한다.

말하기 수업의 목표는 학습자들이 처음 접하게 되는 상황에서도 교실에서 학습한 언어 자원을 활용해 의사소통을 성공적으로 수행하도록 하는 것이다. 따라서 말하기 수업에서는 학습자들이 접할 가능성이 있는 다양한 상황에서 의사소통 활동을 수행할 수 있도록 해야 한다.

5) 상호 작용이 활발히 일어나도록 수업을 구성한다.

실제 의사소통은 일대일 대화, 소그룹 대화, 일대다 대화 등 다양한 상호 작용 관계에서 일어나게 된다. 말하기 수업에서도 교사와 개별 학생 간의 상호 작용뿐 아니라 개별 학생 간, 소그룹 내, 개별 학생과 전체 학생 간의 상호 작용 등 다양한 상호 작용 관계에서 의사소통이 이루어질 수 있도록 해야 한다. 학생 간의 대화는 교사와의 대화보다 상호 작용이 훨씬 더 활발하게 이루어질 수 있으므로 소그룹 활동을 충분히 구성하도록 한다.

6) 학습자의 요구가 반영되어야 한다.

말하기 수업의 지도 방식을 결정할 때도 학습자의 요구가 반영되어야 하지만, 어떤 내용으로 수업을 구성할 것인가를 결정할 때도 학습자의 요구가 반영되어야 한다. 학습자에 따라 한국어 학습 목적은 다양하다. 한국 대학에 진학하려는 목적으로 한국어를 배우는 학습자에게는 쇼핑몰에서 물건을 환불하는 대화나 여행사에 전화해서 여행 상품을 예약하는 대화보다, 학과 사무실에 수강신청에 대해 문의하는 대화나 전공 강의 시간에 동료들과 어떤 주제에 대해 토론하는 것이 훨씬 더 유용하고 필요하다. 따라서 학습자의 학습 목적을 사전에 파악하여 그에 맞는 의사소통 기능, 과제, 언어 항목을 선정하여 수업 내용을 구성해야 한다.

7) 말하기 전략을 개발하도록 권장한다.

의사소통 능력을 구성하는 요소 중 전략적 능력은 다른 능력을 보완하고 의사소통 목적을 효율적으로 달성할 수 있게 하므로 말하기 수업에서도 전략을 체계적으로 교수·학습하는 것이 중요하다. 말하기 전략에는 분명히 해 주도록 요구하기, 반복해서 말해 주도록 요구하기, 상대방에게 도움 요청하기, 생각할 시간을 벌기 위해 담화 표지 사용하기, 대화를 유지하기 위한 담화 표지 사용하기, 근접 대체어 사용하기, 정형화된 표현 사용하기, 어려운 문장 구조를 쉽게 바꿔 말하기, 비언어적인 표현 사용하기 등이 있다. 이러한 전략 중 일부는 모어로 이미 훈련된 것이므로 목표어로 쉽게 전이될 수 있다. 그러나 숙달도 단계가 낮은 학습자는 낯선 언어 자료를 처리해야 하는 부담에 압도되기 때문에 전략을 사용할 여유가 없으므로 교실 수업에서 전략을 연습할 기회를 제공하는 것이 좋다.

나가기

» 다음 학습자를 대상으로 한국어 말하기를 교육할 때 말하기 교육의 목표, 말하기 지도의 원리, 말하기 수업 구성의 원리를 이야기해 보자.

- 학문 목적 학습자

말하기 교육의 목표	말하기 시도의 원리	말하기 수업 구성의 원리

- 결혼 이민자

말하기 교육의 목표	말하기 시도의 원리	말하기 수업 구성의 원리

- 계승어 학습자

말하기 교육의 목표	말하기 시도의 원리	말하기 수업 구성의 원리

제3장
말하기 교육의 내용

들어가기

» 자신이 한국어 교사라면 다음의 대화를 어떻게 제시하고 그 중에서 어떤 요소를 말하기 교육 내용으로 삼겠는가? 그리고 그 이유는 무엇인가?

지윤　마크 씨, 그게 뭐예요?
마크　여행 안내 책이에요. 이번 휴가에 한국으로 여행을 가려고 해요.
지윤　와, 좋겠네요. 어디로 가요?
마크　부산으로 갈 거예요. 지윤 씨는 부산에 가 봤어요?
지윤　네, 저는 2년 전에 다녀왔어요.
마크　어디가 제일 좋았어요?
지윤　저는 해운대가 정말 좋았어요. 그리고 국제 시장도 재미있었고요.
마크　참, 숙소는 어디가 좋아요?
지윤　요즘은 싸고 깨끗한 게스트 하우스가 많아요. 홈페이지에서 한번 찾아 보세요.
마크　네, 정말 고마워요.

자료 출처: <세종한국어 회화 2> 8과, 76쪽

1. 말하기 교육의 내용 체계

말하기 교육의 내용은 교사의 신념이나 기관의 교육 목적에 부합하되, 환경에 따라 다양하게 선정 및 조직할 수 있다. 그러나 그것을 교육 현장에 적용할 때는 내용이 제시되는 순서와 관련된 계열성, 모든 숙달도 단계에서 지속적으로 다룰 것인가와 관련된 계속성 그리고 내용의 폭과 깊이와 관련된 범위 등 일정한 원리에 따라 교육 내용이 펼쳐지게 마련이다. 그리고 그러한 교육 내용은 실제 수업 현장에서 단계별로 교수학습이 이뤄진다. 이 점에서 한국어 말하기 교육의 내용을 논함에 있어서 실제 말하기 수업 단계별 교수학습 요소나 항목에는 어떤 것들이 있는지를 살펴보면 그 교육 내용을 구체화하는 것이 용이하다. 그런데 현재와 같이 외국어 학습자들의 의사소통 능력 향상을 중요시하는 기조에서 말하기 교육의 내용은 실제 담화 상황에서 원활한 의사소통에 도움이 되는 것들로 구성된다.

Littlewood(1981)에 따르면 의사소통 중심의 수업은 의사소통 전 단계와 의사소통 단계로 구분된다. 우선, 의사소통 전 단계에서 학습자들은 교육적으로 구조화된 담화 맥락 안에서 목표어 문법과 같은 형태 초점의 구조적 연습이 이루어지고 그것을 통해 무엇을 수행할 수 있는지를 학습한다. 그리고 그러한 언어 지식을 기반으로 의사소통 단계에서는 의사소통 맥락이 가미된 비교적 단순한 유사 의사소통 연습을 거쳐 좀 더 실제적이고도 복잡한 사회적 상호작용 활동을 수행하게 된다. 즉, 의사소통 전 단계에서는 담화 맥락이 형성된 상태에서 목표 문법이나 표현의 의미와 기능 등과 같은 언어 지식을 학습하게 되고, 그것을 기반으로 의사소통 단계에서는 간단한 유사 의사소통 활동과 사회적 상호작용 활동을 수행함으로써 실제 의사소통 상황을 경험하게 되는 것이다. 이때 교사는 학습자들의 언어 수행에 대해 적절히 피드백을 제공하여야 학습자들의 언어 발달을 긍정적으로 조력할 수 있다. 이것을 간단히 정리하면 아래의 표와 같이 제시할 수 있다.

<표 3-1> 수업 단계별 한국어 말하기 교육의 내용 체계

의사소통 전 단계		의사소통 단계	
담화 맥락 형성	문법·표현과 담화 기능 등 언어 지식 학습	유사 의사소통 활동 및 사회적 상호작용 활동	피드백

위에서 보는 것처럼 의사소통 전 단계에서는 학습자들이 말하기를 수행할 때 필요한 기본 지식을 학습해야 하는데, 현재 한국어교육 현장에서는 그러한 기본 지식 중 표현문형을 중심으로 하는 문법적 지식이 차지하는 비중이 크다. 그러나 의사소통 중심의 교수법에서는 단순한 문법적 지식보다는 그것을 가지고 어떠한 상황에서 무엇을 할 수 있는지가 더 중요하므로 수업 도입 단계에서 해당 표현문형이 사용되는 담화 상황을 제시하여 맥락을 형성하면서 소개하기, 안내하기, 보고하기 등과 같이 기능적으로 접근하는 경우가 많다.

이러한 점에서 한국어 말하기 교육 시 의사소통 전 단계에서는 표현문형과 관련된 언어 형식과 구조 즉, 문법적 지식과 그것을 둘러싼 상황 맥락에 관한 담화·화용적 지식이 주요 교육 내용으로 구성된다. 그리고 의사소통 단계에서는 문자 그대로 학습자들이 실제 사회적 상호작용 활동을 수행하게 되므로 말하기 속도나 화법, 다양한 비언어적 의사소통 행위, 상호 작용 전략 등 의사소통 활동에 관여하는 여러 가지 언어적·비언어적 요소가 주된 교육 내용이 된다.

이러한 관점에서, 의사소통 전 단계에서의 말하기 교육의 내용은 학습자 발화의 정확성과 적절성을 담당하고, 의사소통 단계에서의 교육 내용은 학습자 발화의 유창성을 담당한다고 볼 수 있을 것이다.

2. 정확성을 위한 말하기 교육

한국어는 교착어로서 여러 가지 문법 현상이 발달한 언어이다. 따라서 한국어 학습자들이 정확하고도 효과적으로 말하기를 수행하기 위해서는 그러한 문법 현상을 잘 이해하고 있어야 한다. 이러한 이유로 한국어 말하기 교육 현장에서는 말하기 활동에 앞서 다양한 문법 형태에 대한 교수학습이 선행되는데, 이때 필요한 것이 바로 학습자들에게 제시할 수 있는 문법 형태들이다. 한국어 말하기 교육 현장에서 제시되는 이러한 문법 형태들은 간단한 형태소에서부터 복잡한 구나 절에 이르기까지 그 층위가 다양하다.

그러나 말하기 교육의 궁극적인 목표가 의사소통 능력 향상인 만큼 개별 문법 요소를 잘게 나누어 제시함으로써 학습자들이 각각의 문법 형태에 집중하게 만들기보다는 특정 의사 전달을 위한 덩어리 단위로 제시하여 의사소통 기능에 초점을 두는 것이 특징적이다. 일례로, 시중에 출판된 의사소통 중심의 한국어 교재를 살펴보면 전체 교수요목을 제시한 페이지에서 목표 문법을 'V-(으)려고 하다', 'V-지 마세요', 'V-기' 등과 같은 방식으로 나열하면서 그것으로 무엇을 수행할 수 있는지를 '의도 말하기', '금지하기',

'해야 할 일 나열하기' 등과 같이 제시하고 있는 것을 볼 수 있다. 여기서 전자는 흔히 표현문형, 문법표현, 문형표현 등으로 지칭하며, 후자는 일반적으로 담화 기능이라 칭한다.

이러한 표현문형은 의사소통 활동 시 필수적으로 요구되는 언어 형식이기 때문에 의사소통 전 단계의 수업에서 적절히 제시하여 충분한 형태 연습이 이루어져야 하고, 그것을 바탕으로 학습자들이 실제 의사소통 활동 단계에서 익숙하고도 능숙하게 활용할 수 있도록 해야 한다. 이때 중요한 것은 특정 표현문형을 제시할 때는 형태 정보와 의미 정보뿐만 아니라 제약 정보도 함께 제공되어야 한다는 것이다. 여기서 제약 정보란 특정 표현문형이 동사와만 결합하는지 아니면 형용사와만 결합하는지 또는 그것이 모든 용언과 쓰일 수 있는지 아니면 특정 의미 범주의 용언과는 사용할 수 없는지 등 해당 표현문형을 둘러싼 형태·통사적 제약, 의미적 제약 및 화용적 제약에 관한 것이다. 이 가운데 화용적 제약의 경우 담화·화용적 지식과 긴밀한 관련성을 가지므로 여기서는 관련 언급을 최소화하고 뒤에서 구체적으로 살펴보게 될 것이다.

그런데 한국어 직관이 뚜렷한 한국어 모어 화자의 경우 특정 표현문형을 둘러싼 여러 제약 정보를 무의식적으로 자연스럽게 습득하기 때문에 즉각적으로 적용하는 것이 가능하다. 반면 외국인 학습자들의 경우 자신의 모어로는 완벽에 가까운 언어 직관이 형성되어 있지만 외국어나 제2(혹은 그 이상) 언어인 한국어로는 그 직관이 제대로 형성되어 있지 않은 상태이다. 따라서 한국어 학습자들이 한국어 표현문형과 관련하여 정교하게 발달한 갖가지 제약 정보를 자연스럽게 터득하기란 쉽지 않은 일이므로 말하기 수업 시 의식적인 학습이 이루어져야 하는 것이다. 이러한 한국어 말하기 교육 내용으로서의 문법적 지식의 구성 요소와 그 효과는 다음과 같이 정리할 수 있다.

정리하면, 문법적 지식은 한국어 학습자들의 말하기 정확성 향상에 도움이 되며, 그러한 지식이 풍부할수록 여러 상황에서 가장 적절한 언어 형식

문법적 지식		
형태 정보	의미 정보	제약 정보
언어 형식/구조 관련 내용	담화 기능 관련 내용	형태·통사적 제약, 의미 및 담화·화용적 제약 등

발화의 정확성 향상, 의사 전달의 효율성 제고

[그림 3-1] 한국어 말하기 교육에서 문법적 지식을 형성하는 교육 내용과 효과

을 선택할 수 있게 되기에 의사 전달의 효율성 제고에도 영향을 미친다. 바로 이것이 영어 말하기 교육의 현장에서는 문법 무용론이 대두되기도 하지만 한국어 말하기 교육의 현장에서는 문법적 지식을 결코 가볍게 여길 수 없는 이유이기도 하다.

한편, 한국어 말하기 교육 시 문법적 지식이 말하기 교육의 내용 중 한 부분을 이룬다고 할 때 대부분의 한국어 모어 화자들은 자신들이 국어교육이나 영어교육에서 교육을 받았던 대로 '주어', '서술어', '시제', '능동태' 등과 같은 문법 용어 또한 교육 내용으로 생각하기 쉽다. 만약 해당 학습자들이 학문적으로 한국어학을 전공하거나 연구하는 사람들이라면 이러한 용어를 익히는 것의 효용성은 크다. 그러나 그것이 아니라 일반 목적이나 취미 목적의 한국어교육 현장일 경우 언어 지식보다는 언어 사용에 초점을 두면서 학습자들의 의사소통 능력 향상을 목표로 하게 된다. 그러므로 문법 용어와 같이 의사소통 능력 향상과 관련성이 적은 내용을 굳이 수업 시간에 지속적으로 노출할 필요가 있는가 그리고 그렇게 했을 때 오히려 학습자들의 혼란을 초래할 여지는 없는가 하는 점에서 그것이 말하기 교육 내용으로서 지니는 가치를 잘 따져볼 필요가 있다.

3. 유창성을 위한 말하기 교육

3.1. 유창성 향상을 위한 말하기 교육 내용

앞서 한국어 말하기 교육의 일반적인 수업 단계를 Littlewood(1981)의 논의에 따라 크게 의사소통 전 단계와 의사소통 단계로 구분한 후, 의사소통 전 단계의 수업에서 다루어져야 할 말하기 교육의 내용을 문법적 지식에 관한 것과 담화·화용적 지식에 관한 것으로 구분한 바 있다. 여기서 전자는 정확성 향상을 위해 표현문형의 형태 정보와 의미 정보 및 제약 정보가, 후자는 발화의 적절성 판단을 위해 다양한 화용 정보가 학습자들에게 필수적인 언어 지식이자 중요한 교육 내용이 될 것이다. 이러한 의사소통 전 단계를 거쳐 의사소통 단계에서는 학습자들이 기존에 익힌 언어 지식을 유사 의사소통 과제의 상황에서 실제로 활용하면서 시험적으로 말해 보고 자신의 발화를 스스로 모니터링하면서 궁극적으로 실제 의사소통 상황에서 이해 가능한 출력이 원활하게 자동적으로 일어날 수 있도록 하는 사회적 상호작용 활동을 하게 된다. 그러므로 의사소통 단계에서는 형태/의미/제약/화용 정보와 같은 언어 지식보다는 그것을 적절히 활용하여 실제로 의사소통을 실행할 수 있는 언어 수행에 초점을 두게 된다.

이러한 언어 수행 시 화자가 자신이 처한 담화 상황에서 적절한 언어 표현으로 정확하게 말하는 것만큼 중요한 것이 눈에 띄는 지체나 심한 주저함 없이 자연스럽게 반응하고 발화할 수 있는 유창성이다. 그런데 흔히 학습자 발화의 유창성을 논할 때 해당 학습자가 특정 담화 상황에서 즉각적인 언어적 혹은 비언어적 대응을 할 수 있는지 여부를 언급하게 되는데, 화자들의 정상적인 발화에서도 휴지나 중복 혹은 단절과 같은 비유창성이 빈번하게 발생한다는 점에서 학습자의 발화에서도 정상적인 비유창성과 비정상적인 비유창성을 구분할 필요가 있다. 한편, 전술한 바와 같이 언어교육에서 발화의 유창성이라 함은 본래 학습자가 특정 담화 상황에서 언어적·비언어적 반응을 보여야 할 때 두드러지는 지체나 연장 현상 없이 바로바로 수월하게 응답하거나 대처할 수 있는 능력을 의미하였다. 그러나 현재는 언어교육에서 의사소통 능력이 중시되면서 거기에 더해 말하기 상황에서 화청자 혹은 화자 스스로 수행하게 되는 원활한 의미협상, 효과적인 대화 전략의 사용, 오류 교정이 최소화된 상태의 발화 등 주로 자연스러운 언어사용의 측면과 관련되어 유창성이 좀 더 포괄적인 의미로 받아들여지고 있다.

이에 따라 아래에서 보는 것처럼, 한국어교육 현장에서도 학습자들의 발화 유창성을 점검하고 훈련할 때 발화 지체나 연장의 정도와 같이 교육적 처치가 필요한 문제 행동 관찰은 물론이고, 즉각적인 언어적·비언어적 대응이 가능한지, 학습자의 발화가 교사의 피드백이 불필요한 수준인지 등과 같은 학습자의 발화 생성 능력 그리고 원활한 의미협상이 이루어지는지와 대화 전략을 효율적이고도 효과적으로 사용하는지 등과 같은 상호 작용 능력을 의사소통 수행을 위한 필수 조건으로 보고 교육 내용으로 삼게 된다.

<표 3-2> 의사소통 단계에서 유창성 향상을 위한 교육 내용

처치가 필요한 문제 행동	의사소통 수행을 위한 필수 조건	
	발화 생성 능력	상호 작용 능력
두드러지는 발화 지체/ 연장, 수반 행동 (표정/몸짓) 등	즉각적인 (비)언어적 대응, 피드백이 불필요한 발화 등	의미협상, 대화 전략 등
발화 생성 기술(발음, 어휘, 속도, 휴지, 비언어적 행위, 화법 등), 상호 작용 기술(의미협상, 대화 전략 등)		

여기서 '처치가 필요한 문제 행동'이란 좁은 의미에서의 유창성을 점검하고 훈련하기 위한 것으로, 정상적 비유창성과 달리 그것에는 의사소통에 방해가 되는 수준의 발화 지체나 연장 및 그것과 동반되는 여러 가지 불편한 표정이나 몸짓이 포함된다. 특히, 말하기 불안과 같은 언어 불안을 지

닌 학습자들의 경우 자신이 처한 의사소통 상황을 모면하기 위해 여러 가지 회피 행동이 수반되기도 한다. 대표적인 것으로, 한숨을 쉬는 행동, 숨을 들이쉬는 행동, 호흡을 잠시 멈추는 행동, 힘을 주고 눈을 감는 행동, 혀를 밖으로 내미는 행동, 입술을 뾰족하게 내미는 행동, 머리나 몸통을 지속적으로 흔드는 행동, 발바닥으로 바닥을 두드리는 행동, 자신도 모르게 말이 빨라지는 속화 현상 등이 있다. 이러한 행동은 해당 학습자가 실제로 한국어 담화공동체에 속하여 일상을 살아가면서 다양한 한국어 화자들과 의사소통을 해야 할 경우 의사소통에 방해가 되는 요소이므로 한국어 말하기 교실에서 적절한 처치가 이루어져야 하며, 그러한 점에서 교사로서는 외면할 수 없는 교수학습 내용이라 할 수 있다.

다음으로, 한국어 학습자의 발화 유창성을 위해서는 발화 생성 능력과 상호 작용 능력이 필수적으로 요구된다. 이때 '발화 생성 능력'은 학습자가 실제 의사소통 상황에서 자신이 가진 언어 지식을 바탕으로 즉각적으로 말을 만들어 내고 그것을 정확하고도 유의미하게 발설하는 것과 관련이 있다. 이를 위해서 한국어 학습자들은 발음을 정확하게 할 수 있어야 하고, 상황에 맞게 단어를 선별하여 사용할 수 있도록 다양한 어휘를 알고 있어야 하며, 너무 빠르거나 느리지 않게 발화할 수 있어야 한다. 뿐만 아니라 한국어 담화공동체에서 통용되는 비언어적 의사소통 행위와 화법에도 익숙해져야 한다. 이상과 같은 발화 생성 능력은 학습자들이 이미 지니고 있는 부분도 있으나, 모어와 다르거나 잘못 알고 있는 부분도 있게 마련이므로 한국어 말하기 교육에서 의식적인 학습을 통해 터득해야 할 기술인 것이다.

또 '상호 작용 능력'은 화자가 담화 맥락에 맞게 대화를 효과적이고도 효율적으로 시작하고, 이어가며, 끝을 맺는 것과 관련이 있다. 이러한 상호 작용 능력은 의미협상이나 대화 전략과 같은 상호 작용 기술로 구성되는데, 전자는 화청자가 대화 중 오해의 여지를 최소화하기 위해 서로 상호 협력하려는 시도를 뜻하며, 후자는 대화 중 말차례 갖기, 잘못된 발화 자가 수정하기, 이해하지 못한 부분 재요청하기 등 대화를 막힘없이 효과적으로 진행하고 끝을 맺기 위한 전략적 기술을 의미한다.

앞서 언급한 것과 같이 한국어 말하기 교육에서 유창성을 넓은 의미로 한국어 모어 화자와 같은 자연스러운 발화를 생성하고 대화할 수 있는 능력이라고 볼 때, 그것을 훈련하기 위해서는 한국어 말하기 수업 현장에서 위에서 살펴본 요소들을 유의미한 의사소통 맥락 안에서 집중적인 교수학습이 이루어질 수 있도록 섬세하게 조직해야 할 것이다.

3.2. 학습자 발화의 유창성 점검 방법

의사소통 전 단계와 달리 의사소통 단계에서는 교사가 학습자들에게 직접적인 언어 지식을 전달하기보다는 학습자들이 선험적 지식을 기반으로 수행하게 되는 의사소통의 양상을 관찰하면서 그것이 더 나은 방향으로 나아갈 수 있도록 코칭해 줄 수 있어야 한다. 이때 교사가 제공하는 양질의 피드백 자체가 학습자들에게는 좋은 교육 내용이 되는데, 그러한 양질의 피드백은 학습자 발화의 면밀한 분석으로부터 시작된다. 다시 말하면, 학습자들이 실제 의사소통 상황에서 원활한 의사소통을 이어가기 위해서는 그것을 연습하고 활용하는 교실에서부터 잘 훈련되어야 하며, 그러한 수업 현장에서 제대로 된 교사의 피드백이 이루어져야 학습자들이 그것을 모델로 삼아 보다 발전된 발화를 생성할 수 있게 되므로 교사는 학습자의 발화를 분석하여 적절한 피드백을 제공할 수 있어야 한다는 것이다.

여기서 학습자 발화의 유창성 정도를 객관적면서도 비교적 수월하게 점검하고 평가하는 방법으로 평균발화길이 측정법을 들 수 있다. 이 측정법은 언어병리학 분야에서 모어 화자나 이중언어 화자의 언어발달 상태를 점검하기 위해 많이 활용되는데, 최근에는 한국어교육 분야에서도 학습자들의 유창성을 점검하기 위한 방법으로 활용되고 있다. 우선, 평균발화길이는 하나의 발화 안에 포함된 낱말이나 형태소, 어절 등의 평균 길이를 수치화하는 것인데, 언어교육 관련 연구자나 현장 교사들은 보통 평균낱말길이와 평균형태소길이를 분석하고 비교하는 것이 일반적이다. 평균낱말길이는 발화에 포함된 전체 낱말의 수를 총 발화수로 나누어 계산하고, 평균형태소길이는 각 발화에서 나타나는 모든 형태소의 수를 합산하여 총 발화수로 나누어 계산한다. 예를 들어, 한 한국어 학습자가 다음과 같은 일련의 발화를 했다고 가정해 보자.

> 저는 OOO입니다. 미국 사람입니다. 학생입니다.

이 학습자의 발화에서 평균발화길이를 분석하면 아래와 같이 평균단어길이는 3으로, 평균형태소길이는 4로 계산할 수 있다.

	단어	형태소
발화 1: 저는 OOO입니다.	저/는/OOO/입니다 (4)	저/는/OOO/이다/ㅂ니다 (5)
발화 2: 미국 사람입니다.	미국/사람/입니다 (3)	미국/사람/이다/ㅂ니다 (4)
발화 3: 학생입니다.	학생/입니다 (2)	학생/이다/ㅂ니다 (3)
평균발화길이	평균낱말길이=9/3	평균형태소길이=12/3

그렇다면 이러한 평균발화길이는 유창성과 어떠한 관련이 있는가? 이와 관련하여, 여러 연구에서 한국어 모어 화자의 평균발화길이가 이주민이나 외국인 유학생의 그것보다 더 길다는 것을 밝힌 바 있으며, 공식적인 교육을 받은 외국인 유학생의 평균발화길이가 그렇지 않은 이주민보다 더 긴 것으로도 나타났다. 이를 통해 학습자 발화의 유창성을 한국어 모어 화자와 같은 자연스러운 발화를 생성해내는 능력으로 볼 때 학습자 발화의 평균발화길이는 유창성과 긴밀한 상관관계에 있음을 알 수 있다. 이것을 좀 더 한국어교육 현장 중심적으로 생각해 본다면, 한 학급의 교사가 자신이

가르치는 학습자들을 대상으로 동일한 시간 안에 한국어로 자기소개를 수행하도록 했다고 가정할 때 유창성이 높은 학습자일수록 자기소개 발화에서 나타나는 평균발화길이가 길어지고, 그 반대의 경우 짧아지게 된다.

물론 발화의 길이가 길어질수록 다양한 오류가 발생할 여지가 크다는 점, 평균발화길이만으로 어휘 다양도를 포함한 학습자의 발화생성 능력과 상호 작용 능력 등은 알 수 없다는 점에서 평균발화길이와 유창성이 직선적인 상관관계를 지닌다고 보기는 어렵기도 하다. 그러나 한국어 말하기 교육 현장에서 교사가 학습자 발화의 유창성 점검과 유의미한 교육적 처치를 위해서는 이러한 평균발화길이 분석이 양질의 피드백과 코칭을 위한 기초 자료로서는 충분한 역할을 할 것으로 본다.

4. 적절성을 위한 말하기 교육

4.1. 담화·화용적 지식

한국어 말하기 수업에서 문법적 지식이 중요하게 다루어지지만 그것만으로는 능숙한 화자가 될 수는 없다. 문법적 지식으로 정확한 말하기는 훈련할 수 있지만 그것이 곧 적절한 말하기 즉, 말하기의 적절성을 의미하지는 않기 때문이다. 여기서 말하기의 적절성이란, 한국어 학습자들의 말하기가 형태적으로나 내용적으로 특정 담화 상황에 적합한가 하는 용인가능성의 문제를 의미하며, 그것은 주로 언중들이 사용하는 어휘나 문법과 같은 언어 요소의 실제 사용 양상으로 드러난다. 예를 들어, '-ㅂ/습니다'와 같은 격식체 어미만을 사용하는 한국어 학습자가 또래의 친한 한국인 모어화자와 가벼운 대화를 나누는 상황을 가정해 보자. 한국인들이라면 이러한 상황에서는 서로 말을 놓고 편하게 대화하게 마련인데, 친한 사이임에도 상대방이 그렇게 하지 않을 경우 친밀한 느낌이 떨어져 결과적으로 한쪽이 거리감을 느끼게 될 뿐만 아니라 서로 관계가 소원해질 가능성도 배제할 수 없다. 이러한 측면에서 한국에서는 가까운 관계의 또래 친구와 가벼운 대화를 할 때 격식체 어미를 사용하는 것은 적절성이 떨어지는 것으로 받아들이는 경향이 있다. 이렇게 특정 표현문형이나 어휘 및 표현의 실제 사용을 둘러싼 적절성과 용인가능성에 관한 사실들이 바로 한국어 말하기 교육의 내용을 구성하는 담화·화용적 지식이다.

좀 더 구체적으로, 담화·화용적 지식은 화자가 말하기를 수행할 때 고려해야 하는 장소나 대화 상대 등 발화 시점에 화자 자신이 처한 상황 맥락과 관련되어 있다. 흔히 언제, 어디서, 누구를 대상으로 말하는가가 고려되는데, 결과적으로 화자는 그러한 전체적인 상황 맥락에 관한 '화용 정보'를 고려하여 어떻게 말해야 하는지를 결정하게 되는 것이다. 일반적으로 이러한 화용 정보를 구성하는 요소는 언어문화권별로 다르게 나타나는데, 개별 언어문화권을 고맥락문화권과 저맥락문화권으로 구분할 때 한국은 대표적인 고맥락문화의 사회에 속한다. 여기서 고맥락문화는 함축과 관련되는데, 한국과 같은 고맥락문화권의 사람들은 언어적 요소 외에 다양한 비언어적 요소를 통해 의사소통을 수행한다는 것이다. 이를테면, 한국인들은 굳이 말하지 않아도 '눈치'와 '코치'로 충분히 의미를 전달하고 수용할 수 있다는 것이다. 주로 아시아의 한자문화권 국가에서 고맥락문화가 발달한 반면 북미나 유럽 등 인구어권의 국가들은 저맥락문화권에 속하는 것으로 알려져 있다. 따라서 저맥락문화권의 한국어 학습자들에게는 '눈치코치'로 대변되는 한국식 의사소통 방식에 익숙하지 않을 가능성이 크므로 그러한 특성을 포함한 화용 정보가 한국어 말하기 수업에서 필수적인 교육 내용으로 포함되는 것이다.

한국어 말하기 교육에서 이러한 화용 정보가 강조되는 이유는, 한국어 학습자들이 다양한 상황 맥락적 요소를 제대로 이해하지 못할 경우 담화 상황에 따라 다르게 적용되어야 할 것들에 대한 판단력 부족으로 적절성이 떨어지는 발화를 하게 될 가능성이 커지기 때문이다. 그리고 그러한 상황이 지속적으로 반복될 경우 해당 학습자와 한국어 모어 화자들과의 의사소통이 단절될 가능성도 배제할 수 없을 것이다. 이상과 같은 담화 상황의 맥락에 관여하는 화용 정보 중 가장 폭넓게 적용되고 있는 것은 사용역과 담화 참여자의 관계 및 담화 참여자 정보 등이다.

먼저, 사용역은 특정 담화가 이루어지는 장소 혹은 상황과 관련된 것으로, 그것이 격식적/공식적 장소나 상황인지 아니면 비격식적/비공식적 장소나 상황인지와 같은 격식성으로 구분된다. 일반적으로 한국에서는 TV 뉴스나 취업 면접의 상황에서 '-아/어요'와 같은 비격식체 어미보다 '-ㅂ/습니다'와 같은 격식체 어미가 선호된다. 그럼에도 교사가 학습자들에게 각각의 어미를 단순히 문장을 종결하는 문법 형태로만 제시할 경우 학습자들은 그것을 사용역과 결부시켜 생각할 수 없게 되며, 결국 실제 의사소통 상황에서 학습자 자신이 처한 사용역을 제대로 인식하지 못하게 될 뿐만 아니라 자신이 상황 맥락에 맞지 않는 부적절한 표현문형을 활용하고 있다는 사실조차도 인지하지 못하게 된다.

다음으로, 담화 참여자의 관계는 화청자가 서로 얼마나 가깝거나 먼 사이인지 즉, 어떠한 친소관계에 있는지와 사회적으로는 서로가 어떠한 위계 관계에 있는지 등에 관한 것이다. 한국어 말하기 상황에서 친소관계가 고려되는 이유는, 1차적으로는 화자가 청자에게 반말과 높임말 중 무엇을 사용할 것인지와 같은 화계를 결정하기 위함이고, 2차적으로는 화자가 청자의 체면을 손상하지 않고 공손성을 유지함으로써 화자 자신의 체면 손상 또한 피하기 위한 일종의 의사소통 전략이기 때문이다. 담화 상황에서 화청자가 서로의 사회적 위계를 직간접적으로 확인하고자 하는 이유도 이와 유사하다. 일례로, 길에서 누군가를 부를 때 서로 전혀 모르는 낯선 관계라면 '저기요.'나 '여기요.' 등으로 호칭하는 것이 가능하나 상대가 화자의 직장 상사나 지도교수 등일 경우에는 그러한 표현이 무례한 것으로 받아들여진다.

끝으로, 담화 참여자 정보는 화청자의 연령, 사회적 지위, 성별, 직업 등과 같은 한 사람에 대한 기본 정보를 의미한다. 앞서 살펴본 담화 참여자 관계가 화청자 간의 직접적인 관계성과 결부되는 반면 담화 참여자 정보는 그러한 관계성과 상관없이 특정 담화 상황에서 독립적으로 작용한다는 점에서 구별된다. 일례로, 한국 사회에서는 흔히 장년층에게 공손히 말하는 것이 예의라고 인식된다. 그렇기에 화자가 그러한 장년층의 청자를 대상으로 발화할 때는 친소관계나 사회적 위계와 같은 자신과의 직접적인 관계성과 무관하게 으레 예의를 차리게 마련이다. 이처럼 특정 담화 상황에서 말을 할 때는 화청자의 관계성과 무관하게 사회적 규범처럼 자연스럽게 작용하는 약속이 있는데, 연령과 사회적 지위, 성별, 직업 등이 바로 그러한 사회적 약속에 영향을 주는 요소들인 것이다. 예를 들어, '자네'라는 2인칭 표현은 나이가 많은 사람이 자신보다 어린 사람에게 주로 사용하지만 젊은 세대들 사이에서는 연령상 상하관계가 형성되더라도 그러한 표현은 잘 사용하지 않으며, 성별에 따라서도 사용 빈도가 달라질 수 있다. 또한, 한국 사람들 사이에서 '손님'을 의미하는 용어는 화자의 직업군에 따라 자신이 속한 작업 환경 내에서 '방문객'이나 '고객'과 같은 한자어뿐만 아니라 '게스트'나 '커스터머', '클라이언트' 등과 같은 외국어(혹은 외래어)로도 다양하게 사용되는 것을 볼 수 있다.

담화·화용적 지식(화용 정보)		
사용역	담화 참여자의 관계	담화 참여자 정보
격식적-비격식적 (공식적-비공식적)	친소관계, 사회적 위계	연령, 성별, 직업, 사회적 지위 등

발화의 적절성 판단 능력 향상

[그림 3-2] 한국어 말하기 교육에서 담화·화용적 지식을 형성하는 교육 내용과 효과

한국어 학습자들이 위와 같은 담화·화용적 지식을 잘 갖추고 있을 때 실제 한국어 모어 화자들과의 대화 상황에서 빈번하게 나타나는 함축표현과 간접표현 또한 잘 이해하고 적절히 대응할 수 있게 된다. 그 이유는 대부분의 함축표현과 간접표현이 담화 맥락이나 사회문화적 배경에 영향을 받기 때문이며, 그에 따라 때로는 특정 표현으로 고정되기도 하기 때문이다. 결론적으로, 이상과 같은 화용 정보는 한국어에 존재하는 여러 유사 문법과 유의어의 사용역을 구분해주고 그 의미 분별에 도움을 주어 결과적으로는 학습자 발화의 적절성과 용인가능성에 기여하기에 한국어교육 현장에서 빼놓을 수 없는 말하기 교육 내용이다.

4.2. 공손성과 공손표현

한국의 사회문화에서는 공손하게 말하는 것이 아주 중요시되는데, 이는 한국어에서 높임법이 정교하게 발달한 것을 보면 잘 알 수 있다. 이러한 사회문화적 배경 아래에서 한국어 학습자들이 한국 사회에서 통용되는 공손성의 원리를 제대로 이해하지 못할 경우 그것을 실제 의사소통 현장에서 제대로 발휘할 수 없음을 물론이고 상대방에게 불쾌감을 주기 쉬워 오해를 사는 등 성공적인 의사소통이 어려워지게 마련이다. 그러므로 한국어 말하기 교육에서 이러한 공손성에 대한 교육은 필수적이다. 이러한 공손성은 화용 정보에 해당한다고도 볼 수 있으나 한국 사회의 지배적인 언어문화 중 하나라는 점에서 그 자체로 중요한 의미를 지닌다.

그렇다면 공손성은 어떠한 원리로 작용하기에 어떤 것은 예의 바른 것으로 또 어떤 것은 그렇지 못한 것으로 받아들여질까? 이를 위해서는 우선 아래와 같은 Grice(1975)의 대화 격률을 이해하고 있어야 한다.

〈대화 격률〉
» 양의 격률: 대화의 목적에 맞는 적절한 양의 정보를 제공할 것

> » 질의 격률: 진실된 내용을 말할 것
> » 관련성의 격률: 대화의 주제와 관련성이 있는 것을 말할 것
> » 태도/방법의 격률: 내용을 모호하지 않고 명확하게 말할 것

위의 내용을 통해 대화가 화청 간에 어떠한 협력 원리로 이루어져야 하는지 알 수 있으며, 교사는 이러한 대화 격률을 잘 이해한 상태에서 그것에 바탕을 두고 학습자들이 협력적인 대화를 수행할 수 있도록 도와야 한다. 이러한 대화 격률을 좀 더 발전시켜 Leech(1983)에서는 다음과 같이 6가지 공손성의 원리 격률을 제시한 바 있다.

> 〈공손성의 원리 격률〉
> » 요령의 격률: 상대의 수고 최소화, 상대의 이익 최대화
> » 관용의 격률: 자신의 이익 최소화, 자신의 수고 최대화
> » 칭찬의 격률: 상대 비난 최소화, 상대 칭찬 최대화
> » 겸손의 격률: 자신 칭찬 최소화, 자신 비난 최대화
> » 일치의 격률: 상호 간 불일치 최소화, 상호 간 일치 최대화
> » 동감의 격률: 상호 간 반감 최소화, 상호 간 동감 최대화

이를 볼 때 공손성이란 단순히 특정 표현문형을 통해 구조적으로만 드러나는 것이 아니라 대화 중 눈에 보이지 않는 화청자 간의 협력이라는 상호작용의 결과로 나타나는 현상임을 알 수 있다. 그렇다면 남은 문제는 한국어 말하기에서 무엇이 공손하고 무엇이 공손하지 못한가 하는 것이다. 이에 대해 전혜영(2005)에서는 '공손표현'이라는 용어를 제시하면서 그것을 화자가 청자를 배려하는 의도를 가지고 사용하는 표현으로 정의하였고, 그러한 공손표현을 존대의 의미를 담은 표현을 써서 청자를 높이거나 청자에게 주는 부담의 정도를 줄이기 위한 것과 화자 자신을 낮추고 화자의 이익보다는 청자의 이익을 우선하는 것으로 구분하였다. 좀 더 구체적으로, 문

금현 외(2019:123-140)에서 제시한 한국어의 공손표현을 참고할 수 있을 것이다.

<표 3-3> 한국어 공손표현(문금현 외 2019)

공손성을 띤 어휘	• 울타리어(헤지 표현) • 겸양어와 높임어 • 공손 호칭어
공손성을 띤 표현	• 자기주장의 약화 표현 • 상대방 배려를 위한 표현 • 피동 표현

공손성을 띤 간접표현	• 요청의 공손 간접표현
	  - 화자의 소망이나 바람 말하기, 청자의 의무를 화자가 진술하기, 암시하기, 부정 표현으로 말하기
	• 거절의 공손 간접표현
	  - 사과하기, 이유나 변명 말하기, 가정하여 말하기, 대안 제시하기

지금까지 한국어 말하기 교육의 내용에서 대해서 살펴보았다. 정리하면, 한국어 말하기 수업은 Littlewood(1981)의 의사소통적 교수법에 따라서 의사소통 전 단계와 의사소통 단계로 구분할 수 있는데, 의사소통 전 단계에서는 주로 언어 지식에 대한 내용을 다루게 되고 의사소통 단계에서는 언어 수행에 관한 내용을 다루게 된다.

그리고 발화의 정확성을 위해서는 표현문형을 중심으로 형태 정보, 의미 정보, 제약 정보에 대한 교육이 이루어져야 하며, 발화의 적절성을 위해서는 다양한 화용 정보에 대한 교육이 이루어져야 한다. 그러한 화용 정보에는 담화 상황의 격식성에 따른 사용역과 친소관계나 사회적 위계 관계와 같은 담화 참여자의 관계 그리고 연령, 성별, 직업, 사회적 지위 등과 같은 담화 참여자 정보 등이 포함된다.

다음으로, 발화의 유창성은 학습자가 자신이 익힌 언어 지식을 바탕으로 실제로 발화를 생성하여 대화를 시작하거나 그것을 이어가고 끝을 맺는 의사소통의 실제적 측면과 관련된 것으로서, 이를 위해서는 화자가 발화 생성 능력과 상호 작용 능력을 갖추고 있어야 한다. 이에 따라 한국어 학습자들은 말하기 수업에서 발음, 어휘, 속도, 휴지, 비언어적 행위, 화법 등과 같은 발화 생성 능력과 의미협상 및 대화 전략과 같은 상호 작용 기술을 훈련해야 한다.

결과적으로, 이러한 한국어 말하기 교육 내용을 통해 학습자들은 문법적으로 정확하고, 화용적으로 적절하면서 언어 수행의 측면에서도 유창하게 발화를 생산할 수 있게 되고, 그것을 바탕으로 한국어 담화공동체 내에서 원활한 의사소통을 수행할 수 있는 능숙한 한국어 화자로 발전할 수 있게 될 것이다.

<표 3-4> 한국어 말하기 교육의 내용

언어 지식				언어 수행	
문법적 지식	담화·화용적 지식			발화 생성 능력	상호 작용 능력
	화용 정보			발화 생성 기술	상호 작용 기술
형태/의미/제약 정보	사용역	관계	참여자	발음, 어휘, 속도, 휴지, 비언어적 행위, 화법 등	의미협상, 대화 전략
정확성	적절성			유창성	

주지할 것은 위와 같은 말하기 교육 내용의 큰 틀은 모든 학습자들에게 유사하게 적용 가능하겠으나 구체적인 교수요목을 선정함에 있어서는 한국어 학습자들의 학습 목적에 따라 차별화된다는 점이다. 그 이유는, 개별 학습자들이 처한 상황이 다르기 때문이다. 다시 말해서, 비즈니스 목적의 학습자들이 자주 접하는 말하기 상황과 학문 목적의 학습자나 결혼이주민 등이 자주 접하게 되는 그것은 동일할 수 없다는 것이다. 뿐만 아니라 최근에는 집단별 집합 교육뿐만 아니라 1:1 수업과 온라인 비대면 수업 등 한국어교육 현장이 더욱 다양해지고 있고, 4차 산업의 발전으로 증강현실이

나 가상현실 등 이른바 XR이 접목된 메타버스 플랫폼을 활용한 외국어교육도 점차 활성화되고 있는 실정이다. 따라서 한국어 말하기 교육을 위한 세부 교수요목을 선정함에 있어서는 개별 학습자의 요구와 해당 학습자들이 속한 현장의 상황을 면밀히 파악한 후 교실 현장에 반영해야 교육적 효용성을 높일 수 있다는 사실을 기억해야 할 것이다.

나가기

» 아래를 읽어 보자.

한국어 모어 화자와의 의사소통 상황에서 외국인 학습자들이 종종 접하게 되는 현상 중 하나가 혼잣말과 침묵이다. 이는 인구어권 학습자들에게는 낯선 동시에 독특한 의사소통 현상으로 받아들여지기도 한다. 실제로 고맥락문화의 사회를 형성한 한국인들은 의사소통 상황에서 혼잣말과 침묵을 의사소통 전략처럼 활용하기도 한다. 따라서 이러한 현상들이 외국인 학습자들에게는 다소 낯설기도 하지만 한국어 담화공동체 내에서는 나름의 소통 전략이 될 수 있다는 점에서 한국어 말하기를 위한 독특한 교육 내용이 될 수 있다.

여기서 혼잣말은 보통 음성적으로 실현되지만 그렇지 않은 경우도 있는데, 비음성적으로 실현되는 혼잣말은 침묵으로 볼 수 있으며 실제로 모어 화자들의 대화 장면을 보면 화자와 청자의 침묵이 적잖게 나타나는 것을 관찰할 수 있다. 그런데 이러한 혼잣말이나 침묵은 단순히 대화의 단절이나 회피만을 의미하지는 않으며, 화자가 처한 담화 맥락 내에서 수긍이나 동의, 항의, 이해하지 못함 등 여러 담화 기능을 수행한다. 흔히 침묵의 형태를 심리언어학적인 것과 상호 작용적인 것 그리고 사회문화적인 것들로 구분하기도 하는데, 이를 통해 침묵은 단순히 무의미한 비유창성이 발현된 것이 아니라 해당 언어·문화권 내에서 일종의 비언어적 의사소통 방식으로 용인되는 의사소통 전략이라 볼 수 있는 것이다.

앞서 언급한 것처럼, 침묵의 경우 한국과 같은 고맥락문화권에서는 사회문화적 현상으로 나타나는 경향이 있어서 외국인 학습자들이 한국어 모어 화자와의 대화 중에 침묵해야 할 때와 그렇게 하지 않아도 될 때를 제대로 판단하지 못한다면 한국어 담화공동체 내에서 약속된 금기를 깨는 행위가 된다. 그러므로 한국어 교사는 말하기 수업에서 학습자들이 말을 해야 할 때와 침묵해야 할 때를 잘 감지할 수 있도록 할 필요가 있는데, 그것을 위해서는 침묵이 구체적으로 어떠한 의사소통 기능을 갖는지 잘 파악하고 있어야 한다.

일례로, 정혜경(1999:135)에 따르면 침묵에는 긍정적 표현 기능(동조, 동감, 찬성, 이해, 긍정 등), 부정적 표현 기능(불만, 반대, 거부, 부정 등), 무관심 표현 기능(무관심, 무시, 멸시, 거리감, 벽, 흥미나 관심 없음 등), 무지각적 표현 기능(상대방 이야기를 듣지 못함, 다른 생각을 함 등), 성격적 표현 기능(과묵, 표현 미숙, 표현하기 싫음, 비밀스런 성격 등), 몰이해적 표현 기능(상대방 이야기의 내용이나 상황에 대해 잘 모름, 이해 못함, 지식이 없는 잘 모르는 분야 등), 신체적/상황적

미대처 표현 기능(놀라움, 당혹, 의외, 망설임 등), 배려적 표현 기능(상대방에게 상처나 당혹감을 주거나 놀라지 않도록 하기 위함) 등 다양한 기능이 있다. 이러한 침묵은 언어·문화권별로 다른 양상으로 나타나는데, 추계자(2001:99)에 따르면 덴마크, 스웨덴, 노르웨이 등 스칸디나비아에서는 중부 유럽 국가들보다 청자가 침묵 신호를 훨씬 드물게 보낸다고 한다. 또 한국의 경우 남의 말에 청자가 자주 신호를 보내지 않는 편이며, 주로 눈을 감고 듣거나 고개를 위아래로 약간 끄덕이는 편이라고 한다. 여기서 한국인들과 같이 화자의 말을 집중해서 잘 듣고 있다는 의미에서 눈을 감고 듣는 경우 그렇게 하지 않는 언어·문화권에서 온 학습자들에게는 그것이 매우 낯선 것이며, 때로는 자신의 말을 경청하고 있지 않다는 신호로 받아들여 오해를 살 수도 있다.

이처럼 한국어 담화공동체 내에서 혼잣말이나 침묵은 담화를 자연스럽게 시작하고 매끄럽게 유지하며 껄끄럽지 않게 끝낼 수 있는 하나의 의사소통 전략처럼 작용하기도 하므로 그것이 낯선 국가에서 온 외국인 학습자들에게는 유용한 (비)언어적 의사소통 전략이 될 수도 있다.

나가기

» 실제 의사소통 상황에서는 화청자의 발화뿐만 아니라 표정이나 몸짓 등으로 이뤄지는 비언어적 행위가 빈번히 나타난다. 다음과 같은 상황에서 동반되는 비언어적 행위에는 어떤 것들이 있는가? 그리고 그것을 한국어 학습자들에게 가르친다면 어떻게 교육할 수 있겠는가?

상황	
대화 중 상대방의 말을 잘 듣고 있다는 신호를 계속 보내고 싶을 때	
동반되는 비언어적 행위	교육 방법

상황	
상대방의 이야기를 듣던 중 나 자신도 잘 알고 있는 내용이 나와서 반가울 때	
동반되는 비언어적 행위	교육 방법

상황	
대화 중 상대방의 말을 끊고 내가 말해야 할 때	
동반되는 비언어적 행위	교육 방법

제4장
말하기 교육의 방법과 실제

들어가기

» 다음은 말하기 활동들을 보여 주는 그림이다. 외국어를 배웠을 때 교실에서 이러한 말하기 활동을 한 적이 있는가? 장단점은 무엇이고 재미있던 점, 어려웠던 점 등은 무엇이었는지 이야기해 보자.

1. 말하기 교육의 접근법

　현재 대다수의 한국어교육 기관에서 행해지고 있는 한국어 수업은 '도입-제시-연습-활용-마무리'의 순서로 진행되고 있다. 이러한 일련의 과정 안에 문법 학습과 말하기 연습 및 활동이 함께 녹아 있으므로, 이러한 수업 순서를 단순히 '말하기'라는 기능만을 위한 수업의 순서로 보기는 어렵다. 초급과 중급은 대부분 목표 문법을 익히고, 그 익힌 문법을 사용하여 말하는 연습까지로 나아가는 경우가 대부분이다. 이 장에서는 이러한 실제적인 측면을 반영하여, '도입-제시-연습-활용-마무리'로 이어지는 내용을 말하기 수업의 실제로 보고 기술하였다. 이러한 다섯 단계에는 PPP 모형과 TTT 모형의 장점이 모두 반영되어 있다. 그러므로 현재 한국어 말하기 수업의 실제를 알기 위해서는 그 기초가 되는 각 모형들의 특징을 알고, 이들이 어떻게 적용되고 통합되어 있는지를 살필 필요가 있다. 또한 말하기 수업 안에서 학습자들의 말하기를 이끌어낼 수 있는 다양한 활동을 구성할 필요가 있다. 따라서 이 장에서는 PPP 모형과 TTT 모형에 대해 살피고, 말하기 활동의 예시를 사례를 중심으로 살펴본 후, 실제로 한국어교육에서 말하기 수업을 어떤 수업 모형에 따라 할 수 있는지를 알아보겠다.

2. 말하기 수업 모형

2.1. PPP 모형

'PPP 모형'의 'PPP'는 '제시-연습-산출(Presentation-Practice-Production)'을 가리키는 것으로 청각구두식 교수법과 관련되며(Harmer 2015:65), 자극과 반응을 통해 습관을 형성하는 것을 목표로 하는 행동주의(behaviourism)에 근거한 절차이다(Thornbury 2005/2011:38).

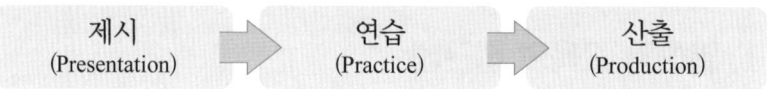

이러한 PPP 모형은 한국어교육 현장에서 말하기 수업이나 문법 수업, 또는 문법과 말하기가 통합된 수업 등에서 자주 적용된다. 제시, 연습, 산출의 단계에서 이루어지는 수업 모형의 개요는 다음과 같다(Richards 2015:66; Harmer 2015:65-66).

첫 번째 단계인 '제시' 과정에서는 목표 문법이 사용된 상황이 제시되는데 보통 대화나 짧은 텍스트로 제공된다. 또는 그림과 같은 자료를 통해 질문하고 대답을 끌어내면서 배울 내용이 제시되기도 한다. 이때 교사는 해당 목표 문법에 대하여 명시적으로 제시하거나, 대화나 텍스트에 제공된 문법 규칙을 학생들이 유추하도록 요구하여 암시적으로 제시할 수도 있다. 두 번째 단계인 '연습' 과정에서는 학생들이 반복 연습(drills)이나 교체 연습을 통해 통제된 맥락 안에서 새로운 문법 형식을 연습한다. 여기에서의 연습은 의사소통적인 목적보다는 목표 문법 형태 사용의 오류를 줄이는 데에 그 목적이 있다. 세 번째 단계인 '생산' 과정에서는 이전과는 다른 맥락 및 상황에서 해당 문법 형식을 사용하여 연습한다. 이때 새로운 패턴과 함께 유창성을 발달시키기 위하여 학생 자신이 만들어낸 내용이나 정보를 이용할 수도 있다.

이러한 PPP 수업 모형은 정확성(또는 기술 습득)에서 유창성(또는 기술 사용)으로 나아가는 방향으로 전개된다고 볼 수 있으며, 학습자 중심보다는 교사 중심 수업이라는 특징이 있다. 또한 PPP 모형은 학생들이 해당 목표 문법이나 말하기 기능에 대하여 아무 지식이 없다는 것을 전제하므로, 어휘와 문법 지식이 제한적인 초급 학습자들을 위한 수업에 적절한 것으로 보는 경향이 있다. 따라서 아래에서는 PPP 모형의 예시로 일반목적 학습자를 위한 초급 말하기 수업의 실례를 살펴보겠다.

PPP 모형에 따른 초급 말하기 수업의 실례

단원 주제	여행
학습 목표	여행 계획 말하기
목표 문법	'-(으)ㄹ 거예요'

1 　제시 단계 (Presentation)

① 아래의 그림을 보여주면서 자신이 오른쪽의 남자라면 어떻게 대답할 것인지를 학생들에게 질문하면서 '-(으)ㄹ 거예요'의 형태와 사용되는 상황을 자연스럽게 보여준다.

자료 출처: <사랑해요 한국어 2> 3과, 46쪽

② 아래와 같은 대화를 명시적으로 보임으로서 시각적으로 목표 문법의 형태를 보여준다. 그리고 이것이 미래의 일을 표현하는 기능을 한다는 것을 설명한다.

> A 방학에 뭐 할 거예요?
> B 부산으로 여행을 갈 거예요.

이때 교재에 나온 예문들을 추가로 활용하거나 '-(으)ㄹ 거예요'가 사용되는 상황과 관련되는 그림을 추가로 활용하여 '-(으)ㄹ 거예요'의 형태를 충분히 드러낼 수 있다.

③ '-(으)ㄹ 거예요'의 활용 정보 및 문법적인 특징에 대하여 설명한다. 형태 정보는 아래와 같은 표를 사용하여 명시적으로 제시할 수 있다.

받침 X, ㄹ → -ㄹ 거예요		받침 O → -을 거예요	
기본형	-ㄹ 거예요	기본형	-을 거예요
보다	볼 거예요	입다	입을 거예요
만나다	만날 거예요	먹다	먹을 거예요
살다	살 거예요	*듣다(불규칙)	들을 거예요

2 연습 단계 (Practice)

① 반복 또는 교체 연습을 통하여 문장 단위로 '-(으)ㄹ 거예요'를 사용하여 짝 활동으로 말하도록 연습시킨다. 이때 교체할 대상이 되는 어휘들은 제공한다. 이때 제시될 수 있는 통제된 연습의 예시는 다음과 같다.

1
A 수업 후에 뭐 할 거예요?
B _____.
(피아노를 치다)

2
A 수업 후에 뭐 할 거예요?
B _____.
(공부하다)

3
A 수업 후에 뭐 할 거예요?
B _____.
(점심을 먹다)

4      A 수업 후에 뭐 할 거예요?
              B _____.
                (노래를 듣다)

② 짝 활동한 것을 교실 전체를 대상으로 발표하게 하고 교사는 정확한 답을 제시한다.

3 산출 단계 (Production)

① 학생들 스스로 '-(으)ㄹ 거예요'를 사용하여 전체 문장을 담화 내에서 구성하여 말할 수 있도록 지도한다. 예를 들어 주말 여행 계획을 세우고, 그것에 대하여 '-(으)ㄹ 거예요'를 사용하여 말해보도록 지시할 수 있다. 이때 교사가 학생들에게 개인적으로 질문할 수도 있으며, 짝 활동이나 그룹활동으로 진행할 수도 있다.
② 활동이 끝나면 교실 전체를 대상으로 발표를 시켜 확인하고 만약 오류가 있으면 피드백을 제공한다.

지금까지의 PPP 수업 모형을 그 사례를 들어 살펴보았다. 이러한 PPP 수업 모형에서 각각의 단계별 교사의 역할, 학생의 역할, 활동 유형, 수업 구조를 살펴보면 아래와 같은 경향을 보이는 것으로 정리될 수 있다 (Nunan/임영빈 외(역) 2003:336).

<표 4-1> PPP 수업 모형의 특징

	제시	연습	산출
교사의 역할	모델 제시자	지휘자	감시자
학생의 역할	청자	수행자	상호 작용 당사자
활동 유형	강의	대체 연습	역할 놀이
수업 구조	전체 수업	2인 1조 활동	소집단 활동

위의 <표 4-1>에서 보듯이 PPP 모형에서 교사는 학습할 내용과 수업 진

도를 통제하는 역할을 하게 된다. 따라서 이 모형은 특히 신입 교사들에게 더 유용하게 사용될 수 있으며, 교실에서 일어날 수 있는 예측하기 어려운 상황에 대처하는 데 있어 유리하다고 볼 수 있다(Thornbury 1999/2005:128).

2.2. TTT 모형

'TTT 모형'은 과제 중심 교수법 모형의 한 예시인 '과제1-교수-과제2 (Task1-Teach-Task2)'의 연쇄를 가리킨다. TTT 모형은 Thornbury(1999:129)에서 PPP 모형의 대안으로 제시된 것으로, 이를 '시도(trial)-오류(error)-피드백(feedback)'의 연속적 과정이라고 보기도 한다. PPP가 '정확성에서 유창성'으로 나아가게 하기 위한 모형이었다면 TTT는 반대로 '유창성에서 정확성'을 추구하는 모형이라고 할 수 있다.

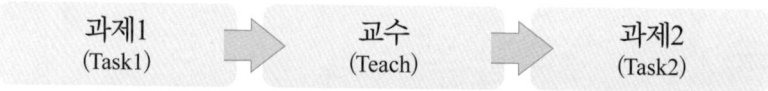

TTT 모형의 첫째 단계인 '과제1'에서는 주제 도입이 이루어지며, 교사가 미리 설정해 놓은 의사소통 과제가 학생들에게 먼저 주어진다. 이때 처음부터 정확성보다는 유창성을 추구하는 것으로 볼 수 있다. 두 번째 단계인 '교수'에서는 첫 번째 단계에서 학생들이 수행하였던 과제에 대한 오류 수정이 이루어지기도 한다. 즉 이때는 유창성보다는 정확성에 초점이 맞추어지며, 교사는 학습자들에게 과제를 수행하는 데 있어 필요한 명시적인 문법이나 표현, 어휘 등을 제공하게 된다. 이때 교사의 언어 형태에 대한 설명이 포함된다. 마지막 단계인 '과제2'에서는 앞서 제시되었던 과제를 다시 수행하게 할 수도 있고, 완전히 새로운 과제를 수행하게 할 수도 있다.

이러한 TTT 모형은 의미 전달을 위한 언어 사용을 유도하여 의사소통 중심적이며, 교사 중심보다는 학습자 중심의 수업으로 이루어지며, 앞서 보인 PPP 모형과는 달리 유창성에서 정확성을 추구하는 방향으로 수업이 전개된다는 특징이 있다. 또한 TTT 모형은 학습자들이 어느 정도의 언어적인 지식이 있다는 것을 전제하는 경우 활용되는 경향이 있다. 그러므로 한국어를 처음 접하는 학습자들보다는 어느 정도 학습 기간이 되는 학습자들에게 적합한 것으로 보기도 한다. 따라서 아래에서는 한국어 학습 기간이 어느 정도 있는 것으로 볼 수 있는 중급 학습자를 대상으로 한 말하기 수업에서 TTT 모형을 적용한 것을 살펴보도록 하겠다.

실제 한국어교육 현장에서는 이 TTT 모형이 PPP 모형에 근거한 '도입-제시- 연습-활용-마무리' 연쇄의 '활용' 단계의 세부 절차로서, '과제 전(Pre-task)- 과제(Task)-과제 후(Post-task)'로서 적용되는 경향이 있다. 여기에서는 TTT 모형의 원형적인 모습에 대하여 살펴보겠다.

아래에서 살펴볼 수업의 실례는 연세대학교 한국어학당 교재인 『한달완성 한국어 말하기 중급Ⅰ』의 3과에 나온 내용을 가지고 홍윤혜 외(2008)에서의 기술을 참고하여 TTT 단계에 적용하여 재구성한 것이다.

TTT 모형에 따른 중급 말하기 수업의 실례

단원 주제	외출
학습 목표	외출하기 좋은 장소를 적절한 이유와 함께 추천할 수 있다.

1 과제1(Task1/Pre-task) 단계

① 과제를 본격적으로 하기 전에 다음과 같은 주제의 도입을 할 수 있다. 배경 지식을 활성화하고 학습 동기를 유발하기 위하여 교재의 그림을 활용하여 '친구들과 만날 약속을 했을 때 약속 장소로 좋은 곳은 어디인가요?, 숙제하기 좋은 카페나 데이트하기 좋은 장소를 아세요?, 날씨가 좋은 오후에 외출하고 싶으면 어디에 가세요?' 등과 같은 질문을 하여, 이 단원에서 무엇을 공부할 것인가에 대한 의식을 갖게 된다.

자료 출처: <한달완성 한국어 말하기 중급Ⅰ>3과, 9쪽

② 위의 도입이 끝나면 교사가 학습자들의 말하기를 활성화하는 준비의 성격을 지닌 활동으로, 교사가 학습자 전체를 대상으로 다음의 활동을 수행하게 할 수 있다. 간단한 말하기 활동으로 학습자에게 말할 거리를 제공함으로써, 인지 구조를 자극하고 학습 동기를 유발하는 데에 목적이 있다.

활동 I 우리는 날마다 또는 가끔 외출을 합니다. 외출에 대해서 서로 이야기해 봅시다.

질문	대답 (보기)
외출할 때 제일 신경 쓰는 것은 뭐예요?	제가 제일 신경 쓰는 것은 옷차림이에요. 제가 가는 곳하고 잘 어울리는 옷차림이 어떤 것일까 항상 생각해요. 시장에 갈 때와 멋진 곳에서 저녁 식사 약속이 있을 때의 옷차림은 다르니까요.
외출할 때 준비하는 시간은 얼마나 걸려요?	누구를 만나는지, 어디에 가는지에 따라 달라요. 보통 슈퍼에 갈 때는 5분 정도 걸리고 데이트할 때는 한 30분 이상 걸리는 것 같아요.
외출할 때 뭘 가지고 가요?	장소마다 다르지만 보통 저는 간단하게 메모하는 습관이 있어서 수첩을 항상 가지고 다녀요. 물론 휴대전화하고 지갑도 가지고 다니고요.
집에 있을 때와 뭐가 달라요?	화장을 하는 것이 다르지요. 그리고 구두를 신을 때가 많으니까 밖에 오래 있으면 좀 불편해요.

자료 출처: <한달완성 한국어 말하기 중급 I >3과, 10쪽

2 교수(Teach) 단계

① 교사는 학습자들의 위의 단계에서 발화한 것에 대한 피드백을 제공하여 형태에 초점을 맞추고 정확성을 높일 수 있도록 지도한다.

② 이 단원의 학습 목표이자 다음 단계인 '과제2'에서 수행하게 될 '적절한 이유와 함께 외출하기 좋은 장소 추천하기'를 위해 필요한 아래와 같은 표현들을 학습자들에게 제공하고 가르친다.

1. 보기와 같이 적당한 장소를 추천하는 대화를 해 봅시다.

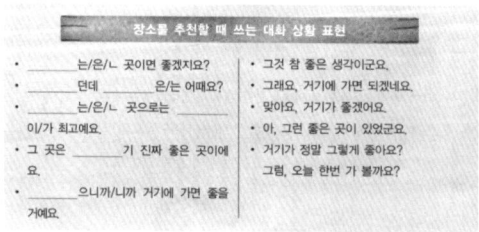

자료 출처: <한달완성 한국어 말하기 중급 I >3과, 10쪽

③ 위의 표현을 충분히 숙지할 수 있도록 여러 상황 또는 질문을 제공하여 위의 표현을 적용하는 연습을 하도록 지시한다. 제공될 수 있는 자료는 아래와 같다. 이때 다음과 같이 대화의 예시를 제공한다면 학습자들에게 도움이 될 것이다.

　　　　• 보기 • 친구와 만나기 좋은 장소를 추천할 때 •
　　　왕리: 우리 반 친구들이 오늘 저녁에 만나서 반 모임을 하기로 했는데 어디에서 만나면 좋
　　　　　을까?
　　　유꼬: 글쎄, 누구나 쉽게 **찾을 수 있는 곳**이면 좋겠지?
　　　왕리: 그래, 아직 서울 길을 잘 모르는 친구들이 있으니까 모이기 좋은 곳이어야 해.
　　　유꼬: 그럼, 신촌 백화점 정문 앞은 **어때**? 그곳은 지하철역에서 가깝고, 큰 건물이니
　　　　　까 누구나 쉽게 찾을 수 있을 거야. 지난번에 가 보니까 의자도 있어서 기다리
　　　　　기가 편하던데.
　　　왕리: 맞아, **거기가 좋겠다**. 역시 너는 많이 다녀 봐서 잘 아는구나.

　　　　　　　　　　　　　　　　　　　자료 출처: <한달완성 한국어 말하기 중급Ⅰ>3과, 11쪽

④ 이러한 '교수(Teach) 단계'에서는 학습자가 위의 표현을 사용하여 발화한 것을 대상으로 학습자가 '정확하게' 말할 수 있도록 형태에 초점을 맞추어 피드백을 제공한다.

3　과제2(Task2/Post-task) 단계

① 단계1과 2를 거쳐 배운 것을 토대로 통합적인 과제를 하도록 지시한다. 짝 활동 또는 소그룹으로 자유롭게 이야기하도록 할 수 있다. 이때 제한된 구조 없이 자유롭게 말할 기회를 제공한다.

　　여러분은 다음과 같은 날에 어디에 가고 싶습니까? 특별한 날, 특별한 외출에 대해
　　서 이야기해 봅시다. 다음의 주제 중에서 한 가지를 선택하십시오.

　　　• 시험이 끝난 날
　　　• 여자 친구(남자 친구)의 생일날
　　　• **기분 전환하고 싶은 날**

　　　　　　　　　　　　　　　　　　　자료 출처: <한달완성 한국어 말하기 중급Ⅰ>3과, 13쪽

② 짝 활동 또는 소그룹 단위의 활동이 끝난 후 개인 학습자가 교실 전체를 대상으로 발표하도록 하여 마무리한다.

3. 말하기 활동

3.1. 말하기 활동의 유형

학습자가 언어 교실에서 배운 지식과 기술을 실제로 사용하는 단계로 나아가게 하기 위해서는 구체적이고 실용적인 말하기 활동이 필요하다. 3.1.에서는 연구자별로 제시한 다양한 말하기 활동을 살펴본 후, 이들이 어떠한 기준에 의해 분류될 수 있을지를 알아보겠다.

> 1) Littlewood(1981)의 말하기 활동(서울대학교 언어교육원 2020:36)
> ① 의사소통 이전 활동: 문형 및 구조 연습 활동과 유사의사소통 활동으로 이루어진다. 본격적인 의사소통에 필요한 의미와 기능, 올바른 언어 형태 등을 익히기 위한 것이다.
> ② 의사소통적 활동: 실제 의사소통과의 유사성이 높은 활동으로 기능적 의사소통 활동과 사회적 상호 작용 활동으로 나뉜다. 전자는 '정보 교환하기, 정보 처리하기, 정보 처리하고 교환하기'로 세분된다. 후자는 '교실 상황, 모의 상황, 역할극 상황' 등의 상황에서 이루어진다.

> 2) Brown(2015)의 말하기 활동
> ① 모방형: 억양이나 특정 발음을 연습한다. 의미 있는 상호 작용을 위해서가 아니라 언어 형태의 일부 특정 언어 형태 요소에 집중하도록 한다.
> ② 집중형: 모방형보다 한 단계 더 나아간 것으로 언어의 음성적, 문법적 측면을 연습하는 활동을 의미한다. 이 활동은 개별 활동과 짝 활동의 일부로 이루어질 수 있으며, 이를 통해 학습자는 일정한 언어 형태를 반복하게 된다.
> ③ 반응형: 교사나 다른 학습자의 질문이나 의견에 대한 응답으로 이루어진다.

④ 정보 교환을 위한 대화: 특정 정보를 전달하거나 교환하기 위한 목적으로 수행된다.
⑤ 상호적 대화: 정보 교환을 위한 목적보다는 사교적인 관계를 위한 목적으로 사용된다. 따라서 '격의 없이 쓰는 언어 형태, 구어체, 감정적 표현, 속어, 생략 표현, 비꼬는 말' 등이 포함된다
⑥ 독백형: 중고급 수준의 학생들은 결과 보고, 요약, 짧은 연설 등의 형태로 혼자서 길게 말하도록 요구된다. 이 경우 주로 격식적인 표현을 사용하도록 하며, 계획적일 수도 있고 즉흥적일 수도 있다.

3) Bailey & Nunan(2005)의 말하기 활동
① 대화, 통제된(또는 유도된) 대화, 인터뷰
② 정보 격차와 직소 활동
③ 대본대로 하는 대화(드라마와 역할극)
④ 논리퍼즐
⑤ 그림을 이용한 활동
⑥ 말하기 수업에서의 신체 동작
⑦ 준비하지 않은 말하기

4) Harmer(2015)의 말하기 활동
① 대본으로 연기하기
- 연극 대본
- 대화를 실연해 보이기

② 의사소통 게임(예: 정보차 게임)
③ 토의 및 토론
④ 준비된 발화(예: 발표)
⑤ 설문 조사
⑥ 시뮬레이션과 역할극

5) Richards(2015:433)의 말하기 활동

활동	목적
① 대화 활동	• 고정된 표현을 가르친다. • 대화의 예시를 제공한다. • 담화의 단계를 제공한다(예: 담화의 시작과 마무리에 무엇을 이야기할지 등)
② 구어 대화 대본 공부하기	• 실제 상호 작용의 특성에 대해 인지한다. • 구어 문법에 대해 인지한다. • 격식적 또는 비격식적 상호 작용의 차이를 인지한다.
③ 정보차 활동	• 의사소통 전략을 발달시킨다. • 대화를 수정하는 연습을 한다.
④ 설문 조사 활동	• 질문하는 전략을 발전시킨다. • 후속 질문을 사용한다.
⑤ 순위 매기는 활동	• 자신의 의견을 표현한다. • 자신의 선택을 정당화한다.
⑥ 역할극	• 대화를 처리하기 위한 관습을 익힌다. • 말차례 바꾸기를 연습한다.
⑦ 직소 활동	• 정확한 설명을 한다. • 의미를 분명하게 말하는 연습을 한다.
⑧ 그림 묘사하기	• 묘사하여 말하는 연습을 한다.
⑨ 활동을 반복하기	• 유창성을 발전시킨다. • 복잡한 언어를 사용한다.
⑩ 자신이 했던 수행을 녹음하기	• 오류를 발견한다. • 더 복잡한 언어를 위한 요구를 인식한다.
⑪ 음식을 어떻게 준비하는지 설명하는 등의 과제	• 정보를 정확하게 제시한다. • 이해를 위한 점검을 연습한다.

6) Mihai & Purmensky(2016:125-128)의 말하기 활동

① 모방과 반복(Modeling and repetition activities)

② 대화 활동(Dialogue activities)

③ 정보차 활동(Information gap activities)
④ 역할극 활동(Role-play activities)
⑤ 발표 활동(Oral presentation activities)

지금까지 어떠한 말하기 활동을 제시하고 있는지를 살펴보았다. 이러한 말하기 활동을 분류하는 기준은 크게 두 가지가 있을 수 있다. 하나는 '교수학습의 단계'이고, 다른 하나는 '활동의 수행 방식'이다. 앞서 학자별로 제시한 말하기 활동 중에서 Littlewood(1981)의 방식은 전자를 고려한 유형이라고 볼 수 있다. 즉, 실제로 이루어지는 대화에서와 같이 특정 의사소통 목적을 달성하기 위해서는 모방 및 반복을 통해 익히는 단계를 거쳐야 한다는 것을 전제한 것이다. 나머지 학자별 말하기 활동들의 유형은 주로 활동의 수행 방식을 기준으로 여러 유형을 제시한 것을 알 수 있다.

위의 학자들이 공통적으로 언급하고 있는 말하기 활동 중 실제 한국어교육 현장에서 자주 사용되는 활동은 정보차 활동, 역할극, 발표하기, 토론하기 등이 있다. 이를 중심으로 실제 한국어 교재에서는 어떻게 말하기 활동이 구현되어 있는지 살펴보겠다.

3.2. 말하기 활동의 실제

3.2.1. 정보차 활동

정보차 활동은 서로의 정보를 필요로 하는 상황을 연출하여 학습자 간 정보 교류의 대화를 할 수 있도록 유도하는 활동이다. 아래의 예시를 보면 학생 A의 활동지에 있는 정보와 학생 B의 활동지의 정보가 다른 것을 알 수 있다. 학생 A는 서점, 꽃집, 스포츠센터가, 학생 B는 빵집, 도서관, 마트가 어디에 있는지를 상대방에게 질문하 고, 대답하면서 각자의 활동지에 표시된 A~F 중 어디에 해당 장소가 있는지를 알아내는 활동이다.

──── 학생 A의 활동지 ────

2. 여러분은 지금 지하철역 안에 있습니다. 다음 장소에 어떻게 가는지 보기 와 같이 친구에게 물어보세요. 친구의 대답을 듣고 알맞은 위치를 아래의 지도에 표시하세요.
   みなさんは今、地下鉄の駅の中にいます。次の場所にどうやって行くか、[例]のようにクラスメイトに尋ねてみましょう。クラスメイトの答えを聞いて、正しい位置を下の地図の④〜⑩から選びましょう。

   | 서점 꽃집 스포츠센터 |

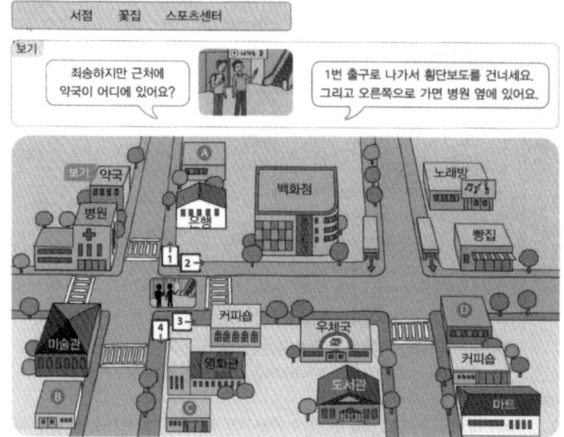

3. 위의 지도를 보고 친구의 질문에 대답하세요. 上の地図を見て、クラスメイトの質問に答えましょう。

──── 학생 B의 활동지 ────

2. 여러분은 지금 지하철역 안에 있습니다. 아래의 지도를 보고 보기 와 같이 친구의 질문에 대답하세요.
   みなさんは今、地下鉄の駅の中にいます。下の地図を見て、[例]のようにクラスメイトの質問に答えましょう。

3. 다음 장소에 어떻게 가는지 친구에게 물어보세요. 친구의 대답을 듣고 알맞은 위치를 위의 지도에 표시하세요. 次の場所にどうやって行くか、クラスメイトに尋ねてみましょう。クラスメイトの答えを聞いて、正しい位置を上の地図のE〜Hから選びましょう。

   | 빵집 도서관 마트 |

자료 출처: <사랑해요 한국어 2> 6과, 97쪽·149쪽

3.2.2. 역할극

역할극은 각 대화 참여자들에게 특정 상황과 맥락, 대화의 목표 등을 제시하여 의사소통하게 하는 활동을 말한다. 이때 대화 예시를 보일 수도 있고, 아래 교재의 예시에서처럼 내용어 및 키워드를 제시할 수도 있으며, 각 말차례에서 각 대화 참여자들이 수행해야 하는 기능을 제시할 수도 있다. 보통 역할극 활동에서는 학습자들이 충분히 연습할 시간을 준 후에 교실의 다른 학생들 앞에서 해당 역할극을 보일 수 있게 하는 것으로 마무리한다.

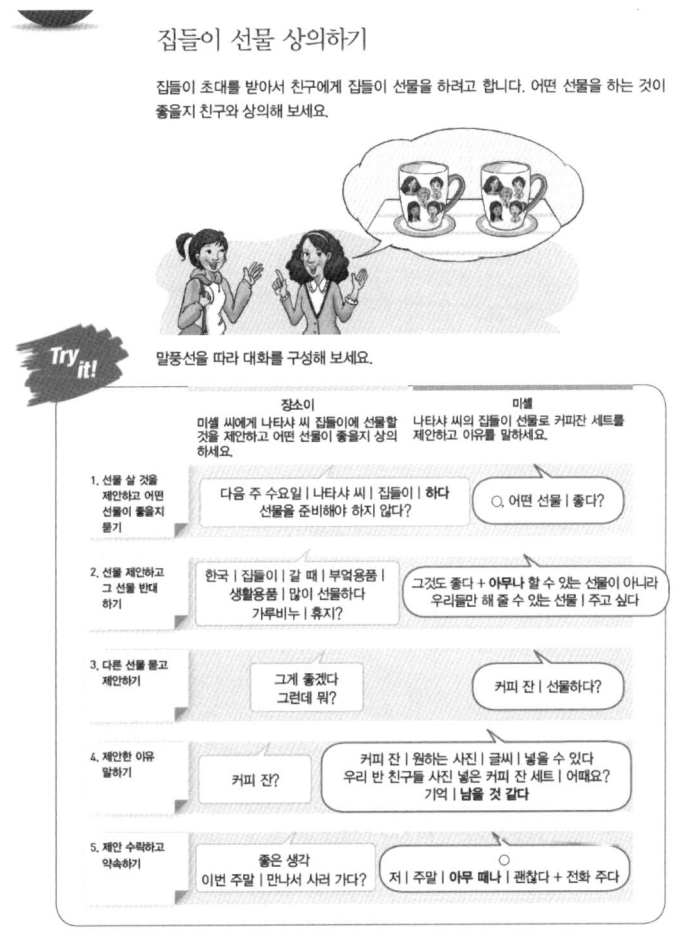

자료 출처: <이화 한국어 2-2> 11과, 84쪽

3.2.3. 발표하기

발표는 대부분 준비된 발화로서 독백의 형태로 말하게 하는 활동이다. 수준별로 그 길이와 구성 및 주제 등이 달라질 수 있을 것이다. 예를 들어 초급에서는 자기소개, 자신이 좋아하는 음식 등과 같은 단순한 주제로 발표를 하게 할 수 있으며, 수준이 높아지면서는 좀 더 복잡한 주제로 발표하게 할 수 있다. 발표하기는 보통 다른 쓰기나 읽기와 같은 다른 기능과 연계되어 많이 활용되는데, 쓴 것을 발표하거나, 읽고 자신의 생각을 발표하는 등의 확장이 가능하다. 아래는 일반 목적의 고급 수준의 학생들을 대상으로 한 교재에서의 발표 활동을 예시로 보인 것이다. 발표 전의 준비 단계가 정교화되어 있는 것을 알 수 있다.

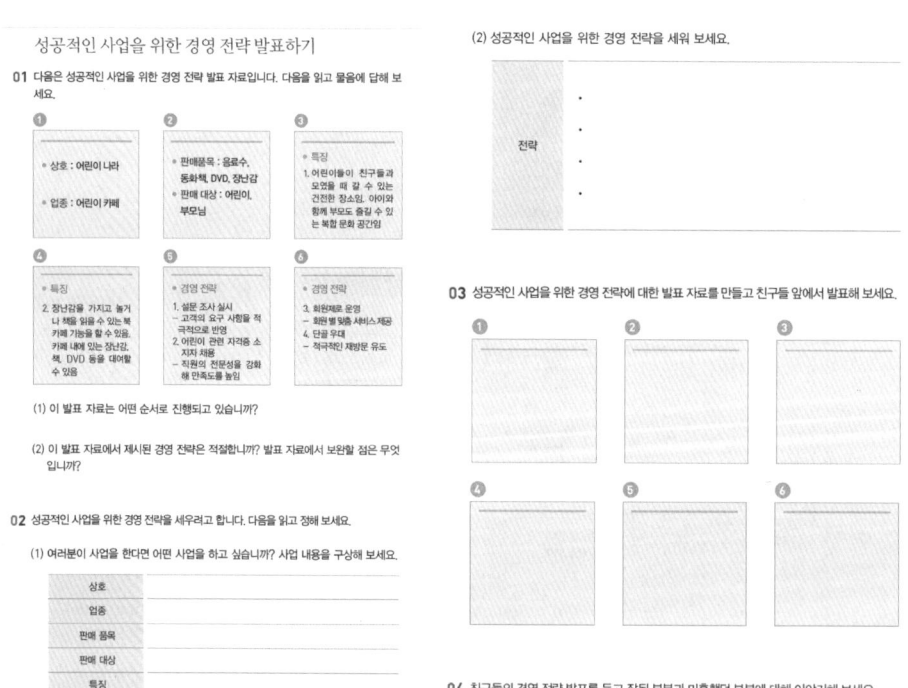

자료 출처: <이화 한국어 6> 6과, 122-123쪽

3.2.4. 토론하기

토론은 근거를 들어 주장하거나, 상대방의 의견에 대한 반박을 하기도 하는 등의 기능을 수행해야 하므로 다소 난이도 높은 활동에 속한다. 따라서 중급 이상의 학습자들을 대상으로 토론 활동을 하는 경우가 많다. 아래의 예시로 보인 교재에서는 토론 활동이 질문의 형태로만 단순하게 제시되었으나, 좀 더 학생들로부터 활발한 토론을 유도하기 위해서는 발표와 마찬가지로 토론 전 준비 작업이 정교하게 이루어져야 할 것이다. 해당 토론 주제에 대한 사전 지식을 활성화하고, 찬성 및 반대 측의 다양한 자료를 제공하며, 토론할 때 필요한 다양한 기능을 하는 표현을 제공할 필요가 있다.

3. 여러분은 외국어 조기교육에 대해 찬성합니까, 반대합니까? 그 이유에 대해 이야기해 보세요.

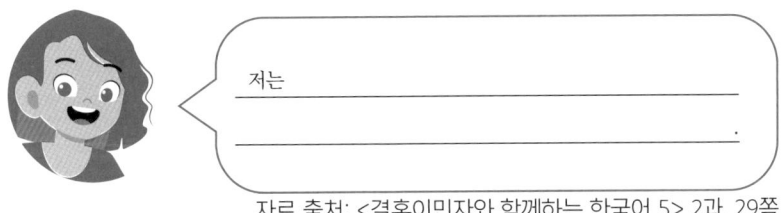

자료 출처: <결혼이민자와 함께하는 한국어 5> 2과, 29쪽

4. 말하기 수업의 실제

지금까지 말하기 수업의 모형과 활동을 살펴보았다. 실제 한국어교육 기관에서 교재를 가지고 수업을 한다면 앞서 살펴본 내용을 적용하여 어떻게 수업 구성을 할 수 있을지에 대하여 그 예시를 보이고자 한다. 교재『이화한국어 1-1』의 6과의 일부분(104쪽)을 대상으로 수업 구성의 흐름을 보이면 아래와 같다. (1) 도입 → (2) 제시 → (3) 연습 → (4) 활용 → (5) 마무리의 순서로 수업이 구성되는데 여기에서 (1)~(3)까지의 과정은 앞서 살펴본 PPP 모형이, (4)의 과정은 TTT 모형이 일부 적용된 것으로 볼 수 있다.

이화 한국어 1-1	
단원명	6과 주말
학습 목표	과거 일을 말할 수 있다. (목표 문법: '-았/었-')

1 도입

교재의 그림을 보면서 해당 인물이 무엇을 했는지 질문하고 그것이 언제 일어난 일인지를 인식시키면서 과거에 일어난 일임을 확인시킨다. 이를 통해 자연스럽게 오늘 배울 주제가 주말이며, 목표 문법이 과거 시제 '-았/었-'임을 도입한다.

여러분은 지난 주말에 무엇을 했습니까? 과거의 일을 말할 때 어떻게 말할까요?
What did you do last weekend? How do we talk about past activities?

A 요코 씨, 주말에 뭐 했어요?
B 토요일에 영화를 봤어요. 그리고 일요일에 공원에 갔어요.

자료 출처: <이화 한국어 1-1> 6과, 104쪽

2 제시

'-았/었-' 형태와 활용 정보 및 문법적 특징을 제시한다. 동사, 형용사 중에서 모음 'ㅏ'나 'ㅗ'가 있는 것과 그렇지 않은 것을 골라 학생들에게 어제 무엇을 했는지, 어땠는지를 질문하면서 그 형태를 보여준다. 이를 통해 목표 문법의 의미를 확인한다. 질문이나 대답에서 '이미 지나간 시간' 표현이 포함되어 있는 것을 확인하게 해서 과거를 표현하는 것을 분명히 알게 한다. 이때 제시될 수 있는 활용 정보는 아래와 같다.

| 동사, 형용사 모음 ㅏ, ㅗ ㅇ + -았- | 가다 ⇒ 갔다
오다 ⇒ 왔다
살다 ⇒ 살았다
좋다 ⇒ 좋았다 | 동사, 형용사 모음 ㅏ, ㅗ × + -었- | 주다 ⇒ 주었다(줬다)
먹다 ⇒ 먹었다
입다 ⇒ 입었다 | 불규칙, 예외 | 듣다 ⇒ 들었다
쉽다 ⇒ 쉬웠다
하다 ⇒ 했다 |

※ 명사 뒤에 '-았/었-'을 붙일 때는 다음과 같다.
  • 명사 받침 ○ + -이었-
  • 명사 받침 × + -였-
※ '-아/어요'의 활용과 동일한 양상으로 나타남을 알려주면 학생들이 더 쉽게 이해할 수 있다.

3. 연습

» 동사, 형용사, 명사 단어 카드를 보여 주고 학생들이 '-았/었-'을 결합한 형태로 바꿔 말하게 한다. 처음엔 학생들이 같이 대답하게 하고 익숙해지면 한 사람씩 대답해 보게 한다.

» 주말 활동 그림 카드를 보여주고 학생들이 '-았/었-'을 결합해 말해 보도록 지도한다.

» 아래의 그림을 보여주면서 짝 활동으로 대화 연습을 하도록 지도한다.

다음은 사람들이 지난 휴가에 한 일입니다. 무엇을 했는지 말해 보세요.
Look at the table below and say what each person did on his/her last vacation.

	이름	여행지	한 일	
보기	미셸	제주도	수영하다	말을 타다
①	나타샤	부산	바다를 보다	회를 먹다
②	유스케	경주	불국사를 구경하다	박물관에 가다
③	진차오	설악산	등산하다	사진을 찍다

A 미셸 씨, 지난 휴가에 뭐 했어요?
B 제주도에 갔어요. 제주도에서 수영했어요. 그리고 말을 탔어요.

자료 출처: <이화 한국어 1-1> 6과, 104쪽

» 각 연습이 끝난 후 발표하도록 하여 정확성을 위해 답을 확인한다.

4. 활용

» 학생들에게 어제 한 일에 대해서 묻고 답하는 역할극 과제를 부여한다.

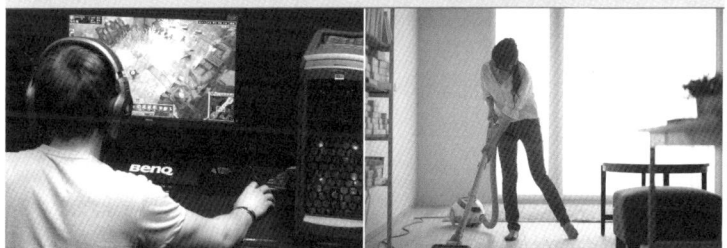

» 학생 몇 명을 골라 발표하도록 하고, 오류를 교정한다. 모범 대화문을 읽으면서 문법이나 표현을 정리 및 확장한다.

5. 마무리

» 지금까지 배운 '-았/었-'을 사용하여, 학생들에게 마무리 질문을 한다. 그리고 학생들의 질문을 받는다. 숙제를 부과하고 다음 시간에 배울 내용을 간략히 예고한다.

나가기

앞서 말하기 활동의 유형에 대해 살펴보면서, 실제 한국어교육 현장에서는 정보차 활동, 역할극, 발표하기, 토론하기 등이 자주 사용된다고 하였다. 그러나 이외에도 텔레비전의 예능 프로그램이나 일상생활 속 다양한 게임 등이 말하기 활동으로 활용될 수 있을 것이다. 예를 들어 '스무고개', '스피드 게임' 등은 학습자들의 흥미를 돋우고 말하기 유창성을 기르는 데에 도움이 될 수 있을 것으로 보인다. 이밖에도 학습자의 참여도와 흥미를 높일 수 있는 말하기 활동 및 게임에는 무엇이 있을지 방송이나 게임 등을 참고하여 만들어 보자. 그리고 그것이 어떤 수준에서 적합할지 그 이유는 무엇인지 설명해 보자. (그림이나 표 등의 자료를 포함한 활동지의 형태로도 제작할 수 있다.)

예시1. 스무고개	1. 학생 A는 방 안에 있는 물건(사람 포함)을 정해 종이에 적는다. 또는 무작위로 특정 주제와 관련된 어떤 단어 카드를 뽑게 할 수도 있다. 2. 다른 사람들은 돌아가면서 그 물건이 무엇인지를 질문한다. 이 때 그 질문은 '예/아니요'로만 답할 수 있어야 한다. 3. 다른 사람보다 빨리 맞힌 사람에게 점수를 부여한다.
예시2. 스피드 게임	1. 팀을 만들어 팀 내에서 설명할 사람과 맞힐 사람을 정하게 한다. 2. 교사가 단어 카드를 학생 A에게만 보여준다. 학생 A가 해당 단어에 관해 설명하게 하고 다른 학생은 그 단어를 맞추게 한다. 3. 일정 시간 내에 많은 단어를 맞힌 팀에게 점수를 부여한다.

직접 만들어 보자.

제5장
말하기 오류와 피드백

들어가기

» 다음은 외국인 학습자(가)가 한국인 친구(나)에게 발표 순서를 바꿔 달라고 부탁하는 대화이다. 내용을 듣고 전사한 후 어떤 오류가 있는지 찾아보자. 그리고 외국인 학습자에게 어떻게 피드백을 할 수 있을지 이야기해 보자.

01 가 _____
02 나 _____
03 가 _____
04 나 _____
05 가 _____
06 나 _____
07 가 _____
08 나 _____
09 가 _____
10 나 _____
11 가 _____

1. 말하기 오류

1.1. 말하기 오류 분석

한국어로 말을 하다 보면 외국인 학습자들은 여러 가지 오류를 범하게 된다. 말하기 오류에서 빼 놓을 수 없는 것이 발음과 관련된 오류이다. 한국어 자음과 모음의 음소를 올바로 발음하고, 음운 변동 규칙을 익혀 말하는 쉽지 않은 일이다. 또한 어휘와 문법을 정확한 발음으로 사용했다고 해도 대화 상황이나 대상에 맞게 사용하지 못해 오류를 범하는 경우도 많다.

오류는 학습자가 언어를 학습해 나가는 과정에서 발생할 수밖에 없는 중간언어이며, 목표어와 모국어와는 다른 독자적인 학습자의 언어이다(Ellis 1985:141). 오류(error)는 목표어에 대한 언어 지식이 그 언어의 실제와 달라 범하게 되는 것으로, 목표어 화자들에 의해 받아들여질 수 없는 언어 형태나 표현을 말한다. 또한 학습자의 오류는 체계적이며 반복적으로 나타나 중간언어 성격을 보인다. 반면, 실수(mistake)는 순간적인 착오에서 발생하는, 일회적인 잘못을 말한다.

    학습자의 오류에 관심을 가지다 보면 오류를 분석하게 된다. 오류 분석은 기본적으로 제2언어 학습자의 언어를 관찰함으로써 이루어진다. 오류 분석은 자료 선정, 판별, 분류, 설명, 평가의 절차에 따라 진행된다(이정희 2002:177-178). 자료 선정은 수집할 자료의 내용과 수집 방법을 정하는 것으로 오류의 내용과 수집 방법을 정하여 자료를 모으는 것이다. 자료를 선정하면 오류 판별에 들어간다. 오류 판별 과정에서는 무엇보다 판정 기준을 정해야 하는데 잘못된 언어가 오류인지, 실수인지를 판단하고 판정의 기준에 문법적 적절성과 용인 가능성을 어떻게 반영할 것인지를 결정해야 한다. 다음으로 판별된 오류를 원인이나 결과에 따라 분류한다(〈표 5-1〉 참조). 그 다음은 오류 설명의 단계이다. 설명 단계에서는 발생한 오류의 원인에 대한 자세한 설명이 이루어진다. 기존 연구에서는 언어 간 전이, 언어 내적 전이, 학습의 장, 의사소통 전략 실패 등을 오류의 주요 원인으로 보았다. 마지막 단계인 평가 단계에서는 학습자의 오류가 의사소통에 얼마나 큰 지장을 주는지 그 정도성을 평가하고 어떤 방식으로 피드백을 전달할지 결정한다.

[그림 5-1] 오류 분석 절차

    오류 유형은 크게 두 가지 측면에서 논의될 수 있다. 하나는 오류의 원인을 기준으로 그 유형을 분류하는 것이고, 다른 하나는 오류 결과의 판정에 따라 분류하는 것이다. 전자는 내용적인 접근법에 따른 것이고 후자는 형식적인 접근에 따랐다고 할 수 있다. 원인에 따른 분류는 모국어의 영향, 목표어의 영향, 교육과정의 영향으로, 결과의 판정에 따른 분류는 범주별(발음, 어휘, 문법 등), 현상별(대치, 누락, 첨가), 정도별(전체적, 부분적)로 나뉜다.

<표 5-1> 오류 유형 분류(이정희 2002:184)

대분류	중분류	소분류
원인에 따른 분류	모국어의 영향	부정적 전이
	목표어의 영향	과잉 적용
		불완전 적용
	교육 과정의 영향	교육 자료에 의한 오류
		교수 방법에 의한 오류
결과의 판정에 따른 분류	범주	발음 오류
		문법 오류
		어휘 오류
		기타(맞춤법, 어순) 오류
	현상	대치 오류
		누락 오류
		첨가 오류
	정도	전체적 오류
		부분적 오류

이정희(2022:183-184)에 따르면, 원인에 따른 분류에서 모국어 영향에 의한 오류는 모국어와 목표어의 차이에 의해 발생하는 오류이다. 이때 모국어가 긍정적 역할을 하는 경우는 전이(transfer)로, 부정적 역할을 하면 부정적 전이, 간섭(interference)으로 본다. 목표어 영향에 의한 오류는 학습자가 목표어의 규칙을 확대 적용하여 나타나는 오류와 목표어 규칙을 완전히 이해하지 못하거나 불완전하게 적용하여 나타나는 오류가 있다. 교육 과정에 의한 오류는 학습자의 교재, 교수자의 교수 방법 등에 의해 일어나는 오류라고 할 수 있다. 만약 교사가 특정한 발음 습관이 있거나 문법 항목을 가르칠 때 꼭 가르쳐야 할 특징과 제약들을 제시하지 않으면 학습자들에게 좋지 않은 영향을 미칠 것이다.

한편, 결과의 판정에 따른 분류에서 범주별 오류는 오류 요소가 문법, 어휘, 발음 등 어느 문법 범주에 포함되는지를 기준으로 나누는 것이다. 현상에 따른 오류는 잘못된 형태를 사용하는 대치, 일정한 형태를 사용하지 못하고 빠뜨리는 누락, 불필요한 형태를 추가하여 사용하는 첨가로 나눌 수 있다. 정도에 따른 오류는 오류가 의사소통에 지장을 주는 정도에 따라 모국어 화자가 이해할 수 있다면 부분적 오류로, 전혀 무슨 내용인지 파악할 수 없는 정도라면 전체적인 오류로 나뉜다.

1.2. 말하기 오류의 유형

여기에서는 범주별로 말하기 오류의 양상을 살펴보겠다. 한국어 학습자의 말하기 오류는 일반적으로 발음 오류, 어휘 오류, 문법 오류, 담화/화용적 오류 등으로 나뉜다.

1.2.1. 발음 오류

발음 오류는 음소 자체의 음가 오류와 음운 규칙에 따른 음운 과정 오류로 나뉠 수 있다.

> **1) 음소 오류**
>
> 음소 오류는 한국어 자음과 모음의 음소 자체를 올바로 발화하지 못하여 나타나는 오류이다.
>
> 01 학생: 그 하나는 치난(√지난) 달 ▶ 음소 오류
> 02 교사: 지난?
> 03 학생: 지난? 지난 달 십일에 (중략)

위의 예에서 보는 바와 같이 학습자는 평음 /ㅈ/으로 발음해야 할 자리에 격음 /ㅊ/으로 발음하여 오류를 보였다. 학습자들은 평음을 격음으로 발음하거나 격음을 평음으로 발음하여 오류를 보이는 경우가 많다.

2) 음운 규칙 오류

음운 규칙 오류는 학습자가 한국어 음운 변동 규칙을 제대로 숙지하지 못하여 나타나는 오류이다.

(가) 01 학생: 저는 꼭(.) 꼭다발(√꼳-)을 선물해요. ▶ 음운 규칙 오류
    02 교사: 음, 꼭?

(나) 01 학생A: 어떤 것으로 살 거예요?
    02 학생B: 귀여운 걸(.)으로 걸(.)으로(√거스로) 사고 싶어요.
                                    ▶ 음운 규칙 오류

(가)는 학습자가 '꽃다발'을 [꼳-]으로 발음하여야 하지만 [꼭-]으로 발음하여 한국어 음절의 끝소리 규칙을 잘못 적용한 경우이다. (나)에서는 학습자가 음절의 연음에 익숙하지 않아 '것으로'를 [거스로]로 이어 발음하지 않고 [걷-으로]로 발음하여 오류를 보였다.

1.2.2. 어휘 오류

어휘 오류는 형태적 오류, 의미적 오류, 표현적 오류, 전략적 오류 등으로 나뉠 수 있다.

1) 형태적 오류

형태적 오류는 학습자가 어휘의 형태적 유사성이나 음운적 유사성으로 인해 오류를 나타내는 것이다.

(가) 01 학생: 도시 공무원에(√공원에) 나무가 많다고 들었어요.
                    ▶ 형태적 오류(형태적 유사성)

(나) 01 교사: OOO 씨 어때요?
    02 학생: 뚱뚱해요(√똑똑해요)

▶ 형태적 오류(음운적 유사성)

03 교사: OOO 뚱뚱해요?
04 학생: 아니요, 똑똑해요.

(가)는 학습자가 음절의 수를 정확하게 인지하지 못하고 비슷한 어휘의 형태로 잘못 사용한 경우이다. (나)는 '뚱뚱하다'와 '똑똑하다'의 음운적 유사성으로 학습자가 잘못 발화하여 오류를 보였다.

2) 의미적 오류

의미적 오류는 어휘의 유의 관계, 상·하위 관계, 반의 관계 등과 관계된 오류를 말한다.

01 학생: 내가 생각하기에는 운동장이 너무 적고(√작고) 사람들도 많아서 아주 좁아요. ▶ 의미적 오류(반의 관계)

위의 예는 학습자가 '(땅의 크기가) 크다'의 반의어는 '작다'인데 '적다'라고 생각하여 오류를 보인 경우이다.

3) 표현적 오류

표현적 오류는 학습자가 연어 관계나 관용 표현 사용에 있어 오류를 보인 것을 말한다.

01 학생A: 수업이 끝난 후에(,) 점심을 먹(,) 먹을 거예요. 그리고 머리를(…) 씻어요(√감아요). ▶ 표현적 오류
02 학생B: 샤워해요.

표현적 오류의 예를 살펴보면 학습자는 '머리'라는 명사가 '감다'라는

동사와 연어 관계임을 인식하지 못하고 '씻다'라는 동사를 사용하여 오류를 보였다.

4) 전략적 오류

전략적 오류의 대표적인 예로 코드전환(code switching)을 들 수 있다. 코드전환은 학습자가 발화 과정에서 적합한 어휘가 떠오르지 않을 때 한국어가 아닌 다른 언어로 그 어휘를 바꾸어 사용하는 것을 뜻한다.

01 학생A: 어디에서 내려요?
02 학생B: 신촌 station(√역)에(.) 에서 내려요. ▶ 전략적 오류
03 교사: 신촌 station? Station is 역. 신촌 역에서.

학습자가 해당 어휘를 목표어로 어떻게 말할지 모르는 경우, 해당 어휘를 목표어가 아닌 다른 언어로 말하는 경우가 있다. 특히 초급 학습자들은 한국어로 모르거나 생각나지 않는 어휘를 자신의 모국어나 다른 언어로 표현한다. 위의 예에서 학습자는 '역'이라는 한국어 단어가 생각나지 않자 'station'이라는 영어 단어를 사용하였다.

1.2.3. 문법 오류

문법 오류에는 조사 오류, 어미 오류, 시제 오류, 부정 오류 등이 있다.

1) 조사 오류

01 교사: 점심에?
02 학생: 김밥에(√을) 먹어요.
  ▶ 조사 오류
03 교사: 점심에 김밥을 먹어요.

학습자가 목적격 조사 '을'을 써야 할 자리에 부사격 조사 '에'를 쓴 경우이다.

2) 어미 오류

(가) 01 학생: 빵을 먹아요(√먹어요)? ▶ 종결어미 오류
　　02 교사: 먹어요?
　　03 학생: 먹어요?
(나) 01 교사: 그러면 베트남에서도 경영학을 공부했어요?
　　02 학생: 음: 아: 공부하는데(√공부하다가) 한국에 왔어요.
　　　　▶ 연결어미 오류

(가)에서와 같이, 종결어미를 사용할 때, 어간 끝음절 모음의 양성/음성 여부에 따라 바뀌는 어미 형태를 잘못 대치하여 종결어미 오류가 나타나기도 한다. (나)에서는 학습자가 연결어미 '-는데'와 '-다가다'의 의미를 제대로 사용하지 못해 오류가 나타났다.

3) 시제 오류

(가) 01 교사: 바이올린을 연주한다고? 진짜요?
　　02 학생: 10년 동안 첼로를 배워요(√배웠어요). ▶ 시제 오류
　　03 교사: 정말?
(나) 교사: 다음 주에 시험이 끝나요. 그러면 뭐 하고 싶어요?
　　학생: 저는 토요일 일본에 갔어요(√갈 거예요). ▶ 시제 오류

(가)에서는 과거 시제를 사용해야 하는 상황에서 현재 시제를, (나)에서는 미래 시제를 사용해야 할 자리에 과거 시제를 사용하여 오류가 나타났다.

4) 부정 오류

01 학생A: 라면 먹고 싶어요.
02 학생B: 라면? 라면 안 건강해요(√건강하지 않아요). ▶ 부정 오류
05 학생A, 학생B: (웃음)

학습자는 짧은 부정문이 허용되지 않는 용언에 짧은 부정문을 만들어 오류를 보였다. 한국어 문법에는 서술어가 파생어이거나 합성어일 때 '안'을 쓰지 못하는 경우가 있다.

1.2.4. 담화/화용적 오류

담화/화용적 오류는 오류가 나타나는 현상이 발음, 어휘, 문법 층위의 문제라기보다는 사회문화적 맥락에서 학습자의 발화가 받아들여지기 어려운 경우를 뜻한다.

01 교사: OOO 씨, 잘 지내요?
02 학생: 그래(√그래요).
03 교사: 언제 밥 한번 먹어요. 잘 가요.
04 학생: 언제 만났어?(만날까요?) 나는(√저는) 화요일이 좋아(√좋아요). 선생님은(√선생님은요)? ▶담화/화용적 오류
05: 교사: 그게 ((웃음))

위의 예는 교사와 학생이 안부 인사를 하고 있는 대화이다. 이 발화에 나타난 오류들[1]을 수정하여 '그래요, 언제 만날까요?, 저는 화요일이 좋아요, 선생님은요?'로 고치더라도 학습자의 발화기 맥락에 아주 적절하다고 보기 어렵다. 이 경우, 학습자는 한국어 모어 화자의 '언제 밥 한번 먹어요.'를

---

[1] 높임법과 관련된 오류는 문법 오류로 분류되기도 하고 담화/화용적 오류로 분류되기도 한다.

한국에서 흔히 하는 인사의 하나로 생각하지 못하고 문자 그대로 받아들여

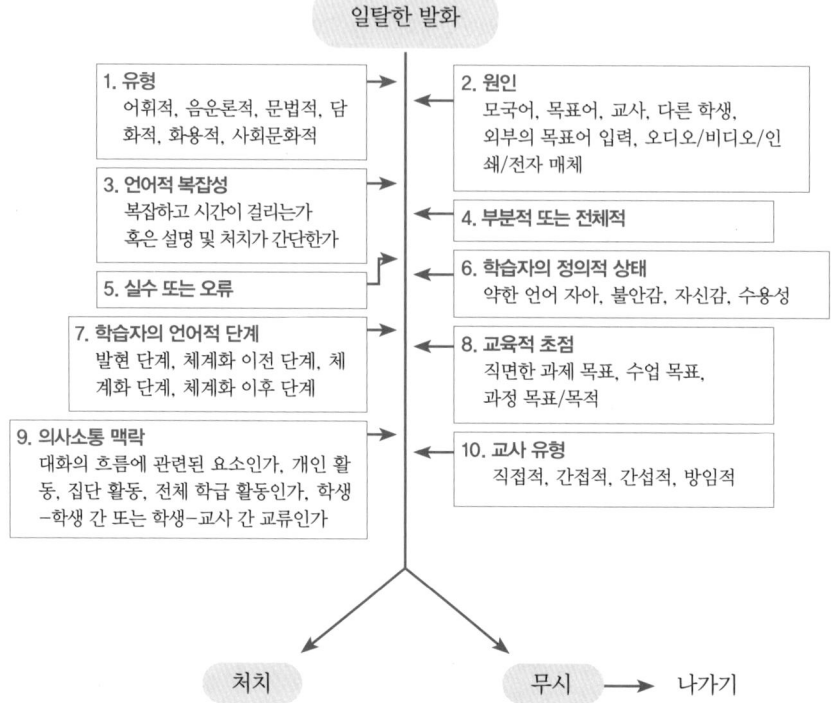

[그림 5-2] 교실 오류 발화를 처치하기 위한 모형(Brown & Lee 2015:383)

약속을 잡으려고 하였다.

2. 말하기 오류 수정

교사는 학습자가 자신감을 가지고 흥미를 잃지 않으며 자신의 발화를 확인 받고 수정 받을 수 있도록 지속적인 피드백을 제공해야 한다. 자칫 피드백을 학습자의 오류를 수정하는 것으로만 생각하기 쉽지만 피드백에는 긍정적인과 부정적인 것이 모두 포함된다. 학습자가 상황에 맞는 대답을 하거나 정확성이 높은 발화를 하면 교사는 칭찬, 반복, 웃음 등으로 아낌없이 긍정적인 피드백을 제공하는 것이 바람직하다. 그러나 그 반대의 경우에는

부정적인 피드백이 나타날 수밖에 없는데 그 대표적인 예가 오류 수정이라고 할 수 있다(한국방송통신대학교 평생교육원 편 2005:195).

얼핏 보면 단순해 보이는 오류 수정은 절차, 주체, 시기, 방법 등 많은 측면을 고려해야 하는 매우 복잡한 과정이며 교사 자신도 이에 대한 직관을 갖추기까지 상당한 시간이 걸린다. Brown & Lee(2015:383)에 따르면 학습자가 오류를 범할 때 그 오류를 처치하기 위해 교사는 짧은 시간에 학습자의 발화를 인지, 처리, 평가하여 오류에 어떻게 '대응'해야 할지 결정해야 한다. 다음의 모형에서 보여주는 여러 단계가 이를 설명해 준다.[2]

1. 먼저 발화의 일탈 유형(어휘적, 음운론적, 문법적, 담화적, 화용적, 사회문화적 일탈 등)을 파악한다.

2. 반드시 그런 것은 아니지만 많은 경우에 그 원인(L1, L2, 교사, 다른 학생 등)을 규명한다. 일탈 발화의 원인을 밝히면 오류를 처치하는 방법을 결정하는 데 도움이 된다.

3. 다음으로는, 결정권이 교사에게 있다면, 일탈의 정도에 따라 처치 여부뿐만 아니라 처치 방법도 결정한다. 어떤 경우에는 일탈을 처리하기 위해 많은 설명이 요구되고 그러다 보면 수행 중인 과제의 흐름이 방해받기 때문에 처치하지 않는 것이 나을 수 있다.

4. 열 가지 요소 가운데 가장 중요하고 어쩌면 가장 먼저 결정해야 할 것이 발화의 이해 가능 여부, 즉 부분적 오류인가 전체적 오류인가 하는 것이다. 부분적 오류는 의사소통의 원활한 흐름을 위해 지나칠 수 있다. 그러나 전체적 오류는 일정 형태의 처치, 하다못해 의미를 확인하는 형태로라도 처치를 해야 할 것이다.

5. 다음으로는 그 학습자에 대해 알고 있는 바에 비추어 일탈한 발화가 단순한 수행상의 실수(mistake)인지 아니면 능력상의 오류(error)인지 추측, 판단한다. 실수와 오류를 구분하는 일이 항상 쉬운 것은 아니다. 실수라면 처치할 필요

---

[2] 모형과 단계에 대한 설명은 권오량·김영숙 공역(2010)을 참고하여 번역하였음.

가 거의 없지만 오류는 많은 경우 어떤 형태로든 교사의 반응을 필요로 한다.

6. 교사는 학습자의 성향을 바탕으로 그의 약한 언어 자아, 불안감, 자신감, 오류 수정을 기꺼이 수용하려는 의지 등을 고려하여 판단을 내린다. 가령, 학습자가 수업 시간 중 거의 말을 하지 않거나 말을 하더라도 불안하고 자신감이 없어 보인다면 교사는 오류를 무시하기로 결정할 것이다.

7. 학습자의 언어적 발달 단계 즉 학습자의 언어가 체계화되기 이전인지, 진행 중인지, 체계화된 이후인지에 대한 지식은 일탈 처치 방법을 결정하는 데 도움을 준다.

8. 당시에 교사가 교육적으로 강조하는 바(이것은 언어 형태를 강조하는 과제인가? 이 수업은 일탈이 발생한 바로 그 형태를 강조하는 것인가? 이 수업과 과제의 전체적인 목표는 무엇인가?)가 오류 처치 여부를 결정짓는 데 도움을 준다.

9. 또한 오류의 의사소통적 맥락을 고려해야 한다(학습자가 표현을 하고 있는 중인가? 교사가 개입하는 데 무리는 없는가?).

10. 이렇게 신속하게 과정이 진행되는 동안 교사의 유형이 작용한다. 교사 자신이 간섭하는 편인가, 혹은 방임하는 편인가? 예를 들어, 평소에 오류 수정을 거의 하지 않는 교사가 갑자기 사소한 결함을 지적한다면 평소의 성격에 맞지 않아 학습자는 오해하게 된다.

위의 절차를 참고하여 오류를 처치하지 않기로 결정하면 그냥 무시하면 된다. 그러나 오류를 처치하기로 했다면 즉 오류를 수정하기로 했다면 교사는 누가, 언제, 어떤 오류를, 어떻게 수정할 것인지 생각해야 한다.

1) 누가 오류를 수정할 것인가?

먼저 오류 수정의 주체가 누구인지 결정해야 한다. 흔히 모든 오류를 교사가 수정해야 한다고 생각하기 쉽다. 그러나 교사가 직접 수정할 것인지 아니면 학습자 자신이 하도록 할 것인지 등을 교사가 조정해야 한다. 같이 한국어를 배우는 동료 학습자가 하도록 할 수도 있는데 이때는 특히 해당 학습자의 정의적 측면이 손상되지 않도록 해야 한다. 그러나 가장 이상적인 방법은 학습자가 스스로 고치도록 유도하는 하는 것이다. 교사가 모든 오류를 직접 고쳐 주지 말고 간접적인 방법을 사용하여 학습자 스스로 오류를 수정할 수 있도록 하는 것이 바람직하다.

[그림 5-3] 오류 수정의 주체

2) 언제 오류를 수정해야 하는가?

다음으로 언제 오류를 수정해야 하는가도 고려해야 한다. 오류 수정은 전체 교수 과정에서 이루어질 수 있다. 오류가 일어난 즉시 할지, 발화를 마친 후에 할지 아니면 아예 더 시간을 가지고 일정 시간이 경과한 후에 할지를 정해야 한다.

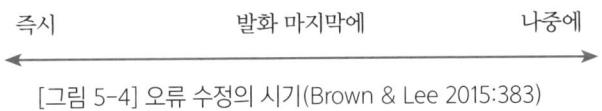

[그림 5-4] 오류 수정의 시기(Brown & Lee 2015:383)

이러한 오류 수정의 시기는 숙달도, 학습목표, 학습자의 성향에 따라 달라질 수 있다. 우선 학습자의 숙달도를 고려하여 오류 수정 시기를 조정할 필요가 있다. 초급 학습자들은 오류를 방치하면 화석화되기 쉬우므로 즉각 수정하는 방법이 효과적이고, 고급 학습자는 소통을 위해서 일단 오류를 무시하고 수용했다가 과제 활동 후 개인이나 전체를 대상으로 하는 것이 바람직하다. 또한 학습목표를 형태나 의미의 정확성에 중점을 두면 학습 과정에서 즉시 좀 더 적극적으로 수정을 하고, 활동의 목표가 기능이나 과제 수행 등의 내용이나 유창성에 중점을 둔다면 의사전달의 맥을 끊지 않도록 학습활동 후에 오류를 수정하는 것이 좋다.[3] 같은 맥락에서 당일 배운 목표 문법이나 어휘에 대한 오류는 바로 고쳐주는 것이 좋으며 수업 단계 중 활용에서 이루어지는 활동에서는 유창성을 키우는 것이 목표이므로 활동이 종료된 이후에 수정하는 것이 바람직하다. 마지막으로 학습자의 성향 또한 오류 수정의 시기에 영향을 미친다. 자존심이 강하거나 소심한 학생들은 그 자리에서 직접 고쳐주기보다 시간이 지난 후에 개인적으로 가르쳐주는 것이 좋다. 자존심이 상했다고 생각하거나 더 이상 말할 자신감을 잃어버리고 아예 말을 안 할 수 있다. 반면에 적극적이고 외향적인 학생들은 자신의 문제를 확인하고 빨리 수정 받기 원하므로 즉시 고쳐주는 것을 선호하는 경향이 있다.(이윤진·이은경 2015:177)

3) 어떤 오류를 수정해야 하는가?

모든 오류를 다 수정할 필요는 없다. 부분적(local) 오류나 의사소통에 심각한 장애를 주지 않는 오류 등은 그냥 지나치거나 교사가 오류를 지적하고, 학습자가 고치도록 해야 한다. 의사소통에 심각한 장애를 초래하는 전체적(global) 오류는 교사와 학습자가 함께 수정하도록 한다. 한편 아직 배우지 않은 틀린 부분에 대한 오류는 수정을 추후로 미루는 것

---

3 특히 기능이나 과제를 기반으로 한 활동에서는 학습자의 과제 수행에 대한 피드백이 필요한데 이는 언어 형태적 오류와는 다른 성격을 지닌다. 예를 들어 학습자가 '사과하기'와 같은 특정 기능을 수행하면서 문화적인 차이를 드러냈을 때 한국어의 경우에 대한 사례를 들 수 있다. 또한 학습자가 토론 등의 과제를 수행하면서 자신의 의견을 제시했을 때 이에 대한 교사의 의견도 표현할 수 있다(김민애 외 2020:34-35).

이 좋으며 이미 배웠지만 학습자들이 자주 범하는 오류에 대해서는 따로 설명을 제시하면서 고쳐줄 필요가 있다.

4) 어떻게 오류를 수정해야 하는가?

오류 수정은 수업의 흐름, 의사전달의 맥을 끊지 않고 간접적, 암시적으로 이루어질 수 있다. 반면 정확성을 더 강조해야 할 경우, 수업을 흐름을 차단하며 직접적, 명시적으로 이루어질 수도 있다.

3. 말하기 피드백의 유형

학습자의 잘못된 발화에 대한 피드백은 학습자가 오류를 수정하는 데에 중요한 역할을 한다. 교사의 피드백은 학습자가 자신의 발화에 집중하여 성공적으로 말할 수 있게 도와준다. 학습자에게 피드백을 제공하는 방법은 다양하게 나타날 수 있다.

Lyster & Ranta(1997:46-47)에 따르면 피드백의 유형은 명시적 수정(explicit correction), 고쳐 말하기(recast), 명료화 요구(clarification request), 메타언어적 피드백(metalinguistic feedback), 유도(elicitation), 반복(repetition) 6가지로 분류할 수 있다. 각 피드백 유형별 예는 다음과 같다.

1) 명시적 수정

학습자에게 오류를 분명하게 지적하고 올바른 형태를 제공하는 것.

01 교사: 전화가 어디에 있어요? 전화가

02 학생: 전화번호

03 교사: 전화번호? 전화번호 아니고 전화가 ▶ 명시적 수정

04 학생: 전화가

(이석란 2009:463)

2) 고쳐 말하기

학습자 발화 중 잘못되거나 완성되지 못한 부분을 부분적으로 또는 전체적으로 교사가 다시 수정하여 제공하는 것. 교사가 어휘 또는 문법 요소를 덧붙이거나 변형하는 하는 것까지 포함.

01 학생: 테니스 코트를 여섯 시에 내려가는, 어 내려 가는다는 것이, 라이트가 켜서, 음, 라이트가 켜서 아홉시까지(...) 음(...) 쳤어요
02 교사: 그렇죠. 어, 깜깜해서, 테니스 코트장에, 어, 테니스 코트장에서 여덟 여섯 시에 내려간다는 것이, 오케이, 에서, 테니스 코트장에서 여섯 시에 내려간다는 것이, 라이트가 켜져서, 밤 아홉 시까지 쳤어요. 음, 좋아. ▶ 고쳐 말하기

(진제희 2005:379)

3) 명료화 요구

학습자가 고쳐 말하거나 반복할 것을 유도하는 것. 다시 말해 학습자의 발화를 이해하는 데 도움을 얻기 위해서 더 많은 정보를 요구함.

01 교사: 그러면은 ○○ 씨가 생각하는 사랑이란?
02 학생: 어, 음, 좋고, 어, 좋, 좋고?
03 교사: 어.
04 학생: 좋고, 잡아야 되는 것이에요.
05 교사: 어, 좋고, 잡아야 된다. <u>무슨 뜻이에요?</u> ▶ 명료화 요구

(진제희 2005:380)

4) 메타언어적 피드백

학습자가 발화를 올바르게 다시 수행할 수 있도록 메타언어로 의견이나 정보를 제공하는 것.

01 학생: 호텔 몇 시∅ 갈까요(√갈까요)?
02 교사: time marker. ▶ 메타언어적 피드백
03 학생: 호텔 몇 시에 갈까요?

(이선진 2016:88)

5) 유도

학습자 스스로 오류를 수정하도록 유도하는 방법. 학습자가 직접 올바른 형태를 발화하도록 이끌어 냄.

01 교사: 네, 또 무엇을 했어요?
02 학생: 친구, 친구 만나요(√만났어요).
03 선생님: 네↗ ▶ 유도
04 학생: 친구 만났어요.

(노미연 2012:61)

6) 반복

학습자 발화에서 잘못된 부분을 교사가 반복하여 제시하는 방법.

01 교사: 남자가 몇 명 있어요?
02 학생: 다섯 개(√명) 있어요.
03 교사: 다섯 개↑ 있어요? ▶ 반복
04 학생: 아, 다섯 명 있어요.

(이선진 2016:86)

나가기

[그림 5-5] 한국어 학습자 말뭉치 나눔터

국립국어원의 〈한국어 학습자 말뭉치 나눔터〉는 2015년부터 2020년까지 수집, 가공, 구축한 한국어 학습자 말뭉치 자료를 검색할 수 있게 개설한 누리집이다.

학습자들의 국적과 언어가 다양하며 구축 규모 면에서도 가장 크다고 할 수 있다. 139개국(중국, 일본, 베트남, 홍콩 등), 92개의 언어권(중국어, 일본어, 베트남어, 영어 등)을 대상으로 하고 있으며 원시 말뭉치 400만 어절 이상을 다루고 있다.

〈한국어 학습자 말뭉치 나눔터〉에서는 구축한 학습자 말뭉치의 검색·배포 기능, 통계 정보 등을 제공하며 양질의 한국어 학습자 말뭉치 자료를 선보이고 있다. 홍혜란(2018:482)에서는 국가 주도 사업으로 한국어 학습자 말뭉치가 구축되고 누구나 이용할 수 있도록 누리집을 통해 제공되면서 비모어 화자의 중간언어 특성이나 제2언어 습득에 관한 연구가 활성화되고 있다고 하였다.

제6장
말하기와 의사소통 전략

들어가기

» 외국어로 대화할 때 어려운 문제를 만났던 경험이 있는가? 어떤 어려움이었는지 다음 중에서 체크해 보자.

- ☐ 내가 한 말을 상대방이 잘 이해하지 못했다.
- ☐ 내가 모르는 단어를 상대방이 계속 사용했다.
- ☐ 상대방이 내 말을 못 알아들을까 봐 불안했다.
- ☐ 상대방의 말이 너무 빨라서 잘 알아듣지 못했다.
- ☐ 말을 할 때 필요한 단어나 표현이 떠오르지 않았다.

» 위에서 체크한 문제를 해결하기 위해서 어떻게 했는가? 자신의 경험을 이야기해 보자.

1. 말하기 능력과 의사소통 전략

 의사소통 전략은 의사소통 상황에 놓인 참여자들이 의사소통을 성공적으로 수행하기 위해서 선택하는 다양한 전략을 말한다. 특히 제2언어 화자들은 의사소통을 성공시키는 데 필요한 언어적 자원이 충분하지 못한 경우가 많기 때문에 이러한 점을 보충하기 위해서 다양한 의사소통 전략을 사용하곤 한다. 특히 우리는 말을 할 때 제한된 시간과 맥락 안에서 의사소통을 성공적으로 수행해야 하기 때문에 의사소통 전략은 주로 말하기와 밀접한 관련을 가진다. 이러한 제2언어에서의 의사소통 전략은 1970년대 초에 처음으로 논의되기 시작하였다.

 제2언어 의사소통 전략에 대한 최초의 논의는 Selinker(1972:229)로 거슬러 올라간다. Selinker(1972)에서는 중간언어에 관한 논의에서 제2언어 학습에 포함되는 다섯 가지 핵심 절차 중 하나로서 '제2언어 의사소통의 전략'이라는 용어를 제시하였다. 비슷한 시기에 Savignon(1972) 역시 의사소통 중심의 언어 교수에 있어서 이른바 '대처 전략'의 중요성을 강조하였는데, 이후 이 개념은 '의사소통 전략'의 개념에 통합된다. 이후 Tarone, Cohen & Dumas(1976), 그리고 연이어 발표된 Tarone(1977)에서 의사소통 전략에 대해 정의하고 그 유형에 대해 기술하였는데, 이는 현재까지도 의사소통 전략 연구에 있어서 큰 영향을 미치고 있다.

이후 Canale & Swain(1980)에서 '전략적 능력'을 의사소통 전략 중 하나로서 언급함으로써 의사소통에 있어서 전략 사용의 중요성이 한층 더 주목을 받게 되었다. 이후 의사소통 전략에 대한 연구는 현재까지도 활발히 진행되어 왔다.

2. 의사소통 전략의 개념

의사소통 전략을 간단히 규정하면 의사소통을 성공시키기 위해서 사용되는 전략이라고 할 수 있겠다. 의사소통 전략에 대한 초창기 정의 중 하나인 Tarone(1980:419)에 따르면, 의사소통 전략이란 '화자가 의미협상의 과정에서 청자와 언어적·사회 언어적 구조를 사용할 수 없거나 청자와 의미를 공유하지 못하기 때문에 X라는 의미를 의사소통하기 원하지만 포기하고 회피하거나 대안적 방법을 시도하는 것'이라고 하였다. 이후 Corder(1981:103)에서는 의사소통 전략은 '화자가 (의사소통 상황에서) 어려움에 직면했을 때 자신의 의도를 표현하기 위해 사용하는 체계적인 기술'이라고 하였다. 이러한 정의는 두 가지 정의 속성에 의해 이루어진 것인데, 그 중 하나는 의사소통 전략은 '문제 해결을 위한 것'이라는 점이며 다른 하나는 의사소통 전략이 다른 모든 전략들과 마찬가지로 '의식적'으로 사용되는 것이라는 사실이다(Dörnyei & Scott 1997:182). 따라서 의사소통 전략이 무엇인지 논의하기 위해서는 이 두 가지 속성에 대해서 보다 구체적으로 살펴볼 필요가 있다.

우선 의사소통 전략은 문제 해결을 위해 사용된다는 점에 주목해야 한다. 애초에 의사소통 전략은 제2언어 화자가 구사하는 중간언어의 불완전

함을 극복하고 의사소통 상황에서 맞닥뜨리는 문제를 해결하기 위한 도구의 일환으로서 언급되기 시작하였다. 따라서 '문제 해결을 위해 사용된다'는 것은 의사소통 전략을 규정하는 데 있어서 핵심적인 요소 중 하나라고 볼 수 있다. 이러한 관점에서 Bialystok(1990:3)에서는 "전략은 화자가 의사소통에 실패할 가능성이 있다고 인식할 때 비로소 사용된다."고 언급한 바 있다.

두 번째로 의사소통 전략은 다른 여러 전략들과 마찬가지로 의식적으로 사용되는 기술이라는 사실 역시 의사소통 전략을 규정하는 데 있어서 핵심적인 점이다. Dörnyei & Scott(1997:185)에서는 의사소통 전략이 '의식적'으로 사용된다는 것은 구체적으로 다음과 같은 것을 의미한다고 하였다. 첫째, 의사소통 전략을 사용할 때 화자는 의사소통에 있어서 문제를 의식적으로 지각하고 있다는 것이다. 둘째, 의사소통 전략은 화자가 의도를 가지고 사용한다는 것이다. 셋째, 화자는 전략적 언어 사용을 의식적으로 지각한다는 것이다. 이를 종합하자면, 의사소통 전략을 사용할 때 화자는 문제를 지각한 상태에서, 의도를 가지고, 스스로 자신의 전략을 지각하며 전략적 언어를 사용하는 것이라고 할 수 있다.

3. 의사소통 전략의 유형

의사소통 전략의 유형은 연구자에 따라서 다양하게 구분되어 왔다. Dörnyei & Scott(1997:196-197)에서는 의사소통 전략의 유형화를 시도한 여러 연구들을 한 데 모아서 표로 정리한 바 있다. 이 중에서 우선 초창기에 논의된 의사소통 전략의 유형 중 대표적인 모형으로는 아래와 같은 것들이 있었다.

<표 6-1> 의사소통 전략의 유형 (1970~1980년대)

Tarone (1977)	회피		
	• 주제 회피	• 메시지 포기	
	다른 말로 바꾸기		
	• 비슷한 것 말하기	• 신조어 만들기	• 에둘러 말하기
	의식적 전이		
	• 문자적 번역	• 언어 전환	
	도움 요청하기		
	몸짓으로 표현하기		
Bialystok (1983)	L1 기반 전략		
	• 언어 전환	• 외국어화	• 음역
	L2 기반 전략		
	• 의미상 근접한 묘사	• 신조어 만들기	
	비언어적 전략		

이밖에도 의사소통 전략의 유형에 관한 여러 가지 모형이 제시된 바 있으나, 이 책에서는 오늘날까지도 널리 인용되고 있는 대표적인 모형 중 하나인 Dörnyei & Scott(1997)의 분류를 중심으로 살펴보도록 하겠다.

Dörnyei & Scott(1997)에서는 우선 문제 관리의 방식, 즉 의사소통 전략이 갈등을 해결하고 상호 이해에 도달하도록 돕는 방식을 따라서 의사소통 전략을 구분하였다. 여기에는 직접적 전략, 간접적, 상호적 전략이 기본이 된다.

3.1. 직접적 전략

직접적 전략은 언어적 자원이 부족한 상황과 관련되는 전략과 자신의 수행 문제와 관련된 전략, 그리고 상대방의 수행 문제와 관련된 전략으로 다시 나눌 수 있다. 먼저 언어 자원의 부족과 관련된 전략에는 다음과 같은 것들이 있다.

1) 언어 자원 부족과 관련된 직접적 전략

» 메시지 포기: 언어적 어려움 때문에 메시지를 미완성인 상태로 남겨두는 것.

» 메시지 축소: 언어적 어려움이 있다고 생각되는 특정 언어 구조나 주제를 피해 메시지를 축소하는 것.

» 메시지 대체: 원래 의도했던 메시지를 실행할 수 없겠다고 느껴서 새로운 메시지로 대체하는 것.

» 에둘러 말하기: 말하고자 하는 대상이나 행동의 특징을 설명할 수 있는 예를 들거나 묘사하는 것.

» 비슷하게 말하기: 목표 단어나 구조와 의미 속성을 공유하는 상의어나 관련어 등의 하나의 대체 어휘를 사용하는 것.

» 다목적어 사용: 특정 어휘를 모를 때 일반적인 대용어를 대신 사용하는 것.

» 신조어 만들기: L2 어휘의 조어 규칙을 사용하여 새로운 L2 어휘를 만드는 것.

» 재구조화: 언어의 어려움 때문에 말하던 구조를 미완성인 채로 두고, 대안적인 계획에 따라 의도된 메시지를 전달하는 것.

» 문자적 번역: L1의 어휘, 숙어, 합성어, 구조 등을 L2로 문자 그대로 번역하는 것.

» 외국어화: L2의 음운론이나 형태론으로 조정하여 L1 단어를 사용하는 것.

» 코드 스위칭: L2 발화에서 L1 단어를 L1 발음으로 포함시키는 것. 이는 단어에서 완전한 말차례에 이르는 담화들을 포함할 수 있다.

» 비슷하게 들리는 단어를 사용하기: 목표 어휘와 비슷하게 들리는 단어(존재하는 단어가 아닐 수도 있음)로 화사가 확신할 수 없는 어휘 항목을 보상하는 것.

» 중얼거리기: 정확한 형태를 몰라서 말을 삼키거나 들리지 않게 중얼거리는 것.

» 생략하기: 한 단어를 모를 때 그 부분을 공백으로 남겨두고 마치 말을 한 것처럼 뒷말을 이어서 하는 것.
» 검색하기: 최적의 형태에 도달하기 전에 일련의 불완전하거나 잘못된 형태 또는 구조를 검색하려는 시도.

다음으로 직접적 전략 중에서 화자 자신의 수행 문제와 관련된 전략으로는 다음과 같은 것들이 있다.

2) 화자 자신의 수행 문제와 관련된 직접적 전략
» 스스로 다시 말하기: 용어를 반복하되 본래의 형태 그대로가 아니라 다른 말을 덧붙이거나 다른 말로 바꾸어서 반복하는 것.
» 스스로 고치기: 자신의 발화를 자기주도적으로 고치는 것.

직접적 전략 중에서 마지막으로 살펴볼 것은 대화 상대방의 수행 문제에서 비롯된 전략이다.

3) 상대방의 수행 문제와 관련된 직접적 전략
» 타인 수정: 상대방의 담화에 있는 내용을 수정하는 것.

3.2. 간접적 전략

간접적 전략은 직접적으로 문제를 해결하는 장치는 아니다. 이들은 대안적인 의미 구조를 제공하는 것이 아니라 서로 이해하는 데 유리한 조건들을 만들어 간접적으로 의미 전달을 용이하게 하는 것이다. 간접적 전략은 처리 시간 압력에 관련된 전략, 자기 자신의 수행과 관련된 전략, 그리고 상대방의 수행 문제와 관련된 전략으로 다시 나눌 수 있다.
우선 간접적 전략 중에서도 처리 시간 압력과 관련된 전략은 아래와 같다.

1) 처리 시간 압력과 관련된 간접적 전략
- 삽입어의 사용: 의사소통 채널을 계속 열어두고 담화를 유지하기 위해서, 휴지를 메우고 시간을 벌기 위한 삽입어를 쓰는 것.
- 반복: 한 마디 또는 한 줄의 말을 한 직후에 되풀이하는 것.

다음으로 화자 자신의 수행 문제, 그리고 상대방의 수행 문제와 관련된 전략은 각각 아래와 같다.

2) 화자 자신의 수행 문제와 관련된 간접적 전략
- 구어적 전략 표지: 전략의 앞이나 뒤에 구어적 전략임을 표시하는 구문을 사용하여 단어 또는 구조가 L2 코드에서 의도된 의미를 완벽하게 전달하지 못한다는 신호를 보내는 것.

3) 상대방의 수행 문제와 관련된 간접적 전략
- 이해한 척하기: 이해하는 척하면서 이해하지 못해도 대화를 이어가려고 하는 것.

3.3. 상호적 전략

상호적 전략은 대화 참여자가 상호 협력적으로 문제를 해결하고자 사용해 나가는 전략들을 가리킨다. 상호적 전략 역시 유형에 따라 언어 자원 부족과 관련된 전략, 화자 자신의 수행 문제와 관련된 전략, 그리고 상대방의 수행 문제와 관련된 전략으로 나눌 수 있다.

우선 상호적 전략 중 언어 자원의 부족과 관련된 전략으로는 도움을 호소하기가 있다.

1) 언어 자원 부족과 관련된 상호적 전략

» 도움을 호소하기: 직접적으로 물어보거나 어려움을 겪고 있음을 언어적, 비언어적으로 표시하는 것.

다음으로 화자 자신의 수행 문제와 관련된 전략으로는 아래와 같은 것들이 있다.

2) 화자 자신의 수행 문제와 관련된 상호적 전략

» 이해 점검하기: 상대방이 잘 이해하고 있는지 물어보는 것.
» 자신의 정확성 점검하기: 구체적으로 질문하거나 단어를 질문 억양으로 반복함으로써 자신의 발화가 올바른 것이었는지 확인하는 것.

마지막으로 상호적 전략 중에서도 상대방의 수행 문제와 관련된 전략으로는 아래와 같은 것들이 있다.

3) 상대방의 수행 문제와 관련된 상호적 전략

» 반복을 요청하기: 잘 못 알아들은 것에 대해 반복을 요청하는 것.
» 명확화를 요청하기: 낯선 의미 구조에 대한 설명을 요청하는 것.
» 확인을 요청하기: 자신이 맞게 들었는지 확인을 요청하는 것.
» 추측하기: 확인을 요청하기와 비슷하지만, 확인 요청은 핵심 단어에 대한 더 많은 확실성을 내포하고 있는 반면에, 추측하는 것은 거의 확신하지 못한 상태에서 하는 것.
» 이해하지 못했음을 표시하기: 잘 못 알아들었음을 언어적이나 비언어적으로 표시하는 것.
» 해석적 요약: 올바르게 이해했는지 확인하기 위해서 상대방의 메시지를 다시 표현하는 것.
» 반응: 반복, 수정, 다시말하기, 확장하기, 확인하기 등으로 반응하는 것.

4. 의사소통 전략의 훈련

제2언어 의사소통 상황에서 성공적인 의사소통의 수행을 위해서 적절한 의사소통 전략의 사용이 필요하다는 데 있어서는 대다수의 연구자들이 동의한다. 그러나 교실 환경에서 학습자들의 제2언어 습득에 도움을 주기 위해서 의사소통 전략을 가르쳐야 하는가, 혹은 제2언어 의사소통 전략이 훈련을 통해서 습득 내지는 향상될 수 있는가 하는 문제, 즉 이른바 '교수 가능성(teachability)'에 대해서는 이견이 존재한다.

일군의 연구자들은 의사소통 전략을 사용하는 능력은 모어로부터 L2로 자연스럽게 전이되는 것이므로 의사소통 전략을 가르칠 필요가 없다고 주장한다. 예를 들어 Bialystok(1990:147)에서는 학습자들이 언어를 많이 알수록 체계가 더 유연할 가능성이 높아지며, 학습자들에게 가르쳐야 할 것은 전략이 아니라 언어라고 일갈하였다. 그러나 다른 한 편에서는 훈련에 의한 의사소통 전략의 습득은 가능하며 더 나아가 필수적이라고 주장하는 연구들도 축적되고 있다. 일례로 Dörnyei(1995)에서는 제2언어로서의 영어 의사소통 전략 훈련에 관한 실험 연구에서 의사소통 전략의 사용을 훈련받은 실험 집단의 학습자들이 몇몇 말하기 과제에 있어서 더 우수한 수행 결과를 나타내었음을 보고한 바 있다.

그렇다면 교실 환경에서 제2언어 학습자의 의사소통 전략 사용 능력을 향상시켜 주기 위해서 어떻게 해야 할까?

Tarone(1983)은 유사어 전략이나 풀어 말하기 전략을 훈련할 수 있는 방법을 제시하였는데 목표어로 알지 못하는 물건을 묘사하도록 하는 활동이 그것이다. 한편 Dörnyei & Thurrell(1991)에서는 삽입어(filler)를 사용하는 전략을 훈련할 수 있는 방안을 제시하였다. 먼저 모어 화자들의 대화를 들으면서 삽입어를 찾아 듣고 적게 하여 학습자에게 동기를 부여한다. 그 후 학습자의 짝 활동으로 적어놓은 삽입어를 이용하여 대화를 연습하도록 하는 방식이다.

한편, 홍은주(2006)의 경우 국내의 영어 EFL 학습자를 위한 말하기 전략의 목록을 구성하고 각각의 전략에 해당되는 목표어 표현을 정리한 바 있다. 이러한 목록을 구축하여 교수요목에 적절히 배분하여 활용하면 교수요목의 체계 내에서 의사소통 전략을 통합적으로 교수할 수 있다는 점에서 한국어교육 분야에서도 참고할 만하다.

<표 6-2> 영어 말하기 전략과 표현의 예(홍은주 2006:44)

말하기 전략	표현의 예
분명하게 말해 달라고 반복 요청하기	• What? Pardon? I'm sorry? • Huh? Excuse me?
대화 유지용 신호 사용하기	• Uh huh, Right, Yeah, Okay, Hmm
관심 끌기	• Hey, Say, So, Excuse me?
생각하고 말할 시간을 벌기 위한 표현 사용하기	• Uh, I mean, Well, Mm
의미 전달을 위해 마임과 비언어적 표현 사용하기	• 다양한 제스쳐
관심 보이기	• Oh, that's a nice/interesting/cute name.
질문 반복하기	• My favorite subject? It's _____.
질문을 이해하는 표현하기	• Hum, Let me think.
질문의 의미 다시 묻기	• What do you mean? • I'm not sure what you mean.
상대방의 이해 정도 확인하기	• Do you know what I mean? • Do you understand? • Did you get it?
동의하기와 동의하지 않기	• Yes, I think so. • Really I don't think so. • I'm not sure.
동일한 감정 표현하기	• I do too./ Me too • I don't, either./Me, neither
예를 들어 말하기	• For example, Math, Music and English
자기 표현으로 다시 말하기	• Do you mean _____?

생각하는 시간 갖기	• Let me think, Let me see.
되묻기	• What do you think?
이해 정도 보여주기	• I know/see/understand what you mean./what you're saying.
다양한 표현으로 말하기	• You're welcome/Any time/ No problem/ My pleasure.

한국어교육 분야의 경우, 초창기에는 의사소통 전략 훈련에 대한 연구가 주로 특정한 언어 형태를 중심으로 하여 이루어졌다. 일례로 담화표지로서의 '네, 아니'를 사용한 설명 요청하기 전략의 훈련 방법을 고안한 신아영(2011)이 있었다.

◎ 그림을 보고 이야기해 봅시다.

친구에게 우리나라 전통의상을 소개해 주세요.

A 미키씨, 한복 입어 본 적 있어요?
B 네? 한복 그게 뭐예요?
A 한복은 한국의 전통 의상이에요.
B 어떤 옷이 한복이에요?
A 이 옷이 한복이에요.

[그림 6-1] 설명 요청하기 전략의 교수 방안(신아영 2011:64)

최근에는 형태 중심에서 벗어나 의사소통 전략 자체에 보다 초점을 맞추고 있는 연구들이 많아지고 있다. Liang(2019)의 경우 목표 언어 기반 전략의 교수 방안에 대한 여러 가지 아이디어를 제안하고 있는데 특히 의미 인접 전략, 묘사 전략, 신조어 전략으로 나누어 교수안을 제시하였다. 이 세 가지 예시를 순서대로 옮겨 실으면 아래와 같다.

<표 6-3> 의미 인접 전략 훈련을 위한 표현(Liang 2019:140)

유비 및 유의어	• 이것은 ~(와)과 비슷하다/ 비슷한 것이다/ 마찬가지다. • 이것은 ~(와)과 같다/ 같은 것이다. • 이것은 ~의 뜻이다. • 이것이 다른 말로/ 표현으로 하면 ~다.
대조 및 반의어	• 이것은 ~의 반대(말)이다. • 이것은 ~(와)과 다르다/ 다른 것이다/ 반대된다. • 이것은 ~보다 더/덜 ~
상위어, 동위어 및 하위어	• 이것은 ~다. • 이것은 ~의 일종이다. • 이것은 ~를 포함한다. • 하위어 1,2,3 (와) 같은 것을 다 그것으로 한다./ 통칭하면 ~다. • 이것은 (동위어)와/과 같은 종류이다.

<표 6-4> 묘사 전략 훈련을 위한 표현(Liang 2019:140)

물리적 특징	• 이것은 ~색이다. • 이것은 (모양 형용사)동그랗게 생기다. • 이것은 (모양 형용사)네모나다. • 이것은 ~무늬가 있다. • 이것은 ~처럼 보이다. • 이것은 ~와/과 비슷한 모양이다. • 이것은 ~만큼 크다/작다. • 이것은 ~보다 크다/작다. • 이것은 ~정도의 크기다. • 이것은 ~맛/~냄새가 난다. • 이것은 (촉감 형용사)부드럽다/무겁다.
기능적 설명	• 이것은 ~할 때 필요하다/사용한다. • 이것은 ~을/를 만드는 것이다. • 이것은 ~을/를 하는 데 유용하다. • 이것은 ~으로/로 만든 것이다.
구성 요소	• 이것에 ~가 있다/~부분이 있다/포함된다. • 이것은 ~(으)로 만든다. • 이것은 ~(으)로 된다.

위치	• 이것은 보통 ~에 볼 수 있다. • 이것은 ~에 있다/~가운데에 있다/~주변에 있다.
역사	• 이것은 옛날에 많이 있었다. • 이것은 옛날 사람들이 쓰던 것이다. • 이것은 예전에 ~(으)ㄹ 때 하던 것이다.
다른 특성	• 이것은 오래 쓸 수 있다. • 이것은 아주 튼튼하다. • 이것은 좀 오래됐다.

<표 6-5> 신조어 전략 훈련의 예시(Liang 2019:145-146)

단어의 구성

사람 – 답다	남자 – 답다	공부 – 하다	청소 – 하다
⇩	⇩	⇩	⇩
어근 접사	어근 접사	어근 접사	어근 접사

- **어근**: 단어를 구성할 때 중심적인 요소다.
- **접사**: 어근에 붙어 단어를 구성하는 요소다.

연습 – 어근 및 접사를 찾읍시다.
여자답다 – 어근(   ), 접사(   )
자연스럽다 – 어근(   ), 접사(   )

복합어 – 파생어

1. **접두사 파생어**
   군-말   헛-기침   날-고기
- **접두사**: 명사나 형용사 혹은 동사 어근 앞에 붙어 파생어를 구성하는 접사이다.

2. **접미사 파생어**
   높-이   놀-이   웃-기다   채-우다   맞-추다
   약속-하다 자랑-스럽다 아름-답다 헤-롭다
- **접미사**: 명사나 형용사 혹은 동사 어근 뒤에 붙어 파생어를 구성하는 접사이다.

연습 – 접사를 찾읍시다.
이롭다(   ) 건강하다(   ) 길이(   ) 지우개(   ) 꽃답다(   )

복합어 - 합성어

창문-창+문 큰아버지-큰+아버지 덮밥-덮+밥
잘못-잘+못 첫사랑-첫+사랑

- **합성어**: 둘 이상의 어근으로 구성된 단어이다.

연습 - 어근을 찾읍시다.
꽃잎(　)+(　) 부엌일(　)+(　) 힘들다(　)+(　) 재미있다(　)+(　)

한자어 음절이 대응하는 한자

가격(價格) 가능(可能) 가정(家庭) 가면(假面)
가공(加工) 가수(歌手) 노인(老人) 노동(勞動)
노력(努力) 노선(路線) 분노(憤怒) 노화(爐火)

연습 - 한자어에서 음절이 대응하는 한자를 추측합시다.
사무실(　) 능력(　) 공장(　) 장면(　)
격려(　) 칭찬(　) 효과(　)

나가기

» 다음은 외국인 학습자가 한국어로 말한 것이다. 잘 읽고 어떤 전략들이 사용되었는지 이야기해 보자.

저는 어제 그… 거기, 거기에 갔어요.
책을 읽는 곳이에요.
도서… 도서장? 도서소?에서 책을 읽었어요.

네? 아… 도서관에 갔다고요?

네, 네, 맞아요. 도서관.
도서관에서 책을 읽었어요.

제7장
말하기 평가

들어가기

» 다음 QR 코드를 스캔하여 음성 녹음을 듣고 학습자의 말하기 능력을 평가한 후 평가 결과에 대해 함께 이야기해 보자.

1) 학습자의 한국어 수준은 어느 정도라고 생각하는가? 그 이유는 무엇인가?

2) 학습자의 한국어 수준을 평가하기 위해 주로 무엇에 주의를 기울였는가?

　　　발음　　　　　어휘　　　　　문법　　　　　…

1. 말하기 평가의 목표와 내용

1.1. 말하기 평가의 목표

말하기 평가는 네 가지 의사소통 능력 중에서 말하기 능력을 측정하는 것을 목표로 한다. 말하기 능력은 음성 언어를 매개로 한 구어 의사소통능력 중 표현 능력에 해당된다. 의사소통능력이 언어 공동체 내에서 의사소통을 하기 위해 갖추어야 할 능력으로 문법적 능력, 담화적 능력, 사회언어학적 능력, 전략적 능력을 근간으로 이루어진다고 할 때, 말하기 능력은 다양한 의사소통 상황에서 정확한 발음과 자연스러운 억양, 적절한 어휘와 문법 표현을 사용하여 짜임새 있게 이야기를 구성하여 전달하는 능력이다. 아울러 의사소통 장면이나 상황에 맞는 문법과 어휘, 표현을 사용하며 효율적으로 발화를 전달하여 성공적인 의사소통이 이루어질 수 있도록 상황을 잘 파악하여 적절히 반응하고 대처하는 능력을 말한다(Canale & Swain 1980). 말하기 평가는 다양한 의사소통 상황에서 이러한 능력을 두루 사용하여 적절하게 말할 수 있는가를 측정하고 그러한 능력으로 수행할 수 있는 것이 무엇인지를 예측하는 것을 목표로 한다. 이러한 목표하에 말하기 평가의 세부 목표가 설정되는데, 이는 말하기 교육의 목표와 방향을 같이 한다. 다음은 공인 한국어 숙달도 평가인 한국어능력시험(TOPIK) 말하기 평가의 등급별 목표로 이와 같은 사실을 확인해 볼 수 있다.

<표 7-1> 한국어능력시험(TOPIK) 말하기 영역의 등급 기술

등급	등급 기술
1급	• 친숙한 일상적 화제에 대해 질문을 듣고 간단하게 답할 수 있다. • 언어 사용이 매우 제한적이며 오류가 빈번하다. • 발음과 억양, 속도가 매우 부자연스러워 의미 전달에 문제가 있다.
2급	• 자주 접하는 사회적 상황에서 일상적 화제에 대해 묻거나 답할 수 있다. • 언어 사용이 제한적이며 담화 상황에 맞지 않는 경우가 있고 오류가 잦다. • 발음과 억양, 속도가 부자연스러워 의미 전달에 다소 문제가 있다.
3급	• 친숙한 사회적 화제에 대해 비교적 구체적으로 말할 수 있다. • 오류가 때때로 나타나나 어느 정도 다양한 어휘와 표현을 비교적 담화 상황에 맞게 사용할 수 있다. • 발음과 억양, 속도가 다소 부자연스러우나 의미 전달에 큰 문제가 없다.
4급	• 일부 사회적 화제에 대해 대체로 구체적이고 조리 있게 말할 수 있다. • 오류가 때때로 나타나 다양한 어휘와 표현을 대체로 담화 상황에 맞게 사용할 수 있다. • 발음과 억양, 속도가 비교적 자연스러워 의미 전달에 문제가 거의 없다.
5급	• 사회적 화제나 일부 추상적 화제에 대해 비교적 논리적이고 일관되게 말할 수 있다. • 오류가 간혹 나타나나 다양한 어휘와 표현을 담화 상황에 맞게 사용할 수 있다. • 발음과 억양, 속도가 대체로 자연스러워 발화 전달력이 양호하다.
6급	• 사회적 화제나 추상적 화제에 대해 논리적이고 설득력 있게 말할 수 있다. • 오류가 거의 없으며 다양한 어휘와 문법을 담화 상황에 맞게 사용할 수 있다. • 발음과 억양, 속도가 자연스러워 발화 전달력이 우수하다.

〈표 7-1〉에 따르면 한국어 말하기 평가에서는 초급의 경우, 1급에서는 친숙한 일상적 화제, 2급에서는 자주 접하는 사회적 상황에서의 일상적 화제에 대해 말할 수 있는가를 평가한다. 중급의 경우, 3급에서는 친숙한 사회적 화제, 4급에서는 일부 사회적 화제에 대해 말할 수 있는가를 평가한다. 고급의 경우, 5급에서는 사회적 화제나 일부 추상적 화제, 6급에서는 사회적 화제나 추상적 화제에 대해 말할 수 있는가를 평가한다. 다음과 같이 등급이 높아질수록 친숙한 것에서 사회적인 것, 구체적인 것에서 추상적인 것으로 확장되어 가는 체계이다.

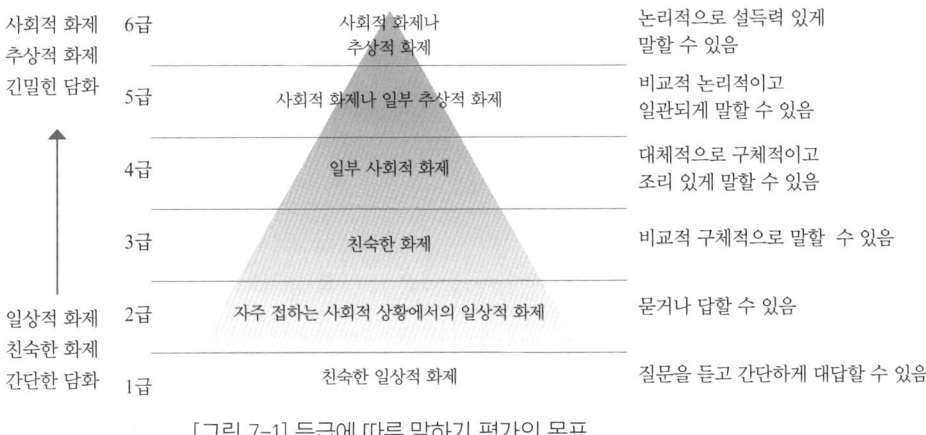

[그림 7-1] 등급에 따른 말하기 평가의 목표

I.2. 말하기 평가의 내용

말하기 평가의 내용은 이론적 관점에서 말하기 능력을 어떻게 규정하느냐에 따라 달라질 수 있다. 앞서 Canale & Swain(1980)의 의사소통능력에 대한 정의를 바탕으로 말하기 능력을 설명하였는데, 이에 따르면 문법적 능력, 담화적 능력, 사회언어학적 능력, 전략적 능력을 구체화하여 평가의 내용으로 삼을 수 있게 된다.

Bachman & Palmer(2010: 87)에서는 다음과 같이 Canale & Swain

(1980)의 의사소통 능력을 조금 더 확장하여 언어 능력이 무엇인가를 설명하고자 하였다.

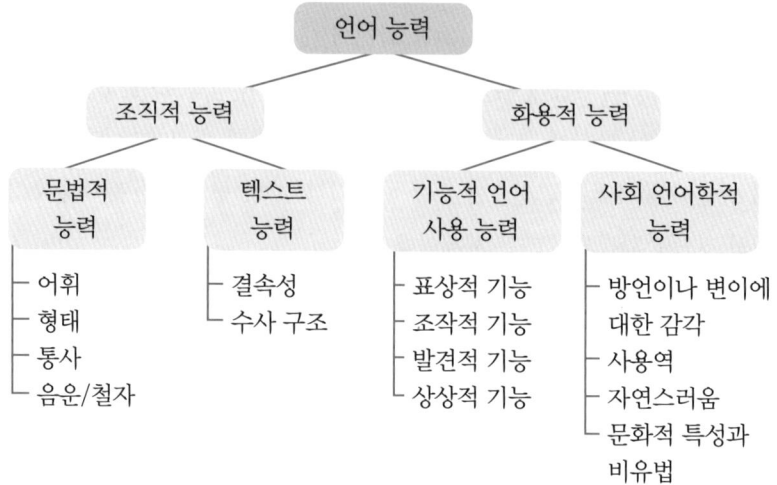

[그림 7-2] 언어 능력의 구성 요소(Bachman & Palmer 2010:87)

[그림 7-2]에 따르면 언어 능력은 조직적 능력과 화용적 능력으로 구성된다. 조직적 능력은 언어 지식에 관한 능력으로 문법적 능력과 텍스트 능력으로 구성되며, 이 중 텍스트 능력은 Canale & Swain(1980)의 담화적 능력에 해당한다. 화용적 능력은 언어 사용에 관한 능력으로 기능적 언어 사용 능력과 사회언어학적 능력으로 구성된다. Bachman & Palmer(2010:87)은 Canale & Swain(1980)의 문법적 능력, 담화적 능력, 사회언어학적 능력을 포함하면서 기능적 언어 사용 능력을 더하여 언어 사용 능력을 강조함으로써 언어 능력을 매우 구체적으로 보여 주고 있다. 이를 참고하면 말하기 능력은 구어 의사소통 상황에서 요구되는 문법적 능력, 텍스트 능력, 기능적 언어 사용 능력, 사회언어학적 능력을 통해 평가할 수 있으며, 세부적인 평가의 내용은 [그림 7-2]에 제시된 하위 범주의 항목들을 중심으로 구성할 수 있다.

그 외에도 평가의 내용을 결정하는 중요한 요소로 평가 목표를 들 수 있다. 일상적인 의사소통 상황에서 필요로 하는 말하기 능력과 업무 상황이나 학술적 상황에서 필요로 하는 말하기 능력이 다르며, 이에 따라 구체적으로 필요한 문법적 능력, 담화적 능력, 사회언어학적 능력 등도 달라질 수 있기 때문이다.

말하기 평가에서는 이처럼 이론을 바탕으로 하여 직접 관찰하거나 측정하기 어려운 언어 능력, 그중에서도 말하기 능력을 이루는 요소를 구체화하여 평가의 내용으로 삼는다. 이러한 내용을 평가 구인(construct)이라고 하는데, 말하기 능력이 무엇인지 개념을 명확하게 규정하고 실제 언어 사용에서 필요로 하는 세부적인 능력을 파악하여 평가의 구인을 적절하게 설정할 때에 타당도를 갖춘 평가가 될 수 있다.

다음은 한국어와 영어 말하기 평가의 구인을 제시한 것이다.

<표 7-2> 한국어와 영어 말하기 평가의 구인

언어	평가 도구	평가 구인
한국어	TOPIK	내용 및 과제 수행, 언어 사용, 발화 전달력
	KPE	음운(발음, 억양, 띄어 말하기), 어휘, 문법, 담화 능력, 기능, 사회문화적 능력(공손법, 사용역)
영어	OPI	과제/기능, 맥락, 내용, 정확성, 담화 유형
	TOEFL	일반적 기술, 전달, 언어 사용, 주제 전개
	TOEIC	발음, 억양과 강세, 문법, 어휘, 일관성, 완성도
	IELTS	발음, 유창성과 응집성, 어휘 자원, 문법적 범위/정확성, 이해력
	FCE	정확성, 범위, 유창성, 상호 작용, 발음, 이해도

〈표 7-2〉에서 보는 바와 같이 한국어와 영어 말하기 평가의 구인은 대부분 Canale & Swain(1980), Bachman & Palmer(2010:87) 등을 이론적 토대로 하여 구체화한 것이다. 평가별 구인은 분류 체계나 명칭에는 다소 차이가 있으나 내용 면에서는 문법적 능력(어휘, 문법, 표현, 발음, 억양, 강세, 전

달, 전달력), 담화적 능력(담화 유형, 주제 전개, 일관성, 응집성, 내용과 조직), 사회언어학적 능력(공손법, 사용역)에 초점이 맞추어져 있으며, 그 외에 과제 수행력, 상호 작용 등이 추가되어 평가의 구인이 조금 더 세분화된 것으로 지향하는 바는 사실상 크게 다르지 않음을 알 수 있다.

한국어 말하기 평가의 경우 한국어능력시험(TOPIK)에서는 세 개의 영역은 다음을 세부적인 평가 구인으로 삼고 있다.

> » 내용 및 과제 수행: 풍부하고 충실한 과제 수행, 내용의 적절성, 조직적 담화 구성
> » 언어 사용: 언어 사용의 적절성, 어휘와 표현의 다양성과 풍부성, 어휘와 표현의 정확성
> » 발화 전달력: 발음과 억양, 발화 속도

KPE 한국어능력시험 경우도 명칭이나 기술 체계는 다르지만 평가하고자 하는 내용에는 큰 차이가 없다. 이는 목표어가 무엇이든 외국어 또는 제2 언어 교수에서 말하기 교육이 근본적으로 추구하는 목표와 내용이 비슷하기 때문이며, 교육의 목표와 평가가 서로 긴밀하게 연계되고 있음을 보여 준다.

2. 말하기 평가의 유형

말하기 평가는 평가 목적과 방식에 따라 다음과 같이 구분할 수 있다.

> » 평가 목적: 성취도 평가, 숙달도 평가
> » 평가 방식: 간접 평가, 직접 평가, 준 직접 평가

평가 목적에 따른 분류는 말하기 평가뿐만 아니라 언어 평가 전반에 적

용되는 유형으로 성취도 평가와 숙달도 평가로 구분된다. 성취도 평가는 교육과정에 따라 교수 활동이 이루어진 후 말하기 능력이 교육 목표에서 설정한 수준에 도달하였는지를 알아보는 것을 목적으로 한다. 따라서 학습자가 수업 시간에 배운 내용을 중심으로 평가가 이루어진다. 이와 달리 숙달도 평가는 교육과정과 상관없이 말하기 능력이 어느 정도 수준인지를 측정하는 것을 목적으로 한다. 따라서 등급별 목표와 언어 능력에 대한 기준은 설정되어 있지만 개개인의 학습자가 속한 교육 기관의 교육과정을 일일이 고려하지는 않는다.

평가 방식에 따른 말하기 평가의 유형에는 간접 평가, 직접 평가, 준 직접 평가 방식이 있다. 이 장에서는 세 가지 평가 유형에 대해 자세히 살펴보기로 한다.

2.1. 간접 평가

간접 평가는 어휘, 문법, 발음 등과 같이 말하기 능력의 기초가 되는 요소를 평가함으로써 말하기 능력을 간접적으로 평가하는 방식이다. 말하기 과제를 수행하는 대신 특정한 어휘의 발음 쓰기, 강세의 위치 표시하기, 억양 표시가 알맞게 된 것 고르기 등의 문항을 통해 말하기 능력을 측정한다. 이러한 방식은 수험자의 말하기 능력을 측정하는 데 있어 신뢰도와 타당도가 떨어진다.

2.2. 직접 평가

직접 평가는 '살아 있는 평가'라고도 하며 가장 일반적인 말하기 평가 방식이다. 평가자와 수험자가 면대면(face to face)으로 진행하는 시험으로 1950년 미국의 외교관 양성 기관인 FSI(Foreign Services Institute)에서 구두 숙달도 인터뷰(Oral Proficiency Interview: OPI) 시험을 개발하면서 시작되었다.

평가자가 질문을 하면 수험자가 응답하는 인터뷰 방식이 가장 전형적이며, 평가자가 대화 상대자가 되어 수험자와 함께 역할극을 하거나 토론을 하기도 한다. 경우에 따라서 직접 대면하지 않고 전화나 화상 통화를 통해 실시간으로 인터뷰를 하면서 시험을 진행하기도 한다.

다음은 직접 평가의 대표적인 예인 OPI의 인터뷰 진행 절차이다.

> » 도입(Warm Up): 수험자의 신원을 확인하고 진행 방식에 대해 안내한 후 가벼운 인사와 함께 일상적인 이야기를 나누며 수험자의 긴장을 풀어 주면서 대화를 시작한다.
> » 수준 확인(Level Checks): 수험자의 관심사나 경험 등과 관련된 주제로 인터뷰를 진행하면서 수험자가 정확하고 유창하게 대화를 지속할 수 있는 수준을 확인한다.
> » 탐색(Probes): 수준을 점차 높이면서 수험자의 한계라고 판단되는 수준을 확인한다. 다양한 화제와 과제를 도입하면서 수준이 확인될 때까지 인터뷰를 진행한다.
> » 마무리(Wind Down): 수험자가 편안하게 말할 수 있는 수준의 대화로 돌아와 인터뷰를 마무리한다.

직접 평가는 평가자와 수험자가 실시간으로 면대면의 상호 작용을 하면서 실제 의사소통 상황과 유사한 환경에서 평가를 진행하므로 수험자의 실제적인 말하기 능력을 측정할 수 있다는 장점이 있다. 반면, 평가와 동시에 채점이 가능한 전문 평가자가 필요하며, 이러한 인력을 확보하지 못하면 채점의 신뢰성을 보장하기가 어렵다는 단점이 있다. 또한 시간과 비용이 많이 들어 대규모의 평가가 어렵다.

최근에는 이러한 문제점을 해소하기 위해 준 직접 평가가 널리 활용되고 있다.

2.3. 준 직접 평가 방식

준 직접 평가는 수험자가 청각 자료, 시청각 자료, 멀티미디어 등을 통해 주어지는 과제를 수행하고 이를 녹음한 후에 채점을 하는 방식이다. 1980년대 미국에서 개발된 시험으로 모의 구두 숙달도 인터뷰(Simulated Oral Proficiency Interview: SOPI)라고도 하였다. 과거에는 녹음 테이프나 CD 등의 청각 자료를 활용하여 시험이 이루어졌으나 최근에는 컴퓨터와 인터넷의 발달로 컴퓨터 기반 평가(CBT), 인터넷 기반 평가(IBT), 모바일 기반 평가(MBT)가 폭넓게 활용되고 있다. 다음은 컴퓨터 기반 평가 방식을 활용한 준 직접 평가 진행 모형을 제시한 것이다.

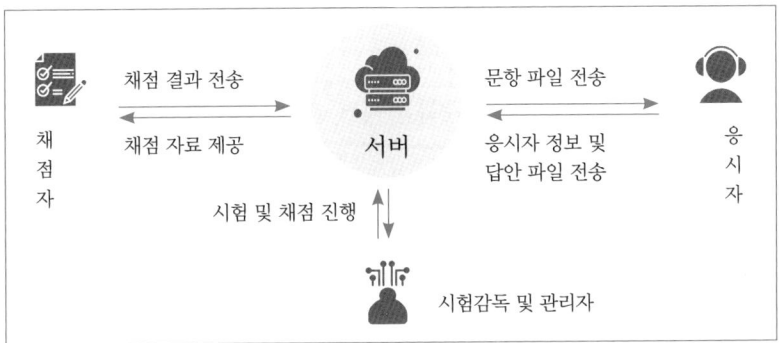

[그림 7-3] CBT(Computer Based Test) 평가 진행 모형

[그림 7-3]에서 보는 바와 같이 응시자는 컴퓨터를 사용해 응시하며 평가 시스템이 탑재된 서버를 통해 시험의 진행과 관련한 안내, 문항을 제공받게 된다. 시험 감독과 관리, 채점 또한 컴퓨터를 기반으로 이루어진다.

준 직접 평가는 훈련을 받은 채점자에 의해 채점을 하는 것이 일반적이지만 컴퓨터를 기반으로 한 기계 채점을 하기도 한다. 전화와 음성 인식 기술을 활용한 실시간 영어 말하기 평가 폰패스(PhonePass)가 그 예인데, 수험자가 전화를 이용해 시간과 장소에 구애를 받지 않고 응시할 수 있으며 컴퓨터가 실시간으로 채점을 해 당일에 시험 결과를 확인할 수 있다. 기계 채점은 일관성 있는 채점 결과를 제공할 수 있다는 장점이 있지만, 예측하기 어려운 수험자의 다양한 응답에 유연하게 대처하기 어렵다는 단점이 있다. 기계 채점의 정확성과 신뢰도를 높이기 위해서는 많은 양의 시험 자료를 데이터베이스로 구축하여 기계가 학습하도록 하여야 하는데, 최근 가속화되고 있는 인공 지능 기술과의 결합을 통해 정교화될 수 있을 것으로 보인다.

준 직접 평가는 다음과 같은 장점이 있다.

» 첫째, 컴퓨터를 기반으로 하여 다수의 수험자가 시간과 장소에 구애를 받지 않고 동시에 응시 가능할 수 있어 대규모 평가를 하는 데에 적합하다.
» 둘째, 다수의 수험자를 대상으로 대규모 평가가 시행되므로 시간과 비용을 줄일 수 있어 실용적이다.
» 셋째, 모든 수험자에게 표준화된 시험 환경을 제공할 수 있어 시험 신뢰도가 높다.
» 넷째, 시험이 종료된 후에 훈련을 받은 채점자 또는 컴퓨터를 기반으로 한 기계가 채점을 하므로 채점 신뢰도가 높다.

반면, 다음과 같은 단점도 있다.

» 첫째, 수험자가 컴퓨터를 통해 과제를 받아 일방향으로 수행하는 방식으로 평가가 이루어지기 때문에 실제 의사소통 상황에서와 같은 상호 작용이 이루어지기 어렵다.
» 둘째, 제한된 시간 내에 주어진 과제를 통해 평가가 이루어지므로 수험자의 말하기 능력을 정교하게 측정하기가 어렵다.
» 셋째, 컴퓨터나 네트워크 인프라가 갖추어지지 않은 환경에서는 시행하기가 어렵다.

3. 말하기 평가 문항 유형

말하기 평가 문항은 평가 방식, 평가 목표, 평가 내용 등에 따라 다양한 형식으로 구성된다. 인터뷰 형식의 직접 평가에서는 평가자와 수험자가 실시간으로 상호 작용을 하면서 질문하고 대답하기, 제시 자료 보고 설명하기, 역할극하기, 의견 말하기, 토론하기와 같은 과제를 수행하게 된다. 준직접 평가에서는 직접 평가에서와 같은 상호 작용이 거의 불가능하기 때문에 직접 평가에서보다 더 다양한 문항 유형을 개발하여 수험자의 실제적인 의사소통 능력을 측정하게 된다.

1) 낭독하기

제시된 문장을 듣고 따라 하거나 보고 읽는 유형이다. 대부분 본격적인 평가를 시작하기 전에 준비 문제로 제시된다. 낭독하기는 실제적인 말하기 능력을 평가하기는 어렵지만 준비 단계에서 수험자의 긴장을 풀어 주거나 특정한 음운의 발음이나 억양 등을 측정하는 데에는 유용하게 활용할 수 있다. 영어 말하기 평가인 TOEIC Speaking과 중국어 말하기 평가인 HSKK의 경우는 발음과 억양, 강세 등을 평가하기 위해 낭독하기 문항을 활용하고 있다.

> ※ 다음을 듣고 따라하세요.
> 오늘은 8월 2일입니다.

2) 질문에 답하기

친숙하고 일상적인 주제에 대한 간단한 질문을 듣고 답하는 유형이다. 주로 개인의 신상, 주변의 친숙한 사람, 장소, 사물 등을 소개하거나 일상적인 계획이나 경험을 서술하게 한다. 또한 사진이나 삽화를 제시하고 그 정보를 활용하여 답하게 하기도 한다.

※ 다음 질문을 듣고 대답하세요.
지난 주말에 뭐 했어요?

3) 대화 완성하기

특정한 상황에서의 대화가 제시되고 수험자가 대화 상대자가 되어 대화를 완성하는 유형이다. 상황에 맞게 적절하게 반응할 수 있는가를 평가하는 문항 유형으로 대화와 함께 제시되는 사진이나 삽화, 자료를 통해 상황을 파악하고 답을 해야 한다. 일상적인 상황에서 흔히 이루어지는 대화를 완성하기 위해 마지막 질문에 답을 하거나 이어지는 여러 개의 질문에 모두 답을 하는 방식으로 제시된다.

두 사람이 아파트 놀이터에 설치할 운동 기구에 대해 이야기하고 있습니다. 남자의 마지막 말을 듣고 여자가 할 말로 대화를 완성해 보세요.

남자 우리 아파트 놀이터에 운동 기구를 설치할 거라고 하던데, 얘기 들었어요?
여자 네. 그런데 어린이 놀이터에 어른들 운동 기구가 있으면 좀 위험하지 않을까요? 어린 아이들이 잘못 사용하다가 크게 다칠 수도 있어요.
남자 그건 안내문을 설치하면 될 거 같은데요. 그럼 어떻게 하는 게 좋을까요?

자료 출처: https://www.topik.go.kr/

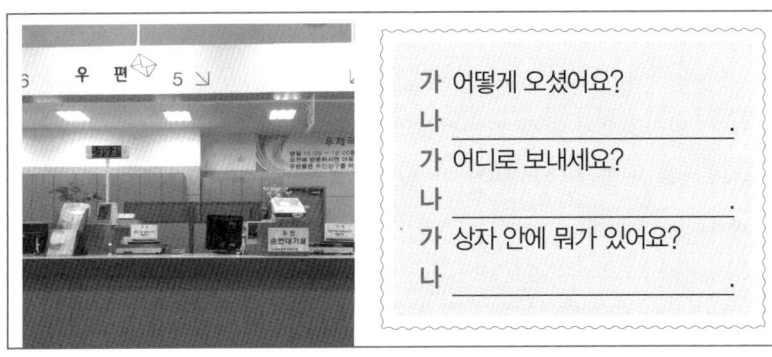

4) 그림 묘사하기/설명하기

사진, 삽화 등의 그림을 보고 묘사하거나 설명하는 유형이다. 그림에 제시된 정보를 있는 그대로 묘사하거나 상황에 맞게 정보를 구성하여 설명하는 문항이 있다. 약도 보고 길 안내하기, 그림 속 상황 묘사하기, 두 장의 그림을 비교하여 설명하기 등의 형식으로 제시된다.

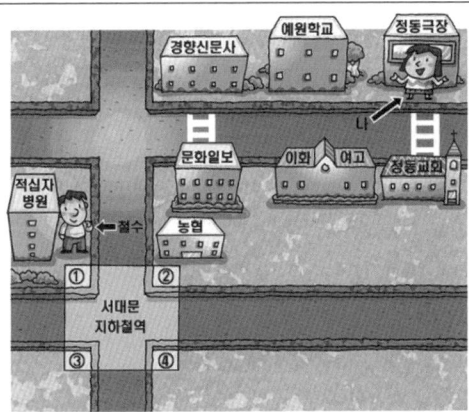

예시 다음 약도를 보고 질문에 대답하십시오.

당신은 철수 씨와 정동극장에서 연극을 보기로 했습니다.
철수 씨는 지금 적십자 병원 앞에 있는데 길을 몰라서 당신에게 전화했습니다. 당신은 정동극장에 있습니다. 철수 씨에게 정동극장까지 오는 방법을 이야기하십시오.

자료 출처: https://www.ybmkpe.co.kr/

5) 그림 보고 이야기 만들기

여러 컷의 그림을 보고 상황에 맞게 이야기를 구성하여 말하는 유형이다. 일반적으로 각각 기승전결의 사건을 나타내는 4컷의 그림이 제시되는 경우가 많다. 이야기를 상세하게 구성할 수 있도록 더 많은 그림이 제시되기도 한다.

민수 씨가 춤 경연 대회에 참가했습니다. 민수 씨에게 무슨 일이 있었는지 이야기하세요.

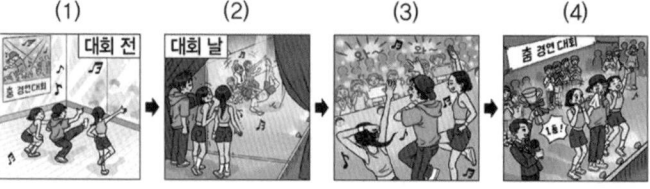

자료 출처: https://www.topik.go.kr/

6) 자료 보고 설명하기

도표, 그래프 등의 자료를 해석하여 설명하는 유형이다. 주로 고급 수준에서 사용되는 문항 유형으로 설문 조사 결과, 사회 현상의 변화 등을 보여 주는 통계 자료를 도표나 그래프로 제시한다. 수험자는 자료를 해석하고 그로부터 알 수 있는 사실이나 원인, 문제 해결 방안 등에 대해 말한다.

예시 다음 그래프를 보고 질문에 대답하세요.

다음은 1970년대 이후 한국의 인구 변화를 나타낸 그래프입니다. 이 그래프를 보고 알 수 있는 것은 무엇입니까? 그리고 이러한 변화가 사회에 어떤 영향을 미칠까요? 자신의 생각을 말하세요.

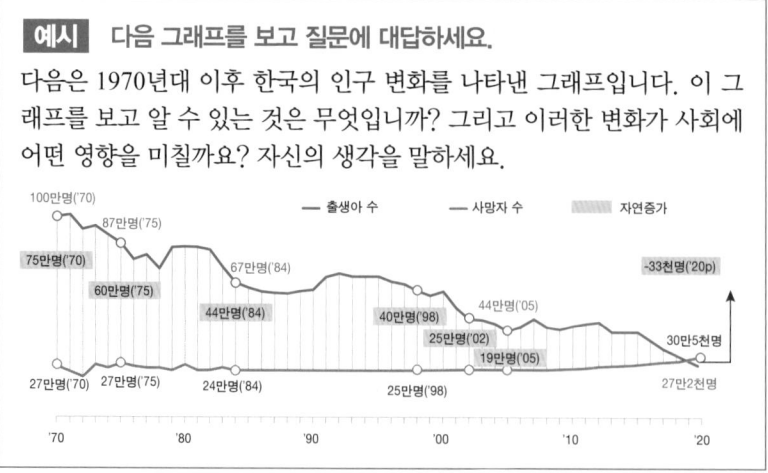

자료 출처: https://www.ybmkpe.co.kr/

7) 상황에 맞게 말하기

일상적인 의사소통 상황에서 필요로 하는 화행 능력을 측정하기 위한 유형이다. 주어진 상황에 맞게 상대에게 제안하기, 조언하기, 충고하기, 설득하기 등의 과제를 수행하게 한다. 상황을 설명하는 텍스트나 사진, 삽화 등을 제시하고 그것을 토대로 내용을 구성하도록 하거나 수험자 스스로 제안, 조언, 충고의 내용을 구성하여 말하게 할 수 있다.

예시 다음을 듣고 대답하십시오.

당신은 대학교를 졸업한 지 2년이 지났습니다.
당신은 그동안 연락을 드리지 않다가 매우 오래간만에 교수님께 전화를 합니다. 당신은 그동안 직장생활을 하고 있었는데 이번에 경영 대학원에 진학하려고 합니다. 대학원에 진학하려면 추천서가 필요하기 때문에 교수님께 추천서를 부탁하려고 합니다. 교수님께 전화해서 자신이 누구인지 이야기하고 추천서를 써 달라는 부탁을 하십시오.

자료 출처: https://www.ybmkpe.co.kr/

8) 의견 제시하기

어떤 주제나 사회적인 이슈가 되고 있는 문제에 대해 수험자 자신의 의견을 말하는 유형이다. 단순히 주어진 명제에 대한 의견 말하기, 문제 해결 방안 제시하기, 선호 표현하기, 찬반 의견 밀하기 등의 문항으로 제시되며, 그에 대한 근거를 함께 말하게 하는 경우가 많다.

> 리더는 자신이 속한 조직을 이끄는 사람입니다. 리더의 생각과 행동은 조직은 물론 그 조직에 속한 구성원 전체에게 영향을 미칩니다. 훌륭한 리더의 조건은 무엇이라고 생각합니까? 리더가 갖춰야 할 조건 두 가지와 그 근거를 말하십시오.
>
> ※ 리더: 조직이나 단체에서 전체를 이끌어 가는 위치에 있는 사람

자료 출처: https://www.topik.go.kr/

9) 토론하기

어떤 주제에 대한 의견을 듣고 그 내용에 대한 자신의 의견을 주장하는 유형이다. 의견 제시하기에서 수험자의 생각에 따라 찬성 또는 반대의 입장을 선택한 것과 달리 과제에서 제시한 입장이 되어 의견을 말하거나 반박하고 그에 대한 논거를 제시해야 한다는 차이가 있다. 고급 단계에 적절한 문항 유형으로 직접 평가에서는 평가자와 수험자, 수험자와 수험자가 각각 찬반 입장을 취하여 토론을 하기도 한다.

예시 다음은 무엇에 대한 의견입니까?

잘 듣고 그 입장에 반대하여 의견을 주장하십시오.
들은 내용에 대해 구체적으로 반박하십시오.

> 저는 안락사에 대해 찬성합니다.
> 무엇보다도 저는 환자가 고통을 견딜 수 없을 만큼 고통이 심해지면 스스로 자신의 생명을 결정할 수 있어야 한다고 봅니다.
> 한국에서는 고통이 심해도 인위적으로 생명을 단축시키는 행위는 처벌을 받게 되는 것이 현실입니다. 그러나 마음의 준비를 하고 편안하게 죽는 것을 바라는 환자들이 있다면 죽음을 선택할 수 있는 기회를 주어야 한다고 생각합니다.
> 또한 불치의 병을 치료하는 데에는 막대한 병원비가 들기 때문에 가족들에게도 정신적으로나 경제적으로 부담을 주게 됩니다.
> 게다가 환자가 끝내 숨을 거둔다면 남은 가족들은 가족을 잃은 슬픔과 더불어 경제적 어려움에 처하게 될 것입니다.
> 따라서 저는 경우에 따라 안락사를 허용해야 한다고 생각합니다.

자료 출처: https://www.ybmkpe.co.kr/

10) 발표하기

주어진 주제에 관하여 발표를 하는 문항 유형이다. 발표가 격식성을 요구하는 공식적인 말하기의 유형이기 때문에 주어진 상황에 맞게 격식을 갖추어 말을 해야 한다.

> **예시** 다음 자료를 보고 대답하시오.
>
> 당신은 여행하면서 사진을 찍는 동호회 회원 대표입니다. 회원들 앞에서 이번 여행 일정을 안내하고 여행 후 회원들이 해야 할 일을 설명하십시오. 다음의 일정표를 보고 인사말부터 시작해서 자연스럽게 설명하십시오.
>
> | 아름다운 강화 마을 사진 여행 | |
> |---|---|
> | 일시 | 2018. 10. 28(토) |
> | 출발 장소 및 교통편 | 신촌 터미널 옆/관광버스 대절 |
> | 촬영지 | 강화도(낙조마을) |
> | 참가비 | 회원 1인 무료, 동반자 10,000원(최대 2인 동반 가능) |
> | 모집 인원 | 선착순 30명 |
> | 준비물 | 카메라, 필름 |
>
> ※ 촬영 후 1인당 5점씩 협찬사(가나 여행사)에 작품 제출 필수(협찬사 관광 안내 책자 제작용)
>
> 자료 출처: https://www.ybmkpe.co.kr/

4. 국내외의 말하기 평가

4.1. 한국어 말하기 평가

최근 구어 의사소통능력의 중요성이 커지면서 한국어 숙달도 평가에서도 말하기 평가를 도입하고 있다. 한국어 말하기 평가에는 한국어능력시험 말하기 평가(TOPIK Speaking), 세종한국어평가(Sejong Korean Language Assessment: SKA), KPE 한국어능력시험(Korean Proficiency Examination:

KPE)이 있다.

한국어능력시험 말하기 평가는 국립국제교육원이 주관하는 시험으로 외국인 유학생과 국내에 체류 중인 외국인을 선발과 관리에 활용하는 것을 목적으로 한다. 한국어능력시험(TOPIK)과 별도로 선택 응시가 가능하며 인터넷 기반 시험(IBT) 방식으로 운영된다.

세종한국어평가는 세종학당재단이 주관하는 시험으로 한국어를 모국어로 사용하지 않는 재외동포와 외국인을 위한 실용 한국어 능력 시험이다. 초급(SAK1)과 중급(SKA2)으로 구분되며 각각 6문항으로 구성된다. 컴퓨터 기반 시험(CBT) 방식으로 운영된다.

KPE(Korean Proficiency Examination)는 연세대학교 한국어학당에서 출제하고 YBM이 주관·시행하는 시험이다. 국내에서 유학 및 취업을 희망하는 외국인, 재외동포의 한국어 수행 능력 평가를 목적으로 하며, 컴퓨터 기반 시험(CBT) 방식으로 운영된다.

이 중 공개되어 있는 말하기 평가의 문항 구성은 다음과 같다.

<표 7-3> 한국어 말하기 평가의 문항 구성

평가 구분	한국어능력시험	KPE 한국어능력시험
문항 수	6문항	10문항
문항 유형	• 질문에 대답하기 • 그림 보고 역할 수행하기 • 그림 보고 이야기하기 • 대화 완성하기 • 자료 해석하기 • 의견 제시하기	• 질문에 대답하기 • 그림을 보고 설명하기 • 질문하기 • 설명하기 • 문제 해결하기 • 연속된 그림 보고 이야기하기 • 의견 말하기 • 도표나 그래프 보고 말하기 • 발표하기 • 토론하기
소요 시간	약 30분	약 30분

4.2. 외국어 말하기 평가

외국어 말하기 평가는 한국어 말하기 평가에 비해 이른 시기에 도입되어 다양한 평가 도구가 개발되어 있다. 영어는 학습자의 수가 많은 만큼 개발 국가, 주관 기관, 목적 등에 따라 평가 도구가 세분화되어 있다는 특징이 있다. OPI(Oral Proficiency Interview)는 1:1의 면대면 인터뷰 방식으로 진행된 말하기 평가로 실생활에서 사용할 수 있는 언어 기술의 측정을 목적으로 한다. 직접 평가의 특성상 대규모 평가를 시행할 수 없기 때문에 이러한 점을 보완하기 위해 OPI를 인터넷 기반 시험 방식으로 변형한 OPIc를 개발하여 함께 시행하고 있다. OPIc는 사전 조사(background survery)를 통해 개인의 수준에 맞는 맞춤형 문제를 제시하며, OPI와 같이 실제 인터뷰에 가까운 방식으로 시험이 진행되는 것이 특징이다. OPI와 OPIc는 영어 외에도 중국어, 러시아어, 스페인어, 한국어, 일본어, 베트남어까지 7개 언어에 대한 말하기 능력 평가를 제공하고 있다.

이와 달리 TOEIC 말하기와 TOEFL 말하기 평가는 인터넷 기반 평가로 미국 ETS사에서 주관하는 시험이다. TOEIC 말하기는 일상생활이나 업무 상황에서의 의사소통 능력을 측정하는 시험이며, TOEFL 말하기는 영어권 대학에서의 수학 능력을 측정하기 위한 시험이라는 차이가 있다. TOEIC 말하기는 문장 읽기, 사진 묘사, 듣고 질문에 답하기, 제시된 정보를 사용하여 질문에 답하기, 해결책 제안하기, 의견 제시하기의 6가지 문항 유형으로 총 11문항이 제시된다. TOEFL 말하기는 친숙한 주제에 대한 의견이나 경험을 말하는 독립형 과제 2문항, 학교생활과 수업과 관련된 자료를 읽거나 듣고 요약하여 말하는 통합형 과제와 듣고 말하기 과제 각각 2문항으로 총 6문항이 제시된다.

IELTS 말하기 평가는 영국문화원과 호주 IDP, IELTS Australia and Cambridge Assessment English가 공동으로 주관하는 시험이다. IELTS는 영국, 호주, 뉴질랜드, 캐나다 등에서의 취업 비자나 이민 비자 취득, 학부 전 단계의 진학을 위한 IELTS General Training 모듈과 영미권 국가의 학부, 대학원 진학을 위한 IELTS Academic 모듈로 구성되는데, 말하기는 이 둘을 구분하지 않는다. 직접 평가 방식으로 진행되며 취미, 직업, 전공 등의 개인적 질문에 답하기(Part 1), 제시된 주제에 대해 말하기(Part 2), 의견 말하기(Part 3)의 세 가지 과제가 제시된다.

영어 말하기 평가 도구 외에도 중국어 말하기 평가 도구인 HSKK, TOCFL, TSC, 일본어 말하기 평가 도구인 SJPT가 있다. HSKK는 중국 정부 기관에서 주관하는 대표적인 중국어 시험으로 실생활에서의 중국어 말하기 능력 평가를 목표로 한다. 초급, 중급, 고급으로 나뉘어 있으며, 각 등급별 시험은 듣고 따라 말하기, 듣고 대답하기, 질문에 대답하기의 세 개 영역으로 이루어지며 초급 27문항, 중급 14문항, 고급 6문항이 제시된다. 중국어 말하기 시험은 그 외에도 대만 교육부 산하 기관에서 개발한 말하기 시험으로 주로 대만의 대학(원) 진학을 위한 TOCFL(Test of Cinese as A Foreign Language), YBM사에서 개발한 중국어 말하기 시험 TSC(Test of Spoken Chinese) 등이 있다.

SJPT(Spoken Japanese Profeciency Test)는 일본어 말하기 능력을 측정하기 위해 국내 YBM에서 개발하여 주관하는 시험이다. 컴퓨터 또는 모바일 기반 시험으로 진행되며 자기소개하기, 그림 보고 답하기, 대화 완성하기, 일상적인 화제에 대해 간단히 답하기, 의견 제시하기, 상황에 맞게 말하기, 이야기 구성하기의 7가지 문항 유형으로 총 26문항이 제시된다.

그 외에도 독일어 말하기 평가 도구인 GZ(Goe the - Zertifikat)와 TestDaF(Test Edutsch als Fremdsprache), 프랑스 말하기 평가 도구인 DELF/DALF와 TCF(Test de Connaissance du Français), TEF(Test d'évaluation de français), 스페인어 말하기 평가 도구인 DELE(Diploma de Espanol como Lengua Extranjera) 등이 있다.

5. 말하기 채점

일반적으로 좋은 평가 도구는 신뢰도, 타당도, 실용성의 세 가지 요건을 갖추어야 한다. 이중 신뢰도는 평가 도구가 측정하고자 하는 것을 얼마나 정확하게 측정할 수 있는가 하는 것이다. 이는 다시 같은 수험자에게 같은 조건으로 여러 차례 시험을 보도록 했을 때에 같은 결과를 얻을 수 있는가를 보는 시험 신뢰도와 채점의 일관성을 보는 채점 신뢰도로 나뉜다. 이 중 채점 신뢰도는 채점 기준이 평가 목표와 구인을 얼마나 체계적으로 적용하여 마련하고 있는가와 채점자들이 잘 훈련되었는가에 의해 좌우된다. 이 장에서는 말하기 채점의 기준과 채점자 훈련에 대해서 살펴보기로 하겠다.

5.1. 채점 기준

채점 기준을 마련하기 위해서는 먼저 채점 방법에 대한 고려가 필요하다. 말하기 평가의 채점 방법은 총괄적 채점과 분석적 채점으로 나눌 수 있다. 총괄적 채점은 평가 구인에 따라 채점 기준을 상세화하지 않고 채점자가 수험자의 전반적인 말하기 능력을 종합적으로 평가를 하는 방식이다. ACTFL의 OPI의 채점 방식이 해당되는데, 초보 단계(Novice Level)에서부터 최상급 단계(Superior Level)까지 총 10단계의 등급 체계에 따라 채점을 한다. 다음은 그중 초보 단계의 등급 기준을 제시한 것이다.

> 초보 단계는 학습된 자료로 최소한의 의사소통을 할 수 있는 능력이 특징입니다. 화자는 주로 인사나 자주 듣는 표현, 색깔, 구성원, 요일, 월, 의류 등과 같이 수업에서 배운 정해진 어휘 목록같이 단어와 구로 정형하되거나 암기된 발화를 사용하여 대화 상대자가 주도하는 대화에 반응한다.

평가자는 수험자와 인터뷰를 하면서 위의 기준에 따라 수험자의 말하기 능력을 평가하게 된다. 이러한 채점 방식은 평가자가 수험자의 말하기 능력을 세부적으로 평가하지 않고 전체적인 인상을 평가하게 되기 때문에 수험자의 말하기 능력을 상세히 측정하기가 어렵다. 또한 매우 숙련된 채점자가 아니면 신뢰할 만한 채점을 하기도 쉽지 않다. 이와 달리 분석적 채점은 내용, 어휘, 문법, 발음 등과 같이 평가 구인을 나누고 각각에 대해 점수를 부여하여 합산하여 최종 점수를 산출하는 방식이다. 총괄적 평가와 달리 수험자의 말하기 능력에 대한 세부적인 측정이 가능하다.

한국어 말하기 평가에서는 주로 분석적 채점 방식에 따라 평가 구인을 설정하고 각 구인의 개념을 규정하여 무엇을 평가의 기준으로 삼을 것인지를 구체화하는 방식을 취하고 있다. 다음은 분석적 채점 방식에 따른 채점 기준의 예이다.

<표 7-4> 말하기 채점 기준 예시

평가 구인 채점 척도	내용 조직	표현	전달
3	과제가 요구하는 내용을 상세하게 말하며 담화 내용이 긴밀하게 연결되어 있다.	주제에 맞는 어휘와 문법을 다양하게 사용하며 오류가 거의 없다.	발음이 정확하고 억양이 자연스러우며, 발화 속도가 적절하다.
2	과제가 요구하는 내용을 어느 정도 말하며 담화 내용이 비교적 잘 연결되어 있다.	주제에 맞는 어휘와 문법을 어느 정도 사용하며 오류가 종종 나타난다.	정확하지 않은 발음이 간혹 있고 억양이 다소 부자연스러우며, 발화 속도가 약간 느리다.
1	과제가 요구하는 내용을 부분적으로 말하나 담화 내용이 긴밀하게 연결되지 않는다.	단순한 어휘와 문법을 반복적으로 사용하며 오류가 빈번하다.	대부분의 발음이 정확하지 않고 억양이 상당히 부자연스러우며, 발화 속도가 상당히 느리다.
0	과제가 요구하는 내용을 전혀 말하지 못한다.	어휘나 문법 사용에 오류가 많아 의사소통을 할 수 없다.	발음이 정확하지 않고 억양이 매우 부자연스러워 전혀 알아들을 수 없다.

〈표 7-4〉에 따르면 평가의 구인은 내용 조직, 표현, 전달의 세 가지이며, 각 구인은 다음을 구체적인 평가 내용으로 삼는다.

» 내용 조직: 과제 수행력, 담화 내용의 긴밀성
» 표현: 어휘와 문법의 적절성, 다양성, 정확성
» 전달: 발음의 정확성, 유창성

내용 조직에서는 수험자가 주어진 과제를 잘 수행하고 있는가를 평가하는 범주로 주로 내용 조직에 초점이 맞춰져 있다. 과제가 요구하는 내용을 상세하게 말하며 담화를 긴밀하게 연결할 수 있는가를 기준으로 삼아 점수를 부여하게 된다. 표현은 어휘와 문법 사용 능력을 평가하는 범주이다. 발화 주제에 적절한 어휘들을 얼마나 풍부하고 다양하게 사용하는지, 그리고 오류 없이 사용하는지가 채점의 기준이 된다. 전달은 주로 발음과 자연스러운 억양, 발화 속도에 초점이 맞추어져 있는 평가 범주이다. 발음의 정확성과 유창성이 채점의 기준이 된다.

이론적으로 타당하면서도 신뢰할 만한 채점 기준을 만드는 것은 생각처럼 쉬운 일은 아니다. 잘 만들어진 채점 기준이라고 해도 실제 채점 과정에서 세부적으로 고려해야 할 사항들이 많기 때문이다. 이는 실제 채점을 위한 세부적인 지침을 마련함으로써 해결해 나갈 수 있다.

5.2. 채점자 훈련

채점 신뢰도를 높이기 위한 요건 중 하나로 앞에서 타당한 채점 기준을 설정해야 함을 살펴보았다. 채점 신뢰도에 영향을 미치는 또 하나의 요인은 채점자이다. 채점자가 채점 기준에 따라 얼마나 일관성 있게 채점을 하느냐에 따라 채점 신뢰도가 높을 수도 있고 그렇지 못할 수도 있다. 채점자 신뢰도는 채점자 내 신뢰도와 채점자 간 신뢰도로 구분된다. 채점자 내

신뢰도는 한 명의 채점자가 얼마나 일관성 있게 채점을 하였는가를 나타낸다. 채점 기준이 있다고 하더라도 많은 양의 채점을 장시간 해야 한다면 시간이 지남에 따라 기준이 흔들리기 마련이다. 숙련되지 못한 채점자일수록 그럴 가능성이 큰데 이를 최소화하기 위한 노력이 필요하다. 채점자 간 신뢰도는 다수의 채점자들이 동일한 기준을 적용하여 일관성 있게 채점을 하였는가를 나타낸다. 대규모 시험에서는 많은 채점자들이 채점을 하기 때문에 이들 간의 차이를 좁히는 것이 매우 중요하다.

 이를 위해 채점자 훈련이 실시된다. 채점자 훈련은 채점자들이 채점 기준을 숙지하고 채점하게 될 문항의 특성을 고려한 세부 지침을 마련하는 것을 목적으로 한다. 모의 채점을 통해 각 문항을 채점하기 위해 다수의 채점자가 함께 합의해야 할 쟁점을 찾아내고 그에 대해 논의하면서 세부적인 채점 기준을 마련하게 된다. 전문성을 갖춘 채점자를 얼마나 확보하는가가 채점의 신뢰도로 이어진다는 점에서 채점자 훈련은 좋은 문항을 개발하는 것만큼이나 중요하다고 할 수 있다.

나가기

» 〈들어가기〉에서 제시한 학습자의 음성 녹음을 다시 듣고 다음 기준에 따라 채점을 해 보자.

평가 영역	평가 척도	매우 부족	부족	보통	좋음	점수
내용 조직	과제 수행력	0	1	2	3	
	담화의 긴밀성	0	1	2	3	
표현	적절성	0	1	2	3	
	다양성	0	1	2	3	
	정확성	0	1	2	3	
전달	정확성	0	1	2	3	
	유창성	0	1	2	3	
총점:				점		

» 동료들과 평가 결과를 비교해 보고 토론해 보자.

1) 점수 차가 얼마나 납니까? 점수 차이가 크다면 그 이유는 무엇인가?

2) 어떤 평가 영역에서 점수 차이가 컸습니까? 그 이유는 무엇인가?

3) 이러한 차이를 줄이려면 어떻게 해야 할까?

제8장
쓰기 교육론 개관

들어가기

» 지금까지 어떤 글을 가장 많이 썼는지 생각해 보자. 어제 무엇을 썼는가? 오늘 이 시간 이후에 무엇을 쓰려고 하는가? 쓴 것을 다른 사람과 비교해 보며 '쓰기'란 무엇인지 이야기해 보자.

1. 쓰기의 개념

언어 사용의 가장 큰 목적은 의사소통이다. 인간은 다른 사람과의 의사소통을 위해 듣고 말하고 읽고 쓴다고 해도 과언이 아니다. 그런데 언어의 네 가지 기능, 즉 듣기, 말하기, 읽기, 쓰기 중에서 가장 학습하기 어려운 것이 쓰기라고 할 수 있다. 모어 화자의 경우도 말은 쉽게 할 수 있지만 누구나 다 글을 잘 쓸 수 있는 것은 아니다. 우리는 말로 된 음성 언어를 기호로 된 문자 언어로 옮겨 놓으면 그대로 쓰기가 된다고 생각하는 경향이 있다. 그러나 말하기와 쓰기는 우리가 생각하는 것과 상당히 다르다. 쓰기는 앞서 살펴본 바와 같이 복잡성, 처리 제약 조건, 동시성 등에 있어서 말하기와 매우 다른 특성을 지닌다.

그렇다면 '쓰기(writing)'란 무엇일까? 쓰기의 개념을 한 마디로 정리하는 것은 그리 쉬운 일이 아니다. 공책에 이름을 적는 것도 '쓰기'이고 한 편의 신문기사를 작성하는 것도 '쓰기'이며 시를 짓는 것도 '쓰기'라고 할 수 있다. 이러한 일련의 행위들의 공통점을 살펴보면, 문자 언어를 사용하여 소통을 하는 행위로 볼 수 있다. 이름을 써서 자신의 것임을 알리고 기사를 작성하여 자신의 의견을 펼치고 창조적으로 자신의 생각이나 감정을 표현하는 것은 독자가 자신이든 다른 사람이든 소통을 전제로 한다는 것을 알 수 있다.

우리는 보통 '쓰기'라고 하면 설명문이나 논설문 같은 한 편의 완성도 높은 글을 떠올린다. 그러나 일상생활의 쓰기 영역에서는 휴대전화 문자 메시지 보내기, 할 일 메모하기, SNS에 댓글 달기 등이 자주 나타나 설명문, 논설문, 소설 같은 긴 호흡의 묵직한 쓰기와 꽤 상이한 양상을 보인다.

진대연(2005:76)에서는 쓰기를 음성 언어의 단순한 표기에서부터 학위 논문의 작성이나 예술 작품의 창작에 이르기까지 그 범위를 넓게 상정할 수 있다고 하였다. 그러므로 쓰기를 올바로 이해하려면 문자 체계, 문식성, 텍스트성, 장르 이론, 인지 과정, 학습 및 사용 맥락 등 '문자–글–쓰기'의 다양한 측면을 고루 살펴야 한다고 주장한다. 한편, 쓰기를 글짓기(composing)나 작문(composition)과 같은 것으로 간주하여 좁게 보기도 한다. 그럴 경우 교육현장에서 나타나는 한글 자모를 익히기 위한 문자 쓰기, 문법 연습에서 사용하는 문장 쓰기, 일상생활에서 자주 하는 메모하기, 휴대전화 문자 보내기 등은 쓰기의 영역에 들어가지 못한다. 따라서 외국어를 포함한 언어 기능 습득 단계에서의 쓰기는 자모를 정확하게 쓰는 것에서부터 궁극적으로 자신의 느낌이나 생각, 정보 등을 문자로 자유롭게 표현하는 것까지를 모두 포함하는 것이라고 할 수 있다(김선정 외 2010:152).

2. 쓰기 교육의 필요성

쓰기는 다른 언어 기능에 비해 학습이 어렵고 그 효과 또한 더디게 나타나 학습자와 교사 모두에게 부담스러운 영역이다. 한국어 지식이 부족하고 사용이 능숙하지 못한 외국인 학습자에게 쓰기는 더욱 어렵고 지루하게 느껴질 수 있다. 쓰기는 활동에 소요되는 시간이 길고 지속적인 오류 수정과 다시 쓰기를 반복해야 하기 때문에 교사 역시 쓰기 수업에 부담을 가지게 된다. 그러나 다음과 같은 이유에서 쓰기 교육은 꼭 필요하다고 할 수 있다.

첫째, 쓰기는 학습에 큰 영향을 주는 요소이다. 인지 심리학에서는 쓰기를 학습의 한 부분으로 보고 그 가치를 높이 평가한다. '배우기 위해 쓰기(write to learn)'는 사회적 맥락에서 언어를 사용하여 상호 작용함으로써 지식과 기술을 습득하게 된다는 사회적 구성주의와 관련이 있다. Vygotsky는 쓰기 과정이 학습자가 다음 수준의 발달 단계로 나아갈 수 있도록 도와준다고 보았다. 쓰기를 학습 방식(learning mode)의 하나로 본 것이다(최연희 편 2009:103). 쓰기는 넓은 의미에서 학습 자체에 중요한 부분이다. 외국어 학습에서도 학습자들은 쓰기를 통해 문법적 구조나 어휘 등을 사용할 수 있는 기회를 갖게 된다. 또한 글의 내용과 형식을 고려하여 글을 쓰면 논리성, 창의성 등이 계발되고 적절한 문법, 어휘, 표현 등을 선택하는 과정에서 언어 또한 발달하기 때문에 효과적인 쓰기 교육은 필수적이라고 할 수 있다.

둘째, 시대가 변화면서 그 요구가 점차 커지고 있다. 인터넷, IT, AI 등의 발달로 세계는 급속히 4차 산업혁명을 맞이하고 있다. 기술의 발달로 휴대전화 문자 메시지나 채팅 등 문자 언어를 사용하여 대화를 하거나 이메일 등의 문서를 주고받는 일이 일상생활에서 주요한 역할을 하게 되었다. 이러한 변화는 쓰기를 새롭게 바라보는 계기가 되었다. 수정과 퇴고의 과정을 거치는 시간이 오래 걸리는 쓰기에서 단시간에 빨리빨리 필요한 의사소통을 해야 하는 쓰기로 그 쓰임이 바뀌고 있어 이전에 비해 쓰기의 필요성이 크게 강조되고 있다.

셋째, 쓰기에 사용되는 문자 언어는 음성 언어와 여러 가지 측면에서 차이가 난다. 문자 언어는 음성 언어에 비해 복잡한 구문과 어려운 어휘가 더 많이 사용된다. 복문이나 긴 명사구 등이 많이 쓰이고 고급으로 갈수록 한자어가 많이 사용되고 어휘 밀집도 또한 높다. 그리고 반복된 표현이나 표정, 몸짓 등의 잉여 정보가 더 적어 내용이 압축적이다(허용 외 2005: 382–

383). 말에서는 문법적으로 좀 틀리게 말하거나 반복해서 말해도 표정, 억양, 몸짓 등으로 상호 작용이 일어나 의사가 자연스럽게 전달된다. 그러나 글에서는 필자와 독자가 시간적으로나 공간적으로 떨어져 있어 바로바로 의사소통이 되기 어렵기 때문에 필자는 형식적, 내용적으로 완결성을 지닌 문자 언어를 제시해야 한다. 이렇게 문자 언어의 특성을 지닌 쓰기는 이에 대한 특별한 교육이 필요하다.

넷째, 모국어 쓰기와 외국어 쓰기는 다를 수 있다. 사람들은 보통 모국어 쓰기 능력이 우수하면 외국어 쓰기 능력도 우수할 거라고 생각한다(최연희 편 2009:19). 이러한 견해는 언어만 다를 뿐 쓰기라는 능력을 같은 것으로 보는 것이다. 그러나 외국어로 쓰기를 수행한다는 것은 모국어로 쓰기를 할 때와 여러 가지 측면에서 다르다. 우선 쓰기를 배우는 시기에서 차이가 난다. 보통 모국어 쓰기 학습은 대부분 5-7세 사이에 학교 교육에서 본격적으로 시작된다고 할 수 있다. 그러나 외국어 쓰기는 모국어 쓰기 학습이 이루어진 후 시작된다. 둘째, 외국어 쓰기에서는 언어 능력이 제한적이다. 모국어에서의 쓰기가 그대로 외국어 쓰기에도 적용이 되면 좋겠지만 유창성, 문법성, 어휘의 다양성 등에서 그 능력이 부족하고 제한적이기 때문에 외국어 쓰기에서는 이를 표현하기 어렵고, 이런 것들을 모국어로 생각하다 보면 쓰기의 흐름이 끊기는 경우가 많다. 마지막으로 언어마다 문화나 사고방식이 상이하여 목표어의 담화공동체가 사용하는 글쓰기 관습이 다르다는 것도 모국어 쓰기와 큰 차이라 할 수 있다. 우선 언어권별로 선호하는 글의 구성 방식(rhetorical patterns)이 다르다. Kaplan(1966)[1]은 언어권에 따라 글의 구성 방식이 다르다고 했다. 그는 다양한 모국어를 가진 학생들의 영작문을 분석한 결과, 각 언어나 문화에 따라 선호되는 글의 구성 방식이 있다는 것을 밝혔다. 영어권 학생들은 논점을 직접 제시하는 반면, 동양어

---

1 Kaplan(1966)은 학습자들의 모국어에 따라 글을 구성하는 방법에 어떤 경향이 있음을 다음과 같이 연구하였다. 물론 그의 도식과 결론은 지나치게 단순하고 일반화된 것이라는 비난도 있다.

권 학생들은 논점을 돌려서 간접적으로 제시하는 글의 구성을 선호했는데 그는 이것을 모국어 쓰기의 영향으로 보았다.

글의 구성 방식뿐만 아니라 논거를 제시하는 관습도 언어권별로 다른데 조인옥(2014:130)은 한국어 논설문과 중국어 의론문의 논거 내용을 연구한 결과, 같은 논거라도 중국어 담화공동체 독자에게는 자연스럽게 받아들여질 수 있는 논거가 한국어 담화공동체 독자에게는 어색하고 논리에 맞지 않는 것으로 받아들여진다고 하였다. 이를 통해 어휘, 문법의 정확성이 글의 완성도를 떨어뜨리는 것이 아니라 글의 내용, 언어에 따른 사고방식의 차이가 글의 평가에 영향을 미친다고 하였다. 그러므로 학습자들이 목표어의 담화공동체가 사용하는 글쓰기의 관습을 인지하고 학습할 수 있게 지도하는 것이 필요하다.

3. 쓰기 교육의 흐름

쓰기를 바라보는 관점과 쓰기 교육은 밀접한 관계를 맺고 있다. 쓰기가 수행되는 상황에서 어떤 측면을 강조했느냐에 따라 쓰기 교육에서 중점을 둔 부분이 다르기 때문이다. 이러한 관점은 크게 형식적 관점, 인지적 관점, 사회적 관점으로 나뉜다.[2]

1950년대 이전에 쓰기 교육에 활발한 영향을 미친 형식적 관점은 텍스트를 구성하고 있는 객관적인 요소를 강조했다. 형식적 관점은 쓰기를 문자 언어를 사용하여 지식을 전달하는 행위로 보았으므로 필자가 주관적으

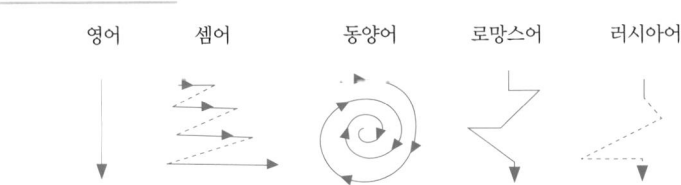

[그림 8-1] 언어권별 글의 구성 방식(Kaplan 1966:14)

2 송향근 외(2016:244-246)을 바탕으로 정리하였음.

로 개입하거나 상황을 통해 추론하는 것을 배제하는 것이 옳다는 입장이다. 이후 1960년대 중반부터는 인지심리학의 발달로 필자가 쓰기를 수행하는 과정에 관심이 모아졌다. 인지적 관점으로 불리는 이 관점은 특히 필자의 인지적 측면을 강조하였다. 필자가 글을 쓸 때 필자 내부에서 이루어지고 있는 정신적 과정에 관심을 두었다. 쓰기를 단순히 의미를 나열하는 것으로 보지 않고 필자가 자신의 배경지식을 활용하여 의미를 재구성하는 행위로 보았다. 그러므로 텍스트를 구성하고 있는 객관적인 요소보다는 필자의 의미 구성 행위를 중요시하였다. 그러나 1980년대에 들어, 이러한 인지적 관점은 쓰기 행위를 필자의 개인적 행위로만 파악하려고 했다는 점, 필자의 정의적 측면을 간과했다는 점에서 공격을 받는다. 쓰기라는 행위가 이루어지는 상황을 살피지 않았다는 것이다. 인지적 관점에서는 텍스트가 어떻게 생성되는지는 설명할 수 있었지만 텍스트가 독자에게 어떻게 받아들여지는지에 대해서는 해답을 주지 못했다. 이에 대한 비판의 형태를 띠며 사회적 관점이 대두하게 된다. 사회적 관점은 쓰기 상황을 구성하고 있는 요소들 간의 상호작용을 강조한다. 사회적 관점에서는 글을 쓰는 행위가, 필자, 독자를 포함한 담화공동체 구성원들 간의 상호작용으로 형성된다고 본다. 따라서 사회적 관점은 필자 개인보다는 필자를 둘러싸고 있는 상황, 다시 말해 독자의 영역을 강조하는 것으로 볼 수 있다.

쓰기 교육은 '형식', '필자', '독자'를 중심으로 변화했으며[3] 각각의 한계점이 보완되고 발전되어 현장 쓰기에 적용되었다. 그런데 이러한 쓰기를 바라보는 관점의 변화는 언어교수법의 변화와도 맞물려 있다.

문법번역식 교수법은 고전적 교수법(Classical Method)으로도 불린다. 고대어인 라틴어와 희랍어를 가르칠 때 많이 이용되었는데 외국어로 된 문학 작품을 읽고 이해하는 데 도움을 주기 위한 목적으로 사용되었다. 그러

---

[3] 강현화·원미진(2017:213-217)에서는 Hyland(2016)의 3가지 관점을 바탕으로, 쓰기 교육의 흐름을 텍스트 지향 쓰기 교육, 필자 지향 쓰기 교육, 독자 지향 쓰기 교육으로 정리하였다.

므로 말하기, 듣기와 같은 구어 기능보다는 읽기, 쓰기와 같은 문어 기능을 강조하였다. 특히 학습자들이 각 언어를 다른 언어로 번역할 수 있으면 외국어 학습에 성공했다고 여겼다. 목표어의 모든 단어들을 모국어에서 찾아낼 수 있다고 생각했으며 목표어로 쓰인 문헌을 읽어내기 위해 문법 규칙, 어휘에 대한 학습이 필요하다고 보았다. 그러므로 문법번역식 교수법에서의 쓰기는 읽기 텍스트 번역이나 문법/어휘 연습의 보조 수단으로 사용되는 경우가 많았다. 본격적인 쓰기 활동의 경우, 교사가 학습자들에게 목표어로 작문할 주제를 제시하는데 그 주제는 단원의 읽기 단락과 관계가 있는 것이 대부분이며 가끔 읽기 단락을 요약하는 경우도 있다. 그러나 문법번역식 교수법은 목표어를 사용하는 법을 배우는 것이 아니라 목표어에 대해(about the target language) 배우는 것이므로 쓰기를 통한 의사소통이 이루어졌다고 보기 어렵다.

문법번역식 교수법이 학습자들이 목표어를 사용하여 의사소통하는 데에 별로 효과적이지 못했으므로 20세기 초, 처음부터 말하기, 듣기를 목표어로 직접 가르쳐야 한다는 직접 교수법이 유행하게 되었다. 직접 교수법은 어떤 번역도 허용되지 않는다는 전제 하에 모국어로 번역 과정을 거치지 않고 의미가 직접 목표어로 연결되어야 한다는 점을 강조하였다. 번역을 하지 않고 그림, 사진, 실물 등의 시각자료를 이용하여 예시하며(demonstrate) 목표어를 가르쳤는데 말하기, 듣기 연습을 통해 의사소통 능력이 계발된다고 보았다. 읽기, 쓰기보다는 말하기, 듣기가 더 강조되었기 때문에 쓰기의 경우 큰 관심을 받지 못했다. 따라서 직접 교수법에서는 받아쓰기(dictation)나 단락 쓰기(paragraph writing) 수준의 쓰기가 이루어졌다.

20세기 중반 말하기 교육을 강조한 청각구두식 교수법이 등장하게 된다. 이는 문어 기능을 강조한 문법번역식 교수법보다는 구어 기능을 강조한 직접 교수법과 맥을 같이 한다고 볼 수 있다. 청각구두식 교수법은 구조주의 언어학과 행동주의 심리학에 근간을 둔 교수법으로 최소대립어를 이용한 발음 연습, 문법 사항을 점검하는 문형 연습, 말하기 위주의 대화 연습이 주를 이루며 진행되었다. 말하기, 듣기를 중요시하였기 때문에 쓰기의 역할은 크게 중요하게 다루어지지 않았다. 쓰기는 베껴 쓰기, 어휘/문법 빈칸 채우기, 읽기 이해 문제를 확인하는 등의 경미한 차원에서 다루어졌다.

이러한 청각구두식 교수법은 이론적으로는 Chomsky의 변형생성문법 이론에 공격을 받으며, 실제적으로는 기계적 연습이 매우 지루하다는 것과 배운 것이 교실 밖 의사소통 상황으로 이어지지 못한다는 때문에 쇠퇴하기 시작했다. 이에 대한 각성으로 의사소통 교수법(CLT)이 등장하게 되었다. 의사소통 교수법은 의사소통 능력을 계발하는 것을 언어교육의 목표로 삼았다. 의사소통 교수법은 언어의 형태보다는 그 형태가 지닌 기능을 중요시하였다. 다시 말해, 사회적 상황에서 문제를 해결할 수 있는 능력에 비중을 두어 처음부터 언어의 4가지 기능을 함께 교육하였다. 그렇게 때문에 실제적인 언어자료(authetic language materials)를 사용해야 한다고 주장했다. 이는 쓰기 교육에도 영향을 미쳐 쓰기를 사회적 상황에서 사회적 역할을 할 수 있는 의사소통의 수단으로 보고, 언어 자체보다는 언어 사용에 초점을 두고 쓰기 교육이 이루어졌다. 응집성, 응결성을 기반으로 하는 담화 능력, 광고문, 편지, 신청서, 보고서 작성 등의 실제적인 쓰기 수행 등을 강조하였다.

이외에도 침묵교수법, 전신반응교수법, 암시적 교수법, 자연적 교수법 등이 있었지만 이런 교수법에서 쓰기 교육은 크게 강조되지 않았다.

4. 쓰기 교육의 목표

한국어 학습자를 위한 쓰기 교육의 목표는 문자 언어를 통해 의사소통 능력을 향상하는 데 있다. 그러나 이러한 교육 목표는 교육 기관, 교육 목적, 교육 대상에 따라 차이가 있을 수 있다. 여기에서는 숙달도, 학습 목적, 학습 대상에 따른 쓰기 교육의 목표를 살펴보고자 한다.

4.1. 숙달도에 따른 쓰기 교육의 목표

'한국어 표준 교육과정'[4]에서는 등급별 쓰기의 목표 및 성취기준을 다음과 같이 제시하고 있다. 의사소통 상황과 기능을 중심으로 쓰기의 목표가 제시되고 있으며, 소재, 상황, 담화 유형, 담화 구조, 기능과 같은 상세한 사항이 성취기준으로 기술되어 있다.

<표 8-1> '한국어 표준 교육과정'의 등급별 쓰기 목표 및 성취기준
(문화체육관광부고시 제2020-54호)

등급	목표 및 성취기준
1급	일상에서 자주 접하는 소재의 글을 쓸 수 있으며, 간단한 메시지의 작성이나 교환 등 기초적인 의사소통 기능을 수행할 수 있다.
	1. 일상적이고 구체적인 소재에 대한 글을 쓸 수 있다. 2. 개인적 상황에서 사용되는 최소한의 글을 쓸 수 있다. 3. 사실이나 생각을 간단한 문장으로 쓸 수 있다. 4. 간단한 메모를 하거나 몇 문장 수준의 문단을 쓸 수 있다. 5. 자음과 모음의 결합을 통해 글자를 구성할 수 있고, 맞춤법에 맞는 문장을 쓸 수 있다.
2급	주변에서 접하게 되는 공적 상황에서 필요한 글을 쓸 수 있으며, 간단한 정보를 제공하거나 명시적 사실에 관해 기술하는 의사소통 기능을 수행할 수 있다.
	1. 경험적이고 생활적인 소재에 대해 글을 쓸 수 있다. 2. 개인적이며 비격식적인 상황에서 사용되는 글을 쓸 수 있다. 3. 문장과 문장을 자연스럽게 연결하여 일관성 있는 글을 쓸 수 있다. 4. 일기와 같은 생활문이나 주변의 인물이나 사물을 소개하는 글을 쓸 수 있다. 5. 기본적인 어휘와 문법을 활용하여 구조가 단순한 문장을 쓸 수 있다.

---

4 '한국어 표준 교육과정'은 '국제 통용 한국어 표준 모형' 및 관련 전문가들이 수행한 후속 연구의 결과물로, 국내외 다양한 교육 현장을 모두 포괄할 수 있는 최상위 교육과정이다. 교육 목표를 포괄적으로 설정하고, 그에 따른 성취기준, 교육 내용, 교수·학습 및 평가 방향을 모두 아우르는 체계를 지닌다.

3급	자신의 삶과 관련된 사회적 소재의 글을 쓸 수 있으며, 정보를 전달하거나 설명하는 의사소통 기능을 수행할 수 있다. 1. 친숙한 사회적 소재에 대해 글을 쓸 수 있다. 2. 익숙한 공적 상황에서 사용되는 격식적인 글을 쓸 수 있다. 3. 자신의 의견과 객관적인 사실을 구분하여 글을 쓸 수 있다. 4. 다양한 종류의 실용문이나 단순한 구조의 설명문을 쓸 수 있다. 5. 다소 복잡한 구조의 문장을 활용하여 비교적 정확하게 글을 쓸 수 있다.
4급	평소에 관심이 있는 사회적·추상적 소재의 글을 쓸 수 있으며, 대상을 설명하거나 자신의 생각을 표현하는 의사소통 기능을 수행할 수 있다. 1. 관심이 있는 사회적·추상적인 소재에 대해 글을 쓸 수 있다. 2. 익숙한 업무 상황에서 격식적으로 사용되는 글을 쓸 수 있다. 3. 핵심 내용이 잘 드러나도록 문단을 구성하여 글을 쓸 수 있다. 4. 다양한 구조의 설명문이나 단순한 구조의 논설문을 쓸 수 있다. 5. 구조가 복잡한 문장을 사용할 수 있고 비교, 대조, 나열 등의 전개 방식으로 글을 쓸 수 있다.
5급	사회적이거나 일부 전문적인 소재의 글을 쓸 수 있으며, 체계적으로 정보를 전달하거나 자신의 견해를 밝히는 의사소통 기능을 수행할 수 있다. 1. 사회 전반에 대한 소재나 자신의 전문 분야와 관련된 글을 쓸 수 있다. 2. 업무나 학업 맥락에서 필요한 격식적인 글을 쓸 수 있다. 3. 내용의 통일성과 응집성을 고려하여 짜임새 있는 글을 쓸 수 있다. 4. 논리적 구조와 기본적인 형식을 갖춘 짧은 분량의 보고서를 쓸 수 있다. 5. 자신의 업무나 학업에 필요한 어휘와 표현을 사용하고 다양한 전개 방식을 활용하여 글을 쓸 수 있다.
6급	전문적이거나 학술적인 소재의 글을 쓸 수 있으며, 논리적이고 효과적으로 자신의 의견을 제시하는 등의 의사소통 기능을 수행할 수 있다. 1. 사회·문화적 특수성이 드러나는 소재의 글이나 전문 분야의 글을 쓸 수 있다. 2. 전문적이거나 학술적인 상황에서 사용되는 격식적인 글을 쓸 수 있다. 3. 예상 독자를 고려하며 목적에 부합하는 글을 쓸 수 있다. 4. 타당한 근거를 들어 논리적이고 형식적으로 완결성을 갖춘 평론, 학술 논문 등을 쓸 수 있다. 5. 전문적인 어휘와 표현을 사용하고 장르에 맞는 다양한 수사법을 활용하여 글을 쓸 수 있다.

'유럽공통참조기준(CEFR)[5]에서 제시하는 숙달도별 쓰기 능력 기술은

---

5 '유럽공통참조기준(Common European Framework of Reference for

〈표 8-2〉와 같다. A, B, C의 세 단계를 다시 1, 2로 구분하여 크게는 6단계로 볼 수 있지만, Pre A1 단계를 두어 초급을 세 등급으로 세분화하였다. 또 한 가지 특징은 전반적인 등급 기술뿐 아니라 기능별로 숙달도 등급을 구분하여 척도를 기술하고 있다.[6]

<표 8-2> '유럽공통참조기준'의 쓰기 능력 기술

등급	쓰기 전반
Pre A1	이름, 주소, 국적 같은 기본적이고 개인적인 정보를 줄 수 있다.
A1	간단한 단어와 기본적인 표현을 사용하여 좋아하는 것, 싫어하는 것, 가족, 반려동물 등의 개인적인 주제에 관한 정보를 줄 수 있다.
A2	단순하고 단절된 어구와 문장들을 쓸 수 있다. '그리고', '그러나', '왜냐하면' 같은 단순한 접속사로 연결된 일련의 단순한 어구와 문장을 쓸 수 있다.
B1	자신의 관심분야와 관계된 여러 가지 익숙한 주제에 대해 복잡하지 않고 응결성 있는 텍스트를 쓸 수 있는데 이때 몇 개의 짧고 간단한 개별 성분들이 단선적으로 연결되어 있다.
B2	자신의 관심분야와 관계된 광범위한 주제에 관해 분명하고 상세한 텍스트를 쓸 수 있고 이때 여러 가지 출처에서 얻은 정보나 논점들을 종합하고 평가할 수 있다.
C1	복합적인 주제에 대해 조리 있는 텍스트를 작성할 수 있고, 이때 결정적인 항목을 강조하고, 관점을 자세하게 상술하고, 하위항목이나 적절한 예나 근거를 통해 뒷받침하며 적합한 결론으로 텍스트를 마무리할 수 있다. 청자, 텍스트 유형, 주제에 따라 어조, 문체, 사용역을 다양하게 하여 여러 가지 문어 장르에 맞는 구조와 관습을 사용할 수 있다.
C2	독자들에게 주안점 찾기를 도와주는 논리적 구조를 지닌 분명하고 유창하며 복합적인 텍스트를 적절하고 효율적인 문체로 작성할 수 있다.

Languages, CEFR)'은 유럽의회가 유럽 각국에서의 언어교육을 체계화하기 위해 개발한 언어교육 기준으로, 국제 통용성을 지닌 언어 능력을 6등급(A1, A2, B1, B2, C1, C2)으로 체계화하고 각국에서 언어 교육과정 개발 시 참조할 수 있는 성취 기준을 제시하고 있다.

6 '유럽공통참조기준'의 쓰기 영역에서 제시되는 두 가지 기능은 창조적인 글쓰기와 보고서 및 에세이 쓰기가 있다.

4.2. 학습 목적에 따른 쓰기 교육의 목표

앞서 살펴본 숙달도에 따른 쓰기 교육의 목표는 일반 목적 한국어교육의 쓰기 목표로 볼 수 있다. 여러 가지 일반적인 쓰기 상황에서의 의사소통 능력 신장을 목표로 하기 때문이다. 그러나 한국어를 사용하는 사람이 국민과 재외동포로 한정되었던 과거와는 달리 한국어 학습자가 급속도로 늘어나고 다양해짐에 따라 특수 목적으로 한국어를 배우는 학습자가 많아지고 있다.

특수 목적 한국어(Korean for Specific Purposes)는 크게 학문 목적 한국어(Korean for Academic Purposes)와 직업 목적 한국어(Korean for Occupational Purposes)로 나뉠 수 있다. 이는 Dudley-Evans & St. John(1998:6)이 특수 목적 영어(English for Specific Purposes)를 학문 목적 영어(English for Academic Purposes)와 직업 목적 영어(English for Occupational Purposes)로 구분한 것을 한국어교육에 적용한 것이다.

학문 목적 한국어는 외국인이 한국의 대학(원)에서 학업 수행을 위해 이론을 배우거나 학문을 연구하는 데 필요한 한국어를 말한다. 박석준(2008)은 학문 목적 한국어를 공통 한국어, 교양 한국어, 전공 한국어로 제시하였다. 공통 한국어는 모든 한국어 사용에서 일반적이고 공통적인 부분을 말하며 교양 한국어는 대학에서 교양 교과목을 이수하기 위해 필요한 한국어를, 전공 한국어는 대학(원) 등에서 전공 교과목을 이수하기 위해 필요한 한국어를 말한다.

그런데 학문 목적 쓰기에서 다루는 텍스트는 실생활에서 마주하는 텍스트와 달리 엄격한 전형성과 문식성을 지닌다. 다음은 학문 목적 학습자가 학업 수행을 위해 필요로 하는 장르를 조사한 것이다.

<표 8-3> 학술텍스트의 유형(박지순 2006:23)

article	신문이나 잡지 또는 학술지 등에 게재되는 간단한 논문 (a complete piece of writing as a report or essay)
argument	하나의 주제에 대한 간단한 논설 (a short statement of subject matter)
essay	포괄적인 의미의 논문을 지칭하는데 어떠한 주제에 대한 개인적인 견해를 밝히는 논설로서의 성격이 짙어 논문으로서의 체계는 덜 갖춤 (a short literally composition dealing with a single subject, usually from a personal point of view and without completeness)
treatise	하나의 주제에 대한 체계적인 논문 (a formal, systematic essay or book on some subject, especially a discussion of facts or evidence or principles and the conclusions based on there)
report	탐구한 결과나 사실을 타인에게 공표하기 위해서 비판이나 의견보다 사실의 보고에 중점을 두고 작성한 보고논문 (to give a formal statement on account of announce formally, as the result of investigation)
review	한 주제에 대한 다양한 연구성과나 방법 등에 대한 종합적인 고찰 또는 특정한 연구물에 대한 평론 (①general survey report or account, ②critical discussion or article on a book or a paper etc.)
thesis·dissertation	학위논문으로 연구 방법의 성격에 따라 자연과학계의 실증적인 연구논문을 'thesis', 인문, 사회과학분야의 이론적·문헌적인 연구논문을 'dissertation'이라 함
paper	통상적으로 연구논문 전반을 가리키는데 성질에 따라 research paper, documented paper, class paper, course paper, term paper 등으로 구분

위의 표에서 보는 바와 같이 학문 목적 학습자에게 필요한 텍스트는 일상적인 일기/편지 쓰기, SNS 댓글 달기 등과 형식이나 내용, 표현의 측면에서 매우 다르다. 학문 목적의 쓰기 상황에서 필요한 보고서, 학위논문, 시험 답

안지 등은 한국어 학술 담화공동체에서 받아들여지는 형식과 내용에 맞게 작성되어야 한다. 예를 들어, 학위논문의 경우, 해당 학술 담화공동체에서 인정할 만한 수사적 구조, 정형화된 표현, 전문어 및 정확한 문장 사용 등이 요구되며 주제와 내용 자체가 지닌 엄격한 문식성으로 텍스트의 이해와 생산 과정에서 고도의 인지적 사고 능력과 심도 깊은 통찰력이 필요한 장르이다(박수연 2016:4). 따라서 이는 많은 연습과 훈련이 필요한 분야이다.

그러므로 학문 목적 한국어 쓰기 교육의 목표는 대학(원)에서 학업을 수행하거나 학문을 연구하기 위해 문자 언어로 표현하는 의사소통 능력을 갖추는 데 있다. 즉 학문 목적 한국어 쓰기에서 중요한 것은 필자가 수행한 쓰기가 한국어 학술 담화공동체에서 수용되는 것을 목표로 두어야 한다.

특수 목적 한국어의 또 다른 분야인 직업 목적 한국어는 직업에 따른 업무를 수행하는 데 필요한 한국어라고 할 수 있다.[7] 비즈니스 한국어, 의료 한국어, 이미용 한국어, 취업 전 구직에 필요한 한국어 등이 이에 해당한다. 직업 목적 한국어 쓰기는 각 상황에서 그 분야에 필요한 글을 쓰는 것과 연결되어 있다. 특정 직업 분야가 요구하는 쓰기 능력이 필요한 것이다. 비즈니스 한국어의 경우, 업무 메일, 보고서, 휴가신청서, 사직서 쓰기 등은 특수한 목적과 상황에서 이루어지는 쓰기이다. 이동희(2015:81)에서는 비즈니스 한국어 쓰기 교육의 목표를 다음과 같이 설정하였다.

> 1) 실무 한국어 문서의 내용 지식을 이해하고 정리하는 능력을 가진다.
> 2) 실무 한국어 문서의 다양한 경로에 대해 이해하고 적절한 구조로 문서를 쓴다.
> 3) 실무 한국어 문서의 언어적인 특징을 이해하고 그에 적합한 어휘와

---

[7] 좀더 구체적으로, 직업 목적 한국어는 크게 전문직 한국어(Korean for Professional Purposes)와 직무 수행 한국어(Korean for Vocational Purposes)로 나눌 수 있다. 전자의 예로 사업을 하는 데 필요한 비즈니스 한국어와 의사가 환자를 치료하는 데 필요한 의료 한국어 등을 들 수 있고, 후자의 예로는 취업 준비를 위한 한국어와 취업 후 직무 수행을 위한 한국어를 들 수 있다(김현진 2016).

표현을 안다.
4) 실무 한국어 문서를 작성하는 데 필요한 과정 지식이나 전략을 이해하고 사용할 수 있다.
5) 학습자들이 실무 한국어 문서를 쓸 때, 논리적으로 내용을 구성하며 한국 문화 예절에 알맞고 자연스럽게 쓸 수 있다.

특수 목적 한국어 쓰기 교육에서는 글의 형식과 내용뿐만 아니라 특수한 상황에 필요한 문법, 어휘, 정형화된 표현 등이 다루어져야 한다.

4.3. 대상에 따른 쓰기 교육의 목표

1) 결혼이민자

2000년대 이후부터 국가적 차원에서 결혼이민자의 사회적응에 관심을 가지기 시작했다. 이들이 한국 생활을 하면서 경험하게 되는 여러 가지 문제는 한국어와 한국 문화에 익숙하지 않아 나타나는 것이 대부분이다. 이들에게 한국어로 의사소통을 한다는 것은 생존과 연결된 매우 중요한 문제이다.

이제까지 결혼이민자는 구어 중심의 의사소통 상황을 먼저 접하게 되어 이들을 위한 한국어교육은 구어 위주의 말하기 교육으로 이루어졌다. 그 결과 구어 중심의 듣기, 말하기 교육에 비해 문어 중심의 읽기, 쓰기 교육이 소홀히 다루어졌던 것이 사실이다. 그러나 결혼이민자들은 한국에서 거주하는 기간이 길어질수록 사회구성원으로서 자격을 갖추기 위해 쓰기 교육이 필요하다고 느끼고 있다. 박지애(2010)에 따르면 결혼이민자들은 일상생활에서 필요한 쓰기뿐만 아니라 자녀교육, 취업과 관련된 쓰기 능력이 향상되기를 바란다고 했다. 이들은 진료 접수표, 상담 신청서, 외국인 구직 신청서 등 상황과 글의 유형에 맞는 쓰기를 할 수 있어야 한다. 즉 한국에서 생활 적응과 정착에 필요한 쓰기 의사소통 능력 향상이 이들의 가장 큰 교육 목표라 할 수 있다.

2) 재외동포

학습자에 따라 교육목표와 교육과정이 달라지기 때문에 학습자의 특성을 파악하는 것은 매우 중요하고 기본적인 일이다. 재외동포 학습자는 이중언어 화자이며 한국어 계승어 학습자(heritage learners)로서 여러 가지 측면에서 일반 학습자와 구별된다. 우선, 정의적 측면에서 재외동포 학습자는 대조적인 두 가지 언어 정체성을 겪는다. 이중언어 사용의 장점을 활용하여 자신을 유능한 사람으로 보는 경우가 있는 반면 한국 사회에서 한국어 능력의 부족으로 자신의 능력에 대해 부정적인 감정을 느끼는 경우가 있다(원미진 2020:183).

또한 재외동포 학습자는 언어적인 측면에서도 일반 학습자와 차이가 난다. 순수 외국인은 외국어로서 한국어를 배우는 경우가 많으므로 처음부터 의식적으로 공부하며 한국어를 배우게 되는데 반해 재외동포의 경우에는 가족으로부터 무의식적으로 한국어를 어느 정도 습득한 상태에서 한국어 학습이 일어난다. 재외동포 학습자들은 가족과 일상적인 주제에 대해서는 자주 듣고 말해 왔지만 한글로 이루어지는 문자적인 접촉은 그 빈도가 낮아 쓰기를 통해 자신의 의사를 잘 표현하지 못하는 경우가 많다. 따라서 듣기, 말하기 영역에서는 높은 성취도를 보이나 쓰기와 읽기 영역에서는 비교적 낮은 성취도를 보인다. 그 중에서도 자신의 생각을 글로 표현하는 쓰기 능력은 다른 언어 능력에 비해 특히 낮은 편이다.

백봉자(1987), 이동은(2007), 이정연(2017)에서는 재외동포 학습자의 쓰기에 나타난 문제점을 다음과 같이 지적했다. 첫째, 듣기, 말하기가 어느 정도의 수준을 유지해도 쓰기 능력이 떨어지며 둘째, 구어체를 문어체 형식으로 잘 바꾸어 쓰지 못하며, 셋째, 쓰기를 해 본 경험이 많지 않아 쓰기 대한 두려움이 크고, 넷째, 철자 오류를 많이 보인다. 이러한 결과를 재외동포 쓰기 교육에 반영한다면 이들을 위한 쓰기 교육은 구어와 문어의 차이점을 인식하게 하여 정확성을 강조하는 방향으로 이루어져야 할 것이다.

5. 쓰기 교육의 원리

쓰기 교육 시 교사는 학습 내용, 지도 방법, 평가 등을 신중히 고려하여 선택한다. 이때 쓰기 교육의 원리는 교사가 '쓰기'를 바라보는 관점뿐만 아니라 교육목적, 교육과정 등에 따라 다양하게 제시될 수 있다. 이 장에서는 한국어 쓰기 교육에 도움이 되는 원리를 제시하고자 한다.

1) 한국어 담화공동체의 글쓰기 관습을 교육해야 한다.

언어권별로 담화공동체가 선호하는 글쓰기 관습이 다르다. 따라서 한국어 쓰기 교육에서는 한국어 담화공동체가 선호하는 글쓰기 관습과 특징을 다룰 필요가 있다. 이러한 관습과 특징은 학습자들이 으레 알고 있을 것으로 생각하기 쉽다. 물론 어휘, 문법 등의 언어적 표현은 모국어와 다르다는 것을 쉽게 알 수 있지만 글의 수사적 구조, 글에 대한 규범이나 관습은 따로 의식적으로 교육하지 않으면 학습하기가 용이하지 않다. 예를 들어 언어권별로 담화공동체마다 주장을 뒷받침하는 근거를 제시하는 방식이 다를 수 있다. 조인옥(2014:119)에서는 한국어 논설문의 논거와 중국어 의론문의 논거가 모두 객관성을 요구한다는 점에서는 일치하지만, 한국어 논설문의 논거가 학술적인 검증이나 사회적인 검증을 거쳐야 할 정도의 객관성을 요구하는데 반해 중국어 의론문의 논거는 화자의 생활에서 발견할 수 있고 다른 사람들의 생활에서도 발견될 수 있다면 더이상의 검증을 요구하지 않는다고 하였다. 그러므로 어떤 하나의 논거에 대해 한국어 담화공동체의 독자들은 객관성이 떨어지는 불충분한 논거라고 생각할 수 있지만 중국어 담화공동체 독자들은 그 논거의 객관성에 충분히 공감할 수 있다는 것이다. 외국어 쓰기는 어휘, 문법 등의 미시적 측면뿐만 아니라 수사 구조, 독자의 수용성, 글의 유형 등의 거시적 측면에서도 모국어 쓰기와 차이가 난다(최연희 편 2009:22). 한국어 학습자들이 한국어 쓰기의 관습과 특징에 익숙하지 않으면 이들의 글은 논리가 부족하고 어색한 것으로 낮게 평가 받을 수 있다. 그러므로 한국어 담화공동체의 글쓰기 관습에 대한 교육은 더욱 절실하다고 하겠다.

2) 과정과 결과를 모두 중요시해야 한다.

글쓰기에서는 쓰기 과정과 결과가 균형을 이룰 수 있도록 지도해야 한다. 쓰기의 결과물이 중요한 것은 누구나 인정하는 사실이다. 그러나 정확성, 논리성 등이 갖추어진 완성도 높은 결과물도 중요하지만 그 과정 또한 무시할 수 없다. 과정 중심 글쓰기는 크게 3단계, 쓰기 전, 쓰기, 쓰기 후 단계로 구성되는데 준비하기(prewriting), 초고 쓰기(drafting)와 고쳐 쓰기(revising) 등으로 구체화된다.

준비하기(prewriting)는 아이디어를 구상하는 것으로, 글을 읽거나 브레인스토밍을 하거나 자유 작문 등의 여러 가지 방법으로 이루어질 수 있다. 초고 쓰기(drafting)와 고쳐 쓰기(revising) 단계는 과정 중심 글쓰기의 핵심이라고 할 수 있다. 전통적인 쓰기 수업에서는 수업에서 글을 다 끝내도록 하거나 못 끝내면 숙제로 해 오게 하였다. 전자처럼 쓰기 수업을 진행하면 학습자들은 시간에 쫓겨 체계적인 글을 작성할 기회가 줄어들고, 후자처럼 수업을 진행하면 학습자들은 교사의 세세한 지도를 받지 못한다는 단점이 있다. 특히 초고 쓰기에는 인내와 훈련이 필요한 전략과 기술이 많으므로 반드시 그에 따른 교육이 필요하다.

3) 실제적인 글쓰기를 다루어야 한다.

쓰기는 사고력, 논리력, 표현력 등을 바탕으로 하는 녹록하지 않은 과정이기 때문에 그 목표와 내용마저 학습자와 동떨어져 있다면 참다운 쓰기 교육이 이루어지기 어렵다. 따라서 쓰기 교육의 목적을 고려하여 학습자에게 의미 있고 실제적인(authentic) 글을 교육할 필요가 있다. 직업 목적 한국어 학습자라면 자기소개서, 이력서, 업무 관련 메일 등을, 학문 목적 한국어 학습자라면 보고서, 학위논문 등을 쓸 수 있는 기회가 많아야 한다. 즉 학습 목적과 그 대상에 맞는 실제적인 글쓰기가 이루어져야 한다.

4) 학생들 간의 상호 작용이 활발히 일어나도록 해야 한다.

글쓰기는 그 자체로 매우 개인적이고 외로운 작업이다. 그러나 학생들이 최대한 상호 작용을 많이 할 수 있도록 한다면 이러한 면은 최소화될 것이다. 쓰기가 필자 혼자 모든 것을 수행하는 개인적인 활동이 아니라 동료 필자들과 의견을 교환하고 피드백을 주고받는 상호작용 활동임을 학습자들에게 교육해야 한다.

바람직한 쓰기 교육에서는 학생들이 아이디어를 교환할 기회가 많아야 하며 아이디어를 만들어 내고 동료와 편집하기 위해 둘 이상 작업할 기회가 필요하다. 브레인스토밍이나 피드백 주기 등의 활동이 모둠별로 이루어진다면 학습자가 참여할 기회가 확대될 것이다. 남주연·김영주(2011), 원해영(2016), 이지영(2017) 등에서는 상호 협력적인 활동이 쓰기 능력 향상에 도움이 된다고 보았다. 학습자들은 훌륭한 필자가 되는 방법을 교사의 일방적인 지도보다는 동료 학습자 집단과의 교류를 통해 효과적으로 학습할 수 있다.

5) 다른 언어 기능과 통합되는 것이 바람직하다.

효과적인 쓰기 교육을 위해서는 다른 언어 기능들과의 통합이 필요하다. 듣기와 말하기는 글을 쓰기 전에 아이디어를 구상하는 단계에서 도움을 준다. 자신이 쓸 글의 주제나 주장을 뒷받침할 근거 등을 말하고 다른 독자의 의견을 듣는 행위는 쓰기에 큰 도움이 된다. 특히 읽기의 경우, 쓰기와 공통적으로 관련된 부분이 많다. 읽기를 통해 글의 구조, 예시, 비교, 대조 등의 수사적 기법 및 단어나 문장을 통한 표현 방식 등을 관찰할 기회를 얻게 되므로 이를 쓰기에 적용할 수 있다.

최은지(2019)에서는 쓰기 수업에서 다른 언어 기능과 통합하여 구현할 수 있는 다양한 활동을 다음과 같이 소개하고 있다.

<표 8-4> 쓰기 기능과 타 언어 기능의 통합(최은지 2019:133)

통합 기능	통합 활동
듣기	듣고 메모하기, 시청각 자료 듣고 요약하기, 이야기 듣고 요약하기, 회의 내용을 듣고 회의록 작성하기 등
말하기	발표문 쓰고 이를 바탕으로 발표하기, 주제에 대해 이야기한 후 이를 바탕으로 글을 쓰기 등
읽기	모범 글을 읽고 이를 모방하여 쓰기, 읽은 내용을 요약하여 쓰기, 읽고 내용을 부연하여 쓰기, 읽은 내용에 대한 찬성 또는 반대의 글을 쓰기 등
듣기, 말하기, 읽기	주제와 관련된 자료를 읽거나 듣고 이에 대해 토론한 후 글을 쓰기, 쓴 글을 서로 바꿔 읽고 이에 대해 이야기하기 등

6) 학생의 글에 대해 세심하고 체계적인 피드백이 이루어져야 한다.

무엇보다 교사는 학생의 사기를 꺾지 않는 선에서 정의적 측면을 고려하여 협력자, 안내자, 촉진자로서 학생들의 글에 반응하고 그 글을 수정해야 한다. 한 번에 너무 많은 오류 수정과 부정적 피드백을 준다면 학생들은 다음 단계의 글쓰기로 나아가지 못할 것이다. 아울러 학습자의 글에 대해 체계적인 피드백이 제시되어야 한다. 교사는 초고와 수정본에 대해 다른 차원의 피드백을 제공하는 것이 좋다. 초고에서는 내용, 주제, 핵심적인 오류를 짚어주고 전체적으로 평을 하는 것이 바람직하며, 수정본과 최종본에서는 좀 더 구체적으로 피드백을 주어 문법, 철자에 대한 오류도 지적할 뿐만 아니라 결론, 논리 전개, 문단 간의 연결 관계에 대한 평도 포함되어야 한다.

나가기

» 한국어 쓰기 교육의 연구 동향[1]

한국어 쓰기 교육에 대한 연구는 언제 처음 이루어졌을까? 검색 결과, 쓰기 교육과 관련된 최초의 연구는 백봉자(1987)이다. 앞서 살펴본 바와 같이 이 연구에서는 교포 2세의 쓰기에서 나타난 문제점을 분석하고 이를 해결할 수 있는 교육 방안을 제시하였다. 이후, 쓰기 교육에 대한 연구는 꾸준히 다양하게 이루어졌다.

이전까지 미미하던 쓰기 교육 연구는 2000년 이후 본격화되어 2010년 이후에는 급격하게 증가하였다. 주제별로는 쓰기 교수에 대한 연구가 많으며 이 중에서도 과정 중심 쓰기 교수법에 관한 연구가 큰 비중을 차지한다. 또한 학문 목적 한국어 학습자가 늘어나면서 이들을 위한 쓰기 교육 연구도 증가하였다. 학문 목적 쓰기 교육 관련 연구는 교육 방안이나 교재 개발을 다루는 연구와 더불어 장르 중심, 텍스트 구조 관련 연구가 주를 이룬다.

[그림 8-2] 한국어 쓰기 교육 학위논문 워드 클라우드(신명선 외 2020:113)

쓰기 교육에 대한 학위논문을 워드 클라우드로 분석해 보면 '오류', '피드백', '결과', '텍스트', '능력', '사용' 등을 핵심 키워드로 꼽을 수 있다. 이를 통해 텍스트 중심의 오류 분석과 피드백 기반의 쓰기 능력 향상 연구가 이루어졌음을 유추할 수 있다. 앞으로도 다양한 분야의 쓰기 연구들이 나올 수 있기를 기대해 본다.

---

1 강승혜(2014)의 '한국어 쓰기교육 연구 동향 분석', 서아람·안기정(2019)의 '학문 목적 한국어 쓰기 교육 연구 동향 분석', 신명선 외(2020)의 '(토픽 모델링과 언어 네트워크 분석을 활용한) 한국어교육 연구동향'을 참고하여 정리하였음.

제9장
쓰기 교육의 내용

들어가기

» 쓰기 교육에서는 학습자들의 언어 숙달도별로 목표로 하는 쓰기 텍스트의 종류를 등급화하여 교수학습하게 된다. 아래에 제시한 쓰기 텍스트의 종류가 과연 초급과 중급 그리고 고급 중 어느 등급에 적합할지 나름의 기준으로 구분해 보자. 그리고 이 외에 각 등급별로 교수학습 가능할 것으로 여겨지는 쓰기 텍스트의 종류를 '기타'에 적어 보자.

보기

| 간단한 설명문 | 간단한 이메일 | 영화 감상문 |
| 수필(후회하는 일 등) | 사건 기사 | 전문적인 설명문 |

등급	쓰기 텍스트의 종류	기타
초급		
중급		
고급		

1. 쓰기 교육의 내용 체계

혹자는 L1 쓰기 능력이 L2 쓰기 능력에 큰 영향을 미치므로 이 두 영역에서의 쓰기 교육은 교수학습의 전략에서만 차이가 날 뿐 그 내용적인 면에서는 큰 차이가 없을 것이라 보기도 한다. 이를테면, 모어 화자를 대상으로 하는 국어교육에서의 쓰기 교육 내용과 외국인 학습자들을 대상으로 하는 한국어교육에서의 쓰기 교육 내용이 별반 차이가 없을 것이라는 말이다.

그러나 재외동포나 교포로 지칭되는 재외 한인들, 그중에서도 거주국에서 나고 자란 자녀들의 한국어 발달 상태를 관찰해 보면 L1(보통은 거주국의 언어) 쓰기 능력이 당연하게 L2(한국어) 쓰기 능력으로 전이되는 것은 아님을 알 수 있다. 이러한 학습자들을 한국어교육에서는 계승어로서의 한국어(KHL) 학습자로 분류하는데, 그들이 살아가는 '지금 여기에서' 당장 필요한 것은 한국이 아닌 거주국의 사회적 문식성이므로 대부분은 거주국의 언어를 L1으로 선택하고 한국어는 부수적인 언어로 여기게 된다. 그 결과,

KHL 학습자들의 L1과 한국어는 비동질적으로 발달하게 되며, 그러한 언어 능력의 비동질성은 특히 쓰기 영역에서 극명하게 드러난다.

이와 관련하여 L2 어린이 학습자 대상의 문어 교육에 관해 논한 Ediger(2004, 임병빈 외 역 2008:162 재인용)에서는 모든 학습자들이 동일한 인생 경험을 갖는 것은 아니라는 점에서 개별 학습자들이 쓰기에 부여하는 가치와 기능도 다를 수밖에 없음을 지적한 바 있다. 다시 말하면, 외국어 학습 이전에 L1 쓰기 경험이 부족하거나 전무한 학습자들이 존재할 가능성도 배제할 수 없다는 것이다. 이러한 점에서는 오히려 외국어 학습자들이 특정 외국어 학습을 통해 쓰기 능력을 잘 형성할 경우 자신의 모어인 L1 쓰기 능력에도 긍정적 전이가 이루어질 수 있는 것이다. 그러므로 L2 쓰기 교육은 필수적이며 그 교육의 내용 또한 학습자들의 언어 숙달도 발달 단계에 맞게 정밀히 선정되고 조직되어야 한다.

그렇다면 일반적으로 초급에서 중급을 거쳐 고급으로 이어지는 한국어 쓰기 교육과정에서는 과연 무엇을 목표로 어떤 것을 가르쳐야 할까? 이에 관한 내용은 제8장 쓰기 교육론 개관에서 제시한 한국어 표준 교육과정(문화체육관광부 고시 제2020-54호)의 쓰기 교육 목표 및 성취 기준을 참고할 수 있으며, 그것을 간단히 정리하면 다음과 같은 쓰기 교육 내용의 경향성으로 제시할 수 있다.

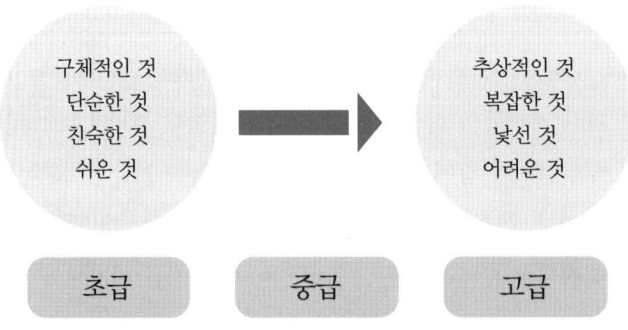

[그림 9-1] 쓰기 교육 내용의 등급별 경향

즉, 한국어교육에서 쓰기 교육의 목표와 내용은 결국 친숙하거나 추상적인 주제를 대상으로 적절하게 내용을 구성하여 해당 쓰기 과제에서 요구하는 장르의 양식에 맞게 하나의 온전한 텍스트를 완성할 수 있는 능숙한 필자가 되도록 훈련하는 것과 관련된다. 이를 위해서 한국어를 처음 접하는 외국인 학습자들의 경우 우선 한국어 기초 문식성을 확립해야 하며, 그 과정에서 무의미한 자모를 한글 맞춤법에 맞게 표기하는 단순한 자모 표기도 쓰기의 일부분이 된다. 또한, 그것을 어순에 맞게 배열하여 유의미한 문장을 생성하는 것도 기초 문식성 확립 단계에 해당한다. 이와 같은 기초 문식성이 확립되면 학습자들은 개별 문장을 논리적으로 엮어 전체적으로 일관된 주제가 흐르도록 응집성 있는 텍스트의 생산이 가능해진다. 그런데 최근에는 모든 저작물에 대한 윤리성이 강조되는바, 한국어 학습자들도 글을 쓰는 과정에서뿐만 아니라 그 결과물을 대상으로 윤리성을 점검할 수 있어야 한다. 아무리 잘 쓴 글일지라도 모사율이 높아 표절 시비가 일어날 경우 그때까지의 노력과 결과물들이 전면 부정되고 무효화될 가능성이 크기 때문이다.

이를 종합하면, 한국어교육에서 쓰기 교육의 내용은 크게 기초 문식성과 텍스트 생산 그리고 윤리성에 관한 것으로 구분할 수 있으며, 각각은 한글 및 문장 교육, 작문 교육, 쓰기 윤리에 관한 내용으로 구성할 수 있다. 이때 기초 문식성 형성을 위해 이루어지는 한글 및 문장 교육에서는 학습자들이 맞춤법에 맞게 한글을 표기할 수 있어야 할 뿐만 아니라 그것을 기반으로 문장 성분을 조직하여 한국어의 어순에 맞게 문장을 만들 수 있어야 한다. 또 텍스트 생산을 위해 이루어지는 작문 교육에서는 주어진 주제나 맥락 등을 전체적으로 고려하여 목적에 맞는 글을 쓸 수 있어야 하고, 응결성과 응집성 등과 같은 텍스트성을 갖추어 글을 조직할 수도 있어야 한다. 끝으로, 윤리성을 위한 쓰기 윤리 교육에서는 사회적 규범에 맞는 윤리적 글쓰기가 이루어질 수 있도록 해야 한다. 이를 정리하면 아래와 같이 한국어 쓰기 교육의 내용 체계를 간단히 표로 제시할 수 있다.

<표 9-1> 한국어 쓰기 교육의 내용 체계

기초 문식성	텍스트 생산	윤리성
• 한글 및 문장 교육	• 작문 교육	• 쓰기 윤리 교육
• 맞춤법에 맞게 표기하기	• 합목적적 글쓰기	• 사회적 규범에 맞는 윤리적 글쓰기
• 어순에 맞는 문장 만들기	• 텍스트성 갖추기	
	• 단계별로 글쓰기	

2. 기초 문식성에 관한 내용

2.1. 한글 교육

한국어 쓰기 교육에서 한글 교육은 초급 단계에서 필수적이다. 한글 자모를 제대로 구분하지 못하고 그것을 규칙에 맞게 표기하지 못할 경우 기초적인 문장 쓰기는 말할 것도 없이 유의미한 문법 요소나 단어조차도 제대로 쓸 수 없어 더 높은 숙달도 단계로 나아가기가 어렵기 때문이다. 따라서 한국어 학습 초기에는 한글 자모 교육이 집중적으로 이루어져 어법에 맞게 표기할 수 있는 능력을 확립해야 한다. 그런데 이러한 능력은 단순히 학습자들이 한글 자음과 모음을 안다고 해서 확립되는 것은 아니다. 그것을 위해서는 개별 자음과 모음은 물론이고 그것이 어떻게 하나의 음절을 이루게 되는지도 제대로 파악하고 있어야 한다.

그 이유는, 인구어권에서 주로 사용하는 알파벳은 주로 자음과 모음을 옆으로 나열하는 풀어쓰기 방식을 취하는 반면 한국어를 표기하는 한글은 음절 단위로 모아쓰기를 하기 때문이다. 뿐만 아니라 모아쓰기에 있어서도 어떤 모음이냐에 따라서 초성의 위치가 위나 옆으로 달라지고, 종성은 꼭 중성이 되는 모음 아래에 위치하게 된다. 예를 들어, 영어로 'river'는 각각의 알파벳을 옆으로 흩뿌려 하나의 단어로 표기하는 반면, 그것을 의미하는 한국어는 한글로 'ㄱㅏㅇ'과 같이 풀어쓰기를 하지 않고 '강'으로 모아쓰기를 한다. 특히, 이렇게 모아쓰기를 할 때도 규칙이 있어서, 초성과 종성이 되는 자음은 중성인 모음의 왼쪽과 아래쪽에 각각 위치하게 해야 한다. 그에 반해 영어로 'palace'를 의미하는 '궁'의 경우 중성인 모음 'ㅜ'를 중간에 두고 초성인 자음 'ㄱ'과 종성인 자음 'ㅇ'이 상하로 위치하도록 표기해야 한다.

여기서 더 나아가 쌍자음의 경우 모든 한글 자음 두 개가 결합할 수 있는 것은 아니며 이중모음 또한 마찬가지이다. 게다가 쌍자음의 경우 초성이나 종성으로 허용되는 것과 그렇지 않은 것들이 혼재되어 있기도 하다. 한국어 모어 화자들은 이러한 규칙을 무의식적으로 자연스럽게 습득하므로 한국어 학습자들이 그것을 어렵게 느낄 것이라 전혀 상상하지 못한다. 그러나 한국어를 처음 접하는 외국인들의 경우 한글 자모 및 그 표기법에 대한 지식이 전무하므로 의식적인 학습을 통해 그것을 제대로 익히고 거기에 익숙해져야 하는 것이다.

이상의 한글 교육과 관련하여 곽지영 외(2007)에서는 한글 지도의 순서를 제시한 바 있는데, 이를 간단히 보완하여 한글 교육의 순서와 내용을 정리하면 아래의 표와 같다.

<표 9-2> 한글 교육의 순서와 내용

① 한글 음절의 기본 구조
② 단모음: 수직 모음, 수평 모음
③ 자음과 단모음의 결합 형태
④ 쌍자음, 경음, 격음과 단모음의 결합 형태
⑤ 받침(종성)
⑥ 이중모음
⑦ 겹받침

2.2. 문장 교육

한글 교육을 통해 학습자가 한글 자음과 모음을 어법에 맞게 자유자재로 표기할 수 있게 되었다면 이제는 한국어 어순에 맞게 유의미한 문장을 만들어 낼 수 있어야 한다. 표현문형을 중심으로 교수학습이 이루어지는 한국어교육 현장의 특성상 이러한 문장 교육은 보통 문법 수업과 함께 자연스럽게 진행된다.

예를 들어, 한국어 학습자들은 한글 자모를 익힌 직후 보통 간단한 인사표현과 함께 '-이에요/예요'나 '-입니다'와 '-입니까?'와 같은 서술어를 학습하게 되는데, 그 이유는 서술어 하나만으로도 문장이 될 수 있기도 하거니와 전술한 서술어에는 명사나 명사형이 결합되는데 한글 교육 단계에서 여러 명사에 노출되므로 학습자들이 해당 명사와 서술어를 결합하여 가장 손쉽게 문장을 완성할 수 있기 때문이다. 이와 함께 한국어는 서법에 따라 문장 끝에 마침표나 물음표 등을 표시한다는 정보를 함께 제공하면 학습자들은 '학생입니다.', '대학생입니다.', 'OOO 팬입니까?', '미국 사람입니까?' 등과 같은 기초적인 문장을 생성할 수 있게 된다. 그리고 이러한 각각의 문장을 특정 목적에 따라 응집성 있게 잘 조직하면 하나의 텍스트가 완성되는데, 앞서 예로 든 문장들을 하나로 엮으면 일종의 '자기소개' 텍스트가 완성된다.

이상에서 보듯이 학습자들이 특정 장르의 텍스트를 생산하기 위해서는 그 이전에 개별 문장 하나하나를 한국어 어순에 따라 정확하게 만들어 낼 수 있어야 하며, 그것을 위해서 표현문형에 대한 지식 또한 풍부해야 보다 다양한 구조의 문장을 생성할 수 있다. 이러한 문장의 종류에는 주술 관계가 한번 등장하는 단문과 그것이 두 번 이상 등장하는 복문이 있다. 또 복문에도 '비가 오고 하늘이 어두워요.'와 같이 두 문장이 대등적으로 이어진 문장이 있고, '비가 와서 하늘이 어두워요.'와 같이 종속적으로 이어진 문장도 있다. 그런가 하면 복문에는 '지수 씨가 입은 옷이 예뻐요.'와 같이 특정 성분절(여기서는 관형절 '지수 씨가 입은')을 안고 있는 내포문도 있다.

이러한 문장의 종류를 앞서 제시한 등급별 쓰기 교육 내용의 보편적인 경향성에 따라 정리하면 아래와 같이 교육의 순서와 내용을 정할 수 있으며, 실제 한국어 교재에서 목표 문법으로 다루는 표현문형의 제시 순서도 이와 같은 문장의 통사적 복잡성이 반영되어 있다.

<표 9-3> 문장 교육의 순서와 내용

① 단문
② 대등적 연결 문장
③ 종속적 연결 문장
④ 내포문
⑤ 여러 복문의 대등적/종속적 연결 문장

끝으로, 문장 단위의 쓰기가 가능하기 위해서는 조사나 시제, 높임법, 서법별 어미 활용, 품사 변화 등에 관한 문법 지식과 적절한 어휘 사용, 관용 표현, 어순, 문장의 연결과 확장을 위한 문장 구조 등에 관한 문장 구성 관련 지식이 뒷받침되어야 한다(이수진 2017).

3. 텍스트 생산에 관한 내용

3.1. 합목적적 글쓰기

학습자들이 한국어 문장을 어순에 따라 정확하게 쓸 수 있다는 것은 글쓰기에 있어서 커다란 자산이 됨은 분명하다. 그러나 주지하다시피 한 편의 글을 완성하기 위해서는 단순히 개별 문장을 나열만 하는 것이 아니라 주어진 주제와 글의 목적에 맞게 각각의 문장을 논리적으로 엮어내는 합목적적 글쓰기가 이루어져야 한다. 이러한 작업은 한국어 모어 화자들에게도 쉽지 않은 것이기에 많은 사람들이 글쓰기를 어렵게 생각하며, 한국어 직관이 완벽하지 않은 외국인 학습자들에게는 더 큰 부담으로 다가올 것이다.

그러므로 합목적적 글쓰기를 위해서는 학습자들이 그것을 수행하기 위해 무엇을 해야 하는지를 교육 내용으로 명확하게 제시하여 연습하는 것이 필요하다. 이를 위해 한국어 쓰기 교육 현장에서는 Tribble(1996)의 쓰기 지식 체계를 빈번하게 활용하고 있다. Tribble은 쓰기 지식을 내용 지식, 맥락 지식, 언어 구조 지식, 쓰기 과정 지식으로 구분하였는데, 후에 Hyland(2003)에서 장르별 목적에 따른 글쓰기를 강조하면서 Tribble(1996)의 맥락 지식을 더욱 구체화하여 장르 지식을 추가하기도 하였다. 그러나 장르 지식이 글의 목적과 관련된다는 점에서는 결국 맥락 지식 안에 포함되는 것으로 볼 수 있다. 이를 종합하면 아래의 그림과 같이 정리할 수 있다.

[그림 9-2] 쓰기 과제 수행을 위해 필요한 지식 체계(Tribble 1996:68)

위의 그림을 통해 학습자들이 교실 안팎에서 수행하는 쓰기 과제는 큰 틀에서 의사소통적 맥락 안에 놓여 있으며, 그 안에서 하나의 텍스트는 학습자들의 언어 구조 지식과 장르를 포함한 맥락 지식, 내용 지식 그리고 쓰기 절차 즉, 과정 지식 등이 상호작용함으로써 구체화된다는 것을 알 수 있다.

그런데 이 글에서 말하는 합목적적 글쓰기란 필자가 한편의 글을 쓸 때 그것이 생산되고 읽혀질 맥락을 고려하면서 특정 주제와 장르에 적합한 내용과 구조로 글을 완성하는 것을 의미한다. 그러므로 이것을 위해서는 위의 쓰기 지식 체계 중 내용 지식과 맥락 지식이 요구된다. 이와 관련하여 최은지(2019)에서는 내용 지식을 글의 내용과 직접적 관련이 있는 명제적 내용 지식, 그러한 명제적 지식을 마련하고 조직하는 데 필요한 절차적 내용 지식으로 구분하였다. 이 중 절차적 내용 지식의 예를 들면, 논문은 서론-본론-결론으로 구성되고, 서론에는 연구의 목적과 필요성 등이, 본론에는 문제 제기 및 논의 전개 등이 그리고 결론에는 지금까지의 논의 정리 및 연구의 의의 등이 포함되어야 한다는 것 등의 것이다.

그리고 특정 텍스트가 생산되고 읽혀질 맥락에 관한 지식은 독자의 연령이나 성별 등 독자 관련 지식과 인문학과 자연과학 분야의 논문 쓰기 방식이 다른 것과 같은 담화공동체 관습 관련 지식 그리고 특정 장르에서 굳어진 글의 유형과 같은 장르 관련 지식으로 세분할 수 있다.

<표 9-4> 내용 지식과 맥락 지식(최은지 2019)

내용 지식	명제적 내용 지식	기존 지식	• 글의 주제에 대해 필자가 이미 알고 있던 지식
		상호텍스트적 지식	• 필자가 기존 지식을 바탕으로 하여 자료 수집, 독서, 토론 등을 통해 새롭게 알게 된 지식
	절차적 내용 지식	내용 마련 지식	• 글을 쓸 재료로서의 내용을 마련하는 데에 필요한 방법적 지식
		내용 조직/ 구성 지식	• 지식들 간의 체계와 논리적 연계성을 확보하고, 내용을 통합, 조직, 구성하는 데 필요한 방법적 지식
맥락 지식	독자 관련 지식		• 독자의 연령, 성별, 지역, 교육 수준, 배경지식, 목적, 기대
	담화공동체 관습 관련 지식		• 독자가 포함되어 있는 담화공동체가 공유하는 글쓰기 방식과 규약
	장르 관련 지식		• 글의 목적과 상황에 따라 굳어지고 정착된 글의 유형에 대한 지식

특별히, 이미혜(2013)에서는 한국어 쓰기 교육에서 다루어야 하는 주요 장르를 크게 정보 전달의 글, 정서·감정 표현의 글, 친교의 글로 나눈 다음 그것을 초급에서 고급까지 등급별로 각각 세분화하기도 하였다. 이를 통해 한국어교육 현장에 적용 가능한 한국어 숙달도별 쓰기 텍스트의 장르를 다음과 같이 제시할 수 있다.

<표 9-5> 한국어 숙달도별 쓰기 텍스트 장르(이미혜 2013)

	초급	중급	고급
정보 전달의 글	• 소개하는 글 – 자기소개, 가족 소개, 취미 소개, 친구 소개, 지역 소개 등 • 간단한 설명문 – 특별한 장소나 위치, 교통수단 이용법, 외모/복장, 한국 생활, 식사 예절, 요리법 등		• 설명문 – 정보를 근거로 한 비교 대조/인과/나열 등의 설명문, 전문적이고 구체적인 정보를 포함하는 설명문 • 기사문 – 사건 기사 • 요약문
친교의 글	• 메모 • 이메일 – 안부 이메일, 간단한 정보 전달		
정서·감정 표현의 글	• 간단한 수필 – 일상생활, 좋아하는 음식, 미래 계획 등 개인적인 생각과 느낌을 쓴 글 • 경험담 – 한국 생활/경험, 특별한 경험, 여행/쇼핑 경험 등	• 감상문 – 독서 감상문, 공연 감상문 • 기행문 • 수필 – 후회하는 일, 특별한 만남, 추억 등 • 창작 이야기 – 창작 동화	

분석· 주장의 글	• 광고문 – 모집 공고 • 신문 기사 – 인터뷰, 투고문 • 논설문 – 사회 문제에 대한 주장하는 글, 성역할, 사생활 침해, 경제적 생활 등 • 자기소개서	• 신문 기사 – 인터뷰, 해설 기사, 논설 기사, 투고문 • 보고서 – 조사 보고서, 기술 보고서 • 논설문 – 연설문, 교육/환경/사회 문제 등에 대한 주장의 글, 건의문 • 평론 –서평, 영화평 등 • 광고문 – 특정 내용을 홍보하는 글 • 자기소개서

위의 표에서 중급과 고급의 '분석·주장의 글' 중에는 광고문과 자기소개서도 포함되어 있다. 이는 단순 정보 전달의 광고 카피나 자기소개가 아닌 설득 커뮤니케이션으로서의 광고문과 취업 목적 등으로 자기 자신을 분석하며 스스로의 능력을 피력하는 글을 의미하는 것으로 보인다. 따라서 이러한 글은 단순히 특정 정보를 전달하는 목적을 갖는 '정보 전달의 글'과는 차별화된다고 볼 수 있겠다. 아울러, 여기서 제시된 텍스트 장르는 숙달도별 학습자들의 언어발달을 고려할 때 교수학습의 차원에서 필수적인 장르임을 나타낼 뿐 초급에서 다뤄지는 장르가 중급이나 고급에서 다뤄질 수 없다거나 그 반대임을 뜻하지는 않는다.

이상을 정리하면, 쓰기 교육 시 교사는 학습자들이 합목적적 글쓰기를 원활히 수행할 수 있도록 학습자들의 내용 지식을 활성화해야 하고, 이들이 생산하는 글이 읽혀질 맥락을 고려하여 글을 쓸 수 있도록 독자 정보나 담화공동체 관련 정보를 명시적으로 제공해야 한다. 특히, 쓰기 과제에서 요구되는 특정 장르가 있을 경우, 교사는 학습자들이 그 장르의 글쓰기에 익숙해질 수 있도록 해당 장르에서 일반화되어 있는 텍스트 구조를 제시하고 그 구조에 맞춰 글을 쓰는 연습을 제공해야 한다.

3.2. 텍스트성 갖추기

한 편의 글이 온전한 텍스트로서 인정받기 위해서는 기본적인 텍스트성을 갖추어야 한다. 여기서 텍스트성이란 말 그대로 텍스트다움을 의미하며, 그러한 텍스트성을 구성하는 요소는 다양하나 다른 무엇보다 중요시되는 것이 응결성과 응집성이다. 이 두 개념은 연구자들에 따라서 다양하게 해석되나 일반적으로 응결성은 하나의 텍스트 내 문장들 사이에서 표면적으로 드러나는 문법적 연결 관계를 의미하며, 응집성은 텍스트 표면이 아니라 심층에 흐르는 의미적 연결 관계로, 흔히 논리적 일관성으로 해석된다.

따라서 학습자들이 완성도 높은 텍스트를 생산하기 위해서는 이러한 텍스트성을 잘 드러낼 수 있어야 한다. 이와 관련하여 이미혜(2010)에서는 '텍스트 전반'에 걸쳐 맥락과 장르 특성이 고려되어야 함을 전제하면서 텍스트의 층위를 '미시 구조'와 '거시 구조' 및 '최상위 구조'로 구분한 후 각 층위에서 교육되어야 할 내용을 제시한 바 있다. 이 중에서 '텍스트 전반'에 관한 내용은 바로 앞에서 살펴본 합목적적 글쓰기와 관련된 내용이므로 여기서는 그 밖의 층위와 관련된 내용과 언어 표현을 확인할 필요가 있겠다.

<표 9-6> 텍스트 구조 층위에 따른 장르 중심 쓰기 교육의 내용(이미혜 2010)

텍스트 층위	텍스트 구조 관련 내용	언어 표현
텍스트 전반	맥락, 장르 특성	어휘, 의미 구조 표지(담화 표지), 기능 표현(어휘 구), 수사학적 특징
미시 구조	문장 내 연결 문장 내 지시, 호응, 생략 등 문장 의미 구성	
거시 구조	단락의 내용 전개 내용의 일관성 문장 간의 연결	
최상위 구조	글의 전체 구성 주제, 제목과 내용의 연결 단락 간의 내용 전개 및 연결	

위의 표에서 보는 바와 같이, 한 편의 글이 텍스트성을 갖추기 위해서는 미시 구조에서 최상위 구조에 이르기까지 표면적 응결성을 갖추어야 하는 동시에 내용적 일관성을 통해 응집성을 갖추어야 한다. 이러한 응결성과 응집성을 형성하는 언어 표현으로는 어휘(지시사 등), 의미 구조 표지(아시다시피, 요약을 하면, 즉, 특히, 말하자면, 예를 들어서, 바꿔 말해, 예컨대, 다시 말해서, -도 -의 하나이다 등), 기능 표현(정의하기: -란 -이다, -을/를 의미하다, -란 -을/를 뜻하다 등) 등이 있으며, 위에서 수사학적 특징은 장르별 전형적인 내용 전개 방식이나 문체 등에 관한 것이다.

3.3. 단계별로 글쓰기

단계별로 글을 쓴다는 것은 쓰기 단계 혹은 쓰기 과정에 관한 것이다. 물론 모든 학습자들이 이러한 쓰기의 단계를 반드시 지켜야 하는 것은 아니다. 그러나 미숙한 필자일수록 쓰기가 막연하게 느껴지기 마련이고, 능숙한 필자일지라도 단계별로 글을 쓰는 데 익숙해질 경우 텍스트 생산이 좀 더 효율적으로 이루어질 수 있다. 그러한 점에서 학습자들에게 쓰기 단계와 각 단계별로 해야 할 것들을 명확히 제시하면 학습자들의 쓰기 부담을 줄일 수 있는 동시에 글의 완성도 또한 향상될 가능성이 크다.

이러한 글쓰기 단계는 어떤 쓰기 교육의 원리를 적용하는가에 따라서 여러 단계로 나눌 수 있겠으나 대부분의 한국어교육 현장에서는 과정 중심의 쓰기를 강조하고 있으며, 그러한 과정적 쓰기에서는 보통 '구상하기-초고 작성-다시 쓰기-완성하기'의 단계를 거치게 된다. 이 과정에서 교사의 피드백 여부 및 피드백 횟수에 따라서 몇 단계가 더 추가되기도 하는 것이다. 이를 좀 더 정교화한 것이 과정 중심 쓰기 모형으로서, 이 모형을 통해 교사는 학습자들에게 쓰기 단계를 쓰기 전, 쓰기, 쓰기 후와 같이 전-중-후로 구분하여 학습자들이 필자로서 각 단계별로 거쳐야 할 과정을 제시할 수 있게 된다. 쓰기 전 단계에서는 주제와 관련하여 무엇을 쓸 것인지를 구상하고 준비해야 하며, 쓰기 단계에서는 주제와 관련한 다양한 아이디어를 생성하고 조직하여 초고를 쓴 후 그것이 독자 중심으로 잘 쓰였는지, 글의 목적에 맞게 잘 작성되었는지 등을 점검하면서 텍스트의 내용을 중심으로 고쳐 쓴 다음 마지막 수정 단계에서 미시적인 언어 형태 등에 관한 교정이 이루어져야 한다. 이를 바탕으로 최종 점검이 끝나면 쓰기 후 단계에서 하나의 텍스트가 완성되고 최후의 평가와 피드백의 이루어지게 되는 것이다. 이러한 쓰기 과정에 관한 사항은 제10장 쓰기 교육의 방법과 실제에서 상세히 살펴보게 될 것이다.

정리하면서, 쓰기 과정에 관한 지식은 학습자들이 글쓰기를 계획하고 마무리하기까지의 전 단계를 예측할 수 있게 해주므로 글쓰기가 막연하게 느껴지는 학습자들에게는 나침반처럼 기능할 수 있다. 따라서 외국인 한국어 학습자들이 한국어로 글쓰기를 효율적으로 수행하기 위해서는 단순히 내용 지식과 맥락 지식 및 언어 지식을 기반으로 합목적적 글쓰기를 하고 기본적인 텍스트성을 갖추는 것뿐만 아니라 쓰기 과정 전반에 대한 지식을 충분히 갖추고 각 절차에 맞게 무엇을 수행해야 하는지를 잘 파악하고 있어야 할 것이다.

4. 윤리성에 관한 내용: 쓰기 윤리

한국어 쓰기 교육은 궁극적으로 학습자들이 하나의 완성된 텍스트를 생산하여 효율적인 의사소통과 상호 작용을 하는 것을 목표로 한다. 이와 같은 관점에서 쓰기는 사회적 성격을 지닌 고차원적 인지 활동이라 할 수 있으며, 그에 따라 다른 여러 사회 활동과 같이 윤리성이 요구된다(박영민 외 2016:180). 이러한 측면에서 한국어 쓰기 교육의 내용으로 쓰기 윤리 지식 관련 내용이 요구되는데, 그것은 궁극적으로 사회적 규범에 맞게 윤리적인 글쓰기를 수행하는 것과 관련된다.

혹자는 최근 심해지고 있는 표절 시비를 과도한 독자 검열로 보기도 한다. 그러나 분명한 것은 지금의 시대는 무심코 범한 저자의 실수에 독자들이 더이상 관대하지만은 않다는 것이다. 이렇게 실제 현실에서 쓰기 윤리가 강조되고 있는바, 외국인을 대상으로 하는 한국어 쓰기 교수학습의 현장에서도 관련 인식이 보다 강화되고 그것이 실제 교육 시에도 지금보다 훨씬 더 강조되어야 한다.

한국어교육 현장에서 이러한 쓰기 윤리는 일반적으로 표절과 같은 글쓰기 자료의 사용과 밀접한 관련이 있었다. 여기서 표절이란 다른 사람의 아이디어, 글이나 자료 등을 무단으로 사용하는 것을 의미한다. 이러한 표절에 대한 인식은 점차 강화되고 있는데, 현재는 다른 저자의 글을 베껴 쓰거나, 다른 사람의 아이디어나 생각 및 주장 혹은 각종 자료를 자신이 직접 창조한 것처럼 표현하는 것이 모두 표절에 해당한다. 그리고 그렇게 완성한 글은 결국 필자가 독자를 속이는 행위가 되므로 그 자체로 필자 스스로 심각한 윤리적 손상을 자초하는 행위이기도 하다.

무엇보다 최근 한국 사회 전 분야에서 윤리성이 강조되는 가운데 문학을 포함한 글쓰기 관련 분야에서는 어느 때보다도 표절에 관한 문제의식이 강하게 대두되고 있으며, 이에 걸맞게 한국어교육 분야에서도 쓰기 교육 시 윤리성을 강조하고 있다(이윤진 2010, 2012). 이러한 현상은 단순히 글을 능숙하게 잘 쓰는 것만으로 한 사람의 쓰기 능력을 평가해서는 안 된다는 것을 의미하며, 그에 따라 쓰기 교육 시 '얼마나 윤리적으로 썼는가?'하는 문제 또한 쓰기 결과물의 질을 판정하는 중요한 잣대로 작용한다.

윤리성이란 개인의 인생 경험을 통해 체득되지만 그것이 사회적 규범에 맞게 정제되는 것은 오직 교육을 통해서만 가능하다. 마찬가지로, 쓰기 윤리성 또한 학습자들이 글쓰기 현장에서 자율적으로 체득하고 발휘할 수 있겠지만 그것이 범세계적으로 통용되고 학습자들이 처한 담화공동체 내에서도 용인되는 수준으로 잘 정립되기 위해서는 쓰기 윤리 지식에 대한 교수학습이 교육적 의도와 목적에 맞게 제대로 이루어져야 한다. 따라서 쓰기 윤리 지식에 관한 내용 또한 한국어 쓰기 교육에서 중요한 교육 내용이 되어야 하는 것이다. 이와 관련하여 이윤진(2013)에서는 한국어교육에서 윤리적 글쓰기의 문제를 강조하면서 특별히 자료 사용의 윤리성에 관하여 논의한 바 있다. 여기서 자료라 함은 대학이나 학부 수준에서 보고서나 논문 등 학술적 글쓰기를 목적으로 인용하게 되는 모든 종류의 참고 문헌을 의미한다. 이러한 자료 사용의 윤리성이 강조되는 이유는, 현재 한국으로 유입되는 외국인 유학생의 수가 꾸준히 증가하고 있어 이들에게도 한국인 학생들과 동일한 수준의 글쓰기 윤리 실천이 요구되며, 그러한 윤리 실천 자체가 세계 시민으로서의 기본 소양을 갖추는 것이기도 하기 때문이다. 이를 위해 이윤진(2013:217)에서는 외국인 유학생을 위한 자료 사용의 단계별 지도 방안을 아래와 같이 제시하였다.

<표 9-7> 자료 사용의 단계별 지도 방안(이윤진 2013:217)

구분	주요 내용 및 방향
자료의 선별	• 자료 사용의 가치 및 필요성 이해 • 공신력 있는 자료에 대한 인식 • 자료 검색 연습 • 자료 선택 연습
자료의 출처 표시	• 출처 표시의 중요성 이해 • '참고 자료 목록'과 '본문 각주'의 구분 • 참고 자료 목록 작성 연습 • 본문 각주 표시 연습(내각주/외각주)
자료 내용의 구분 및 반영	• 자료 내용이 반영된 쓰기 사례 중 오용 사례 및 모범 사례 구분 • 자료 내용 반영 시 유의할 점 숙지(구분/연결) • 자료의 내용만을 빌려와 옮기기 연습 • 자료의 내용에 필자의 의견을 보태어 옮기기 연습

위의 표에서 보는 것과 같이 쓰기 윤리 지도 차원에서 자료 사용의 단계는 유의미한 자료를 선별한 후 그것을 직접 인용하거나 참고하기 위하여 출처를 표시하고 실제로 인용해 보는 등 총 세 단계로 구분된다. 이렇게 자

료 사용의 윤리성을 단계별로 교수학습함으로써 한국어 학습자들은 사실에 기반하여 자신의 힘으로 정직하고도 진실하게 글을 쓰는 연습을 할 수 있게 된다. 그 결과로 학습자들은 한국어 담화 공동체 내에서 규범화되어 있는 쓰기 윤리를 자연스럽게 체득할 수 있게 될 것이다.

기억해야 할 것은, 교사 스스로가 평소 윤리적 글쓰기를 실천해야 자신이 가르치는 학습자들도 윤리적 필자로 교육하고 양성할 수 있다는 것이다. 따라서 쓰기 윤리는 학습자들을 위한 한국어 쓰기 교육 현장은 물론이고 그들을 교육하는 한국어교사교육 과정에서도 강조되어야 할 것이다.

나가기

» 다음은 해외 대학에서 교양 과목으로 초급 한국어 수업을 듣는 학생이 자신의 하루에 대해서 쓴 글이다. 이 학습자가 좀 더 능숙한 한국어 필자가 되기 위해서는 교사가 무엇을 더 교육해야 할지 메모해 보자.

> 저는 자주 휴대 전화를 사용합니다.
> 거의 하루에 친구와 인스턴트 메시지를 보냅니다.
> 하루에 메시지를 10번 이상 보냅니다.
> 메시지가 재미 뉴스, 재미 사진, 저의 하루 이에요.
> 친구와 메시지를 공유해서 재미있어요.

더 필요한
교육 내용

그렇게
생각하는 이유

제10장
쓰기 교육의 방법과 실제

들어가기

» 다음은 외국인 학습자가 한국어로 쓴 이메일이다. 이 글에는 어떤 문제가 있는가?

제목 없음

| 답장 | 전체답장 | 전달 | 삭제 |

교수님, 이번 주 숙제 뭐예요?
어제 수업에 못 가서 몰라요. 알려주세요.

» 이메일을 잘 쓰도록 하기 위해서 무엇을 가르쳐야 할까? 다음을 보고 체크해 보자.
- □ 이메일의 형식 (예) 제목 - 첫인사 - 본문 - 끝인사 - 보내는 사람
- □ 이메일에 주로 사용되는 표현 (예) OOO 올림/드림/씀
- □ 독자에 따라 적절한 표현 (예) 높임말, 공손 표현 등
- □ 이메일의 목적에 따라서 주로 사용되는 담화 기능별 표현
  (예) 사과하기, 정보 구하기 등

1. 쓰기 교육의 접근법

쓰기와 관련된 이론들을 배경으로 하여 쓰기 교육의 주요 접근법들이 개발되었다. 이러한 쓰기 교육 접근법에는 형식 중심 접근법, 과정 중심 접근법, 전략 중심 접근법, 협력적 접근법, 장르 중심 접근법, 그리고 내용 중심 접근법 등이 있다. 최은지(2019:64)에서는 쓰기 이론에 따른 쓰기 교육의 접근법을 다음 표와 같이 제시하고 있다.

<표 10-1> 쓰기 이론과 접근법(최은지 2019:64)

쓰기 이론	형식주의	인지적 구성주의	사회적 구성주의
쓰기 교육 접근법	형식 중심 접근법 (결과 중심 접근법)	과정 중심 접근법 전략 중심 접근법	협력적 접근법 장르 중심 접근법 내용 중심 접근법

우선 형식 중심 접근법은 글의 형식과 결과물로서의 완성된 글 자체를 중시하는 것이다. 글쓰기의 과정에는 관심을 두지 않고 결과에만 초점을

두고 있다는 특징을 가진다. 이러한 형식 중심 접근법에서는 학습자들에게 모범적인 형식을 제시하여 이를 익히도록 하고 이를 모방하며 문법이나 철자 등의 언어 형식적 요소를 반복적으로 숙달하는 것에 교육의 초점을 맞추었다.

결과물로서의 글에만 초점을 두는 형식 중심 접근법에 대한 반성으로 등장한 것이 과정 중심 접근법과 전략 중심 접근법이다. 1980년대부터 등장하기 시작한 과정 중심 접근법에서는 글쓰기의 과정 자체를 중시한다는 점에 가장 큰 특징이 있다. 과정 중심 접근법에서는 쓰기를 가르친다는 것은 쓰기 과정에서 일어나는 학습자들의 인지 활동이 효율적으로 이루어지도록 돕는 것으로 본다. 한편 전략 중심 접근법에서는 글쓰기를 문제 해결의 과정으로 보고, 글을 쓰면서 필자가 맞닥뜨리는 문제들을 해결해 나갈 수 있도록 효과적인 전략을 활용하는 것이 중요하다고 강조한다. 예를 들어 쓰기 전 단계에서 활용하는 브레인스토밍이나 개요 쓰기 등의 전략을 활용함으로써 효과적으로 글감을 찾고 쓸 내용을 정리할 수 있다.

다음으로 사회적 구성주의 이론에 바탕을 두고 나타난 쓰기 교육 접근법 중에서 협력적 접근법은 교사와 학생, 그리고 학생들 사이의 다양한 협력 활동을 중시한다는 특징이 있다. 하나의 작은 사회라고 할 수 있는 교실에서 그 구성원들이 서로 협력하여 공동의 의미 구성 과정을 이끌어내도록 하기 위해서 구성원들 간의 상호 작용을 최대화하는 방식으로 수업을 구성하게 된다.

장르 중심 접근법에서는 장르의 형식과 내용을 중시하며 이러한 각 장르의 특성에 따라 학습자들이 사회적으로 용인되는 글을 생산해낼 수 있도록 하는 데 초점을 둔다. 이때 장르(genre)란, 특정한 사회적 맥락과 의사소통 목적 하에 반복적으로 나타나는 관습화된 담화의 구조, 내용, 형식 등을 일컫는다. 특히 제2언어 쓰기 교육에서는 목표 언어의 관습적 사용 패턴이 학습자들의 모어와 다를 수 있으므로 이를 가르치는 데 중점을 두는 장르 중심 접근법이 장점을 가진다.

마지막으로 내용 중심 접근법은 글의 내용과 이에 대한 지식을 강조하는 접근법이다. 내용 중심 접근법은 특히 초·중·고에서 이루어지는 KSL 교육과정이나 대학 및 대학원 유학생들을 대상으로 하는 학문 목적 한국어교육에서 장점을 가진다. 내용 중심 접근법을 활용한 학문 목적 쓰기 수업에서는 학업과 관련된 다양한 내용을 글감으로 삼아 글을 쓸 수 있도록 하기 위해서 학업 내용과 그에 관한 배경 지식을 활성화하는 단계를 쓰기 수업에 포함되도록 한다.

이제까지 쓰기와 관련된 이론들로부터 도출된 쓰기 교육 접근법에 대해서 간략히 살펴보았다. 이러한 접근법들은 실제 교실 환경에서 활용될 수 있는 각각의 쓰기 수업 모형으로 구체화될 수 있다. 이어지는 장에서는 이러한 쓰기 수업 모형들 중에서 대표적인 수업 모형으로 볼 수 있는 과정 중심 모형과 장르 중심 모형에 대해서 살펴보도록 하겠다.

2. 쓰기 수업 모형

2.1. 과정 중심 쓰기 모형

쓰기 교육은 형식과 결과에 초점을 두는 형식 중심 접근법에서 과정을 중시하는 과정 중심 접근법으로 변화되어 왔다. 과정 중심 쓰기 접근법은 인지적 구성주의의 영향을 받아 1980년대부터 본격적으로 나타났는데, 쓰기를 역동적인 의미 구성 행위로 보는 접근을 토대로 하여 내용의 생성, 조직, 표현, 교정 등을 거치는 일련의 쓰기 과정을 중시한다. 따라서 과정 중심 쓰기 모형에서 교사는 학습자의 쓰기 과정 전반에 걸쳐 적절히 개입함으로써 학습자가 쓰기의 각 단계를 잘 수행할 수 있도록 돕는 역할을 하게 된다. 이러한 과정 중심 쓰기 모형에서는 작문의 결과물을 도출하기까지의 각 과정이 강조된다는 점에서 작문 결과물의 질에만 초점을 맞추던 기존의 형식 중심 쓰기와 차별화된다.

이러한 과정 중심 쓰기 접근법에 기반을 두고 있는 과정 중심 쓰기 모형에서 학습자들은 크게 다섯 단계의 쓰기 과정을 경험하게 되는데 이는 준비하기(Prewriting), 초고 쓰기(Drafting), 고쳐 쓰기(Revising), 교정하기(Editing), 완성하기(Publishing)로 구성된다. 이 다섯 단계를 통합적으로 재구조화하여 쓰기 전, 쓰기, 쓰기 후 단계로 구성된 3단계 과정으로 나타낼 수도 있다. 이를 도식으로 나타내면 아래와 같다.

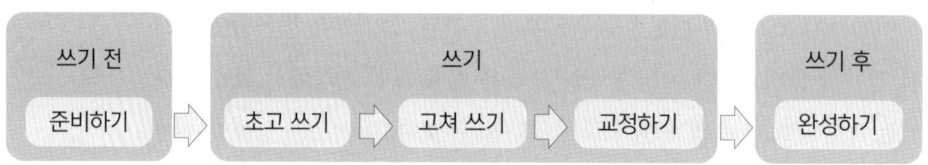

[그림 10-1] 과정 중심 쓰기 모형의 단계

우선 준비하기 단계에서 학습자들은 주제를 선택하고 그에 관한 아이디어들을 모으게 된다. 이 단계에서는 브레인스토밍(Brainstorming)이나 학습자 간, 혹은 교사와 학습자 간의 구두 논의를 활용하는 경우가 많다. 이렇게 주제를 선택한 후에는 초고를 쓰게 되는데 초고를 구성할 때는 일단 형식이나 논리를 완벽하게 하려고 애쓰지 말고 아이디어의 흐름을 종이 위에 적어 나가게 한다. 초고가 작성되면 학습자들은 이를 다시 읽으면서 고쳐 나가게 되는데 이 고쳐 쓰기 과정에서 교사나 동료 학습자로부터 피드백을 받는다. 고쳐 쓰기 단계에서는 초고에 작성했던 아이디어의 흐름을 최대한 효과적으로 드러내는 데 목적을 둔다. 그 후에 학습자들은 형식적 정확성에 보다 초점을 맞추면서 자신의 원고를 다시 읽어 나가는데, 이때 맞춤법이나 띄어쓰기, 문법적 오류 등을 교정하게 된다. 이 단계를 거쳐 글이 완성되면 학습자들은 자신의 글을 동료나 교사와 공유하거나, 동료 학습자들의 원고를 함께 모아 학급 문고를 완성하거나 하는 등의 다양한 방식으로 전체적인 쓰기 활동을 마무리하게 된다. Peregoy & Boyle(2013:259)에서는 이러한 일련의 단계의 목적과 각 단계에서 활용 가능한 전략들을 제시한 바 있는데 이를 소개하면 아래 표와 같다.

<표 10-2> 과정 중심 쓰기 단계별 목적과 전략(Peregoy & Boyle 2013:259)

쓰기 단계	목적	활용 가능한 전략
준비하기	글쓰기를 위한 아이디어 생성과 수집하기. 쓰기 준비하기. 목적과 독자 설정하기. 중심 생각과 세부 내용 설정하기.	구두 활동, 브레인스토밍, 군집화(clustering), 질문하기, 읽기 등.
초고 쓰기	아이디어들을 종이에 빠르게 써내려 가기. 글의 목적과 독자를 고려하면서 초고 쓰기.	빠르게 쓰기, 짝 저널(buddy journals), 대화 저널(dialogue journals), 학습 일지(learning logs) 등.
다시 쓰기	구성 요소들의 순서 다시 짜기. 내러티브의 장면들 다시 보기. 세부 정보의 순서 다시 짜기. 문장을 다시 보고 바꾸기.	문장 줄이기, 문장 결합하기, 동료 피드백, 교사 피드백 등.
교정하기	철자, 문법, 문장부호, 체계 등을 맞게 고치기.	동료 교정 그룹 활동, 읽고 교정하기(proofreading), 컴퓨터 교정 프로그램 활용하기 등.
완성하기	글을 다른 사람과 공유하기. 글의 가치에 대해 설명하기. 학급 문고 만들기. 글쓰기를 독려하기.	다양한 형식으로 글 공유하기, 게시판에 붙이기, 컴퓨터로 출력하기, 학교 도서전에 선보이기 등.

2.2. 장르 중심 쓰기 모형

장르 중심 쓰기 접근법은 과정 중심 쓰기 접근법에 대한 비판으로부터 탄생하였다. 과정 중심 쓰기 집근법에시는 글을 쓰는 사람의 텍스트 생성에만 초점을 맞추고 있기 때문에 담화공동체의 일원인 독자가 배제되는 측면이 있었다. 이에 장르 중심 쓰기 모형에서 쓰기 수업은 독자에게 용인될 수 있는 결과물을 생산해야 한다는 데 초점을 두고 해당 담화공동체의 장르 특성에 맞는 글을 쓰도록 하는 데 주안점을 두고 이루어지게 된다.

따라서 장르 중심 쓰기 모형에서는 목표 장르의 특징이 잘 드러나는 전형적인 텍스트를 모범글로서 제시하고, 해당 텍스트를 분석함으로써 장르의 특성을 발견하도록 하는 학습 과정이 포함된다. 이러한 단계를 통하여 학습자들은 해당 담화공동체에서 요구하는 장르의 전형적인 특성이 무엇인지 우선 학습한 후에 그러한 특성에 맞추어 용인성을 갖춘 글을 생산하는 것을 목표로 글을 쓰게 된다.

대표적인 장르 중심 쓰기 모형 중 하나로는 Hyland(2003:75)에서 제시한 모형을 들 수 있다. 이 모형은 맥락 형성에서부터 시작해서 실제 텍스트를 산출해 내는 단계에 이르기까지의 과정을 6단계로 구분하여 구성하고 있다. 이를 도식으로 나타낸 것을 옮겨 보면 아래와 같다.

<표 10-3> 장르 중심 쓰기 모형(Hyland 2003:75)

맥락 형성 (Establishing a context)
: 특정 장르와 목적, 주제가 요구되는 상황을 탐색하기

↓

주목하기 (Noticing)
: 장르의 전형적인 기능, 자질, 전개 방식에 주의를 기울이기

↓

텍스트에 대한 명시적 분석 (Explicit analysis of texts)
: 장르의 특성, 문법 활동, 정보 전이에 집중하기

↓

통제된 글쓰기 (Controlled production)
: 텍스트 완성, 재구성 및 재배열하기

↓

독립적 글쓰기 (Independent production)
: 계획하기, 초고 쓰기, 교사나 동료 피드백 수행하기

↓

텍스트 산출 (Text)

이 모형에서는 텍스트를 출발점으로 하여 학습자가 텍스트 생성 전

략을 개발할 수 있는 기회를 제공한다. 교사는 텍스트가 조직되는 방식과 언어가 선택되는 방식에 명시적인 초점을 두어서 학습자들이 특정한 맥락에서 작문의 목표를 달성하도록 한다. 학생들은 맥락에서부터 출발하지만 점차적으로 텍스트와 문장이 구조화되는 방식을 이해하게 된다. Hyland(2003:75)에 따르면 장르 중심 모형의 목적은 학습자들이 교수되는 장르와 관련된 다양한 과제를 통해서 그것을 생성하는 데 요구되는 절차적 기술들을 익히게 됨으로써 점차 교사의 도움 없이 텍스트를 생성할 수 있게 되도록 하는 것이다.

3. 쓰기 활동

효과적으로 학습자들의 한국어 쓰기 능력 계발을 돕기 위해서 교사는 적절한 쓰기 활동으로 교실 수업을 구성해야 한다. 쓰기 활동은 활동의 목적에 따라, 학습자의 숙달도에 따라, 교사의 통제 정도에 따라 다양하게 구분된다. 이 장에서는 이러한 기준에 따라 어떠한 유형의 쓰기 활동이 활용될 수 있는지 소개하도록 하겠다.

3.1. 쓰기 활동의 통제 정도에 따른 구분

우선 가장 널리 활용되는 구분은 쓰기 활동의 통제 정도에 따라 통제된 쓰기 활동, 유도된 쓰기 활동, 실제적 쓰기 활동으로 구분하는 것이다. 최은지(2019:158)에서는 이 세 가지 활동 유형에 대해서 다음과 같은 표를 제시하고 있다.

<표 10-4> 통제 정도에 따른 쓰기 활동의 구분 (최은지 2019:158)

	통제된 쓰기 활동	유도된 쓰기 활동	실제적 쓰기 활동
활동의 목적	정확성의 향상	언어적 표현 능력의 향상	문어 표현 능력의 전반적인 향상
학습자의 자율성 범위	• 의미적 자율성이 거의 없음. • 형태적 자율성이 거의 없음. • 지시에 따라 주어진 언어 형태를 사용하여 정해진 의미를 표현해야 함.	• 의미적 자율성이 거의 없음. • 형태적 자율성이 주어짐. • 주어진 내용을 형태를 자율적으로 선택하여 표현하도록 함.	• 의미적 자율성이 주어짐. • 형태적 자율성이 주어짐. • 자신이 표현하고자 하는 의미와 형태를 자율적으로 선택하여 표현하도록 함.
활동 유형	• 그림자 따라 쓰기 • 베껴 쓰기 • 받아쓰기 • 그림에 맞는 어휘 및 문장 쓰기 • 교체하여 쓰기 • 문장 만들기 • 빈칸 채우기 • 고쳐 쓰기 등	• 시각 자료 표현하기 • 살 붙여 쓰기 • 상세화하기 • 딕토콤프와 딕토글로스 • 담화 완성하기 등	• 실용문 쓰기 • 대화 일지 • 자유 작문 • 자료를 바탕으로 작문하기 등

3.1.1. 통제된 쓰기 활동 예시

통제된 쓰기 활동은 학습자의 자율성이 거의 배제되고 교사의 통제 하에 정해진 목표를 달성하도록 한다는 데 특징이 있다. 통제된 쓰기 활동은 한글을 쓰는 데 익숙하지 못하거나 아직 한국어 능력이 충분하지 못한 초급 학습자를 대상으로 활용되거나 정확성을 높이기 위한 목적으로 사용되는 경우가 많다. 문법 연습의 일환으로 활용되기도 한다.

1) 그림자 따라 쓰기

	ㅏ	ㅑ	ㅓ	ㅕ	ㅗ	ㅛ	ㅜ	ㅠ	ㅡ	ㅣ
ㄱ										
ㄴ										
ㄷ										
ㄹ										

2) 베껴 쓰기

	코끼리		
	꼬리		
	토끼		

3) 받아쓰기

(1)	기	차	를				.
(2)	학	교	에				.
(3)	집	에	서				.

제10장 쓰기 교육의 방법과 실제

4) 그림에 맞는 어휘나 문장 쓰기

※ 그림을 보고 문장을 쓰세요.

책입니다. _____.

_____. _____.

5) 교체하여 쓰기

※ 다음 문장을 바꿔 쓰세요.
(1) 남자친구가 말했다. "결혼하자." → 남자친구가 결혼하자고 말했다.
(2) 어머니께서 물으셨다. "밥은 먹었니?" → _____.
(3) 네비게이션이 안내했다. "똑바로 가세요." → _____.
(4) 나는 고백했다. "사랑해요." → _____.

6) 문장 만들기

※ 문장을 완성하세요.
(1) 학생, 공부하다 → 학생이 공부합니다.
(2) 드라마, 재미있다 → _____.
(3) 사과, 맛있다 → _____.
(4) 아기, 자다 → _____.

7) 빈칸 채우기

※ 알맞은 것을 골라서 완성하세요.

| 가다 | 재미있다 | 먹다 | 만나다 | 듣다 |

마이클 씨는 어제 학교에 갔어요. 학교에서 한국어 수업을 _____. 한국어 수업이 _____. 수업 후에 친구를 _____. 친구와 같이 점심을 _____.

8) 고쳐 쓰기

※다음 글을 문어체로 바꾸세요.

> 저는 음악을 되게 좋아해요. 그 중에서도 케이팝을 진짜 진짜 좋아해요. 한국에서 제가 좋아하는 케이팝 가수의 콘서트에 가 볼 거예요. 근데 한국 전통 음악에 대해서는 잘 몰라요. 앞으로 한국 전통 음악도 들어 볼래요.

3.1.2. 유도된 쓰기 활동 예시

　유도된 쓰기 활동은 글의 내용 중 일부를 제공하고 주어진 내용을 바탕으로 글을 쓰도록 하는 방식이다. 학습자들이 표현해야 하는 의미가 주어짐으로써 스스로 글감을 생각하고 그를 바탕으로 글을 창조해내야 한다는 부담을 경감시켜 준다. 이는 학습자들이 주어진 시간 안에 글을 완성해야 할 때나 공통의 주제와 내용을 가지고 글을 생성해야 할 때 효과적으로 활용될 수 있다.

1) 시각 자료 표현하기

※다음 그래프를 보고 설명하는 글을 쓰세요.

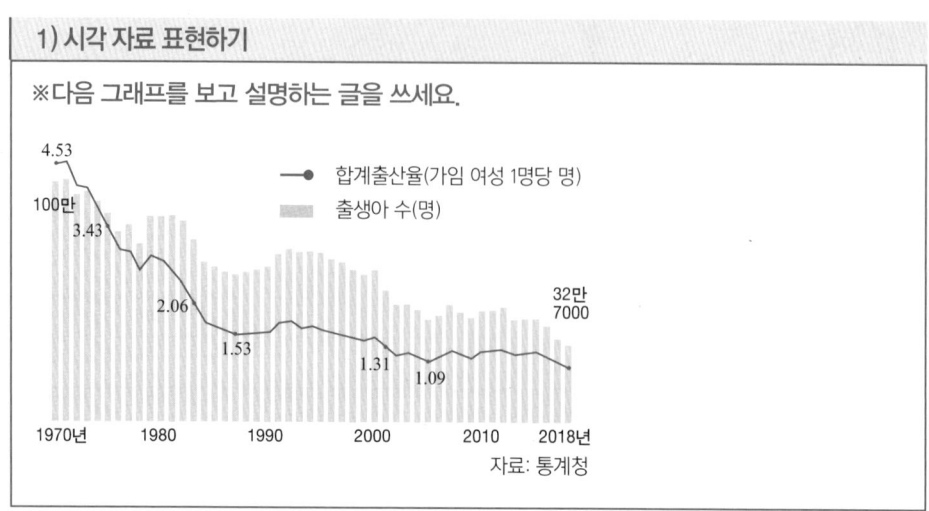

2) 살 붙여 쓰기

※다음 내용을 넣어서 글을 완성하세요.

언제?	지난 주말
어디에?	남산
누구와?	민수 씨
무엇을?	• 등산을 하다　• 돈까스를 먹다　• 케이블카를 타다

지난 주말에 날씨가 좋았다. 그래서 나는 지난 주말에 남산에 갔다. _____

3) 상세화하기

※ 다음은 우리 반 친구들을 소개하는 글입니다. 더 자세한 내용을 덧붙여서 글을 완성하세요.

　저는 우리 반 친구들을 소개하고 싶습니다. 우리 반은 한국어 초급 1반입니다. 우리 반 친구들은 모두 열 명입니다.

(1) 글에 덧붙일 내용을 생각해 봅시다.
• 어떤 친구들을 소개하고 싶습니까? 왜 그렇습니까?

- 어떤 친구와 친합니까?
- 친구들의 국적은 다양합니까?
- 쉬는 시간에 친구들과 무엇을 합니까?

(2) 위에서 생각한 내용을 덧붙여서 글을 완성해 봅시다.

4) 딕토콤프(dicto-comp)와 딕토글로스(dicto-gloss)

딕토콤프와 딕토글로스는 교사의 이야기를 듣고 그 내용을 글로 구성하여 쓰는 활동이다. 듣기와 쓰기가 통합된 과제라는 특징이 있다. 통제된 활동 중 하나인 받아쓰기와는 달리 딕토콤프와 딕토글로스는 들은 말을 그대로 옮겨 쓰는 것이 아니라 내용을 중심으로 글을 구성한다는 점에서 유도된 쓰기 활동에 속한다. 딕토콤프는 교사가 들려준 내용을 글로 구성할 때 활용할 수 있는 핵심어를 제시함으로써 학습자들이 문법 표현이나 문장 구성에 주의를 기울이도록 하는 것이 일반적이다. 이에 반해 딕토글로스는 학습자들이 스스로 내용을 재구성하도록 보다 자율성을 두는 데 주안점을 둔다. 최은지(2019:172-173)에서는 딕토콤프와 딕토글로스의 절차를 제시하고 있는데 이를 참고하여 정리해 보면 아래와 같다.

<표 10-5> 딕토콤프와 딕토글로스의 절차(최은지 2019:172-173)

딕토콤프	(1) 교사는 이야기를 두 번 정도 들려준다. (2) 교사는 이야기를 표현하는 데에 필요한 핵심어를 제시한다. (3) 학생들은 핵심어를 이용해 이야기의 내용을 재구성하여 글을 쓴다. (4) 완성한 글을 확인한다.
딕토글로스	(1) 교사는 이야기를 들려준다. (2) 학생들은 교사의 이야기를 들으면서 메모한다. (3) 학생들은 모둠으로 모여 이야기의 내용을 함께 재구성하며 글을 쓴다. (4) 완성한 글을 확인한다.

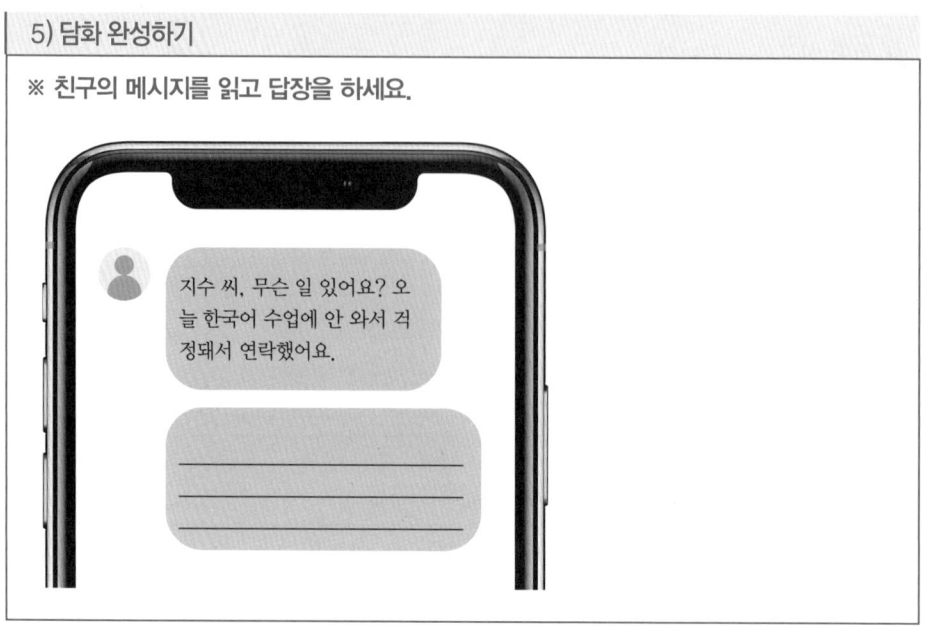

3.1.3. 실제적 쓰기 활동 예시

　실제적 쓰기 활동은 실제 쓰기 상황과 유사하게 구성된 과제 활동으로, 학습자가 스스로 글의 내용을 선정하고 이를 직접 한국어 글로 표현해내도록 한다. 실제적 쓰기 활동은 학습자에게 글감의 선정과 글의 구성이나 표현 등에 있어서 가장 많은 자율성이 주어진다는 점에서 학습자의 진정한 쓰기 능력을 평가할 수 있는 기회로 활용될 수도 있다. 이렇게 학습자가 스스로 무에서 유를 창조해야 한다는 특성으로 인해서 실제적 쓰기 활동은 고급 학습자에게 알맞은 활동이라는 오해를 받을 수 있다. 그러나 실제적 쓰기 활동은 한국어로 문장을 생성하기 어려운 초급 단계의 학습자로부터 능숙하게 한국어 쓰기를 구사할 수 있는 고급 단계의 학습자에 이르기까지 다양하게 활용될 수 있다.

　실제적 쓰기 활동은 쓰기 목적이 무엇인가에 따라서 매우 다양한 쓰기 활동이 모두 포함될 수 있다. 여기에서는 학습자들의 쓰기 유창성을 증진시켜 줄 수 있는 과제 활동 중 하나로 저널 쓰기의 사례를 소개하도록 한다.

저널 쓰기는 학습자들이 쓰기 유창성을 기를 수 있도록 도와주는 방법으로 효과적이다. 매일, 혹은 일주일에 몇 번씩 정해놓고 저널을 씀으로써 학습자들은 쓰기 유창성을 기르고 나중에 글감으로 사용할 아이디어를 생성할 수도 있다. 저널 쓰기에는 다음과 같은 세부 유형이 있다.

<표 10-6> 저널 쓰기의 유형(Peregoy & Boyle 2013:281)

개인 저널	학습자들이 사적인 생각들을 쓰는 데 익숙해지도록 도울 수 있다. 이 저널이 사용될 때 학습자들이 물어보기 전에는 그 저널에 대해서 코멘트하지 말아야 한다. 학습자들은 곧 저널이 자신의 사적인 생각과 아이디어를 위한 것이라고 깨달을 것이다. 일주일에 3~4회 정도 정기적으로 쓰도록 하면 좋다.
대화 저널	학습자들이 개인 저널 쓰기에 익숙해지면 대화 저널로 넘어간다. 학습자들이 개인 저널에 썼던 것과 동일하게 저널을 써 나가고 교사는 여기에 응답을 남기는 방식으로 진행한다. 저널을 쓰면서 교사가 반응해주었으면 하는 것에는 표시를 해 놓도록 할 수도 있다. 학습자들의 저널에 응답할 때에는 형식이 아니라 내용에 응답한다. 이런 상호적 저널의 목적은 유창성을 계발하고 쓰기를 통해 진정성 있는 대화를 하는 데 있다. 또한 교사가 읽고 반응할 것이라는 사실을 염두에 둠으로써 학습자들은 보다 목적을 가진, 기능적인 글을 쓰게 된다.
짝 저널	짝 저널은 두 학습자 간의 문어 대화라고 할 수 있다. 짝 저널은 학습자들이 스스로 선택한 의미있는 내용을 싣고 있으며 학습자 숙달도 성장에 필요한 즉각적인 피드백과 글쓰기에 대한 진정한 독자와 목적을 제공한다. 대화 저널을 통해서 타인의 글에 대해서 어떻게 반응하면 되는지를 교사의 본보기를 통해서 우선 배운 학습자들은 동료의 글에 어떻게 반응하면 되는지 알 수 있다.

한국어교육 분야에서 수행된 쓰기 관련 연구에서 대화 저널의 사례로 소개된 천은정(2003)의 예시를 소개하면 아래와 같다.

학생의 글	정말? 아마 6월에 다시 서울에 갈 거예니까 그 때 선생님 집에 가면 좋겠어요. 선생님은 일본에 지금까지 와 봅니까? 나가 살고 있는 곳은 Fukuoka이고 Tokyo에서 아주 머니까 나는 한번도 Tokyo에 가지 않아요. Fukuoka알아요? 제일 한국에서 가까운 곳이예요. 비행기로 한 1시간 쯤 걸려요. 선생님은 공부하기를 좋아합니까? 혹시 좋아하면 일본어를 공부해 봐 주세요. 일본은 한국말을 아주 비슷하니까 쉽게 외울 수 있어서 재미있어요!! 혹시 선생님이 일본말을 공부하고 싶으면 사와코씨가 일본말의 선생님에 되겠습니다. 사와코씨는 아주 친절하고 좋은 선생님에 되고 생각해요.
교사의 글	예, 정말 선생님 집에 오세요. 하지만 선생님이 요리를 못 하는 것을 알고 있지요? 사와코씨에게 맛있는 음식을 만들어 줄 수 없을 거예요. 아직 일본에 가 본 적이 없어요. 하지만 꼭 가보고 싶어요. 일본어를 열심히 공부하면 일본에서 여행을 쉽게 할 수 있겠지요? 후쿠오카는 일본에서 가장 위쪽에 있는 곳이지요? 지도에서 봤어요. 사와코씨가 선생님의 일본어 선생님이 되어 주겠어요? 정말 고마워요. 사와코씨의 마음이 참 예뻐요. 하지만 사와코씨는 지금 한국말을 공부하고 있으니까 시간이 없어요. 가끔 조금씩 가르쳐 주세요. 사와코씨는 정말 친절하고 훌륭한 선생님이 될 거라고 생각해요.

[그림 10-2] 대화 저널의 사례(천은정 2003:35)

3.2. 쓰기 목적에 따른 구분

쓰기 활동은 쓰기의 목적에 따라서 유형화할 수도 있다. 김선정 외(2010:179-180)에서는 Hedge(1988)을 정리하여 쓰기 목적에 따른 과제 활동의 유형을 아래 표와 같이 소개한 바 있다.

<표 10-7> 목표에 따른 쓰기 유형(김선정 외 2010:179-180)

분류	쓰기 유형	쓰기 목표	쓰기 예
개인적인 목적	개인적 내용의 쓰기	개인에 관한 내용을 작성하도록 함으로써 흥미를 유발할 수 있다. 간단한 정보의 전달을 위해 기록적인 성격을 띤다.	일기, 일지, 쇼핑 목록, 기억할 사항들, 꾸릴 짐 목록, 주소, 요리법 등.
	탐구적 내용의 쓰기	개인적인 목적의 글로써 탐구 목적의 글을 작성하는 기술을 습득할 수 있다.	독서 노트, 강의 노트, 카드 색인, 요약하기, 개요, 서평, 실험보고서, 방문보고서, 에세이, 참고자료 목록 등.
★	창의적 내용의 쓰기	필자 자신을 위한 것이지만 다른 사람과 공유하기 위한 형태의 글쓰기로 주관적인 창의성을 키울 수 있다.	시, 이야기, 드라마, 노랫말, 자서전 등.
사회적인 목적	공적인 내용의 쓰기	기관이나 조직에 대응하는 공식적인 형태의 글을 작성할 수 있다.	문의 편지, 불편사항 편지, 요청의 편지, 양식서 작성, 지원서 작성 등.
	사회적 내용의 쓰기	사회적인 관계 형성과 유지를 위해 쓰는 형태이며 형식적인 틀에 맞추어 쓸 수 있다.	서식, 초대장, 위문편지, 감사장, 축전, 해외전보, 전화 메시지, 가족 친구에게 전하는 전달 내용 등.
	전문적 내용의 쓰기	전문적인 역할에 관련되는 형태의 쓰기로 전문화된 텍스트를 작성해 낼 수 있다.	안건, 회의록, 기록사항, 보고서, 검토안, 계약서, 업무 편지, 공지사항, 광고, 포스터, 지시사항, 연설문, 지원서, 이력서, 세부사항, 전문가들의 알림 등.

위의 표에서 알 수 있는 것처럼 쓰기 목적에 따른 구분은 글의 장르에 따른 구분과 매우 밀접하게 연관되어 있다. 각각의 쓰기 유형에 해당되는 세부 장르에 따른 글쓰기 과제의 예시를 살펴보도록 하자.

1) 개인적 내용의 쓰기 활동 예시 : 요리법 쓰기

※ 여러분이 잘하는 음식의 요리법을 써 보세요.

(1) 여러분이 잘 만드는 음식은 무엇입니까? 여러분이 만들 수 있는 음식을 선택하여 그 음식의 재료, 만드는 방법을 메모해 보세요.

I. 음식 이름: _____
II. 재료: _____
III. 만드는 방법
    1. _____
    2. _____
    3. _____
    4. _____

(2) 위의 메모를 바탕으로 잘하는 음식의 요리법을 써 보세요.

자료 출처: <이화한국어 2-1> 3과, 69쪽.

2) 탐구적 내용의 쓰기 활동 예시 : 조사 보고서 쓰기

※ 다음 예시를 참고해서 조사 보고서의 서론을 써 봅시다.

예시

제목	아시아에서의 한류
조사 배경 및 목적	• 최근 아시아에서 한류가 유행하고 있음. • 한류의 원인과 전망을 알아보고자 함.

  최근 아시아 지역에서 한국 노래, 드라마, 패션의 인기가 높아지고 있다. 유럽이나 미국에서와 달리 아시아 지역에서 이처럼 한류 열풍이 뜨겁게 일고 있는 원인이 무엇인지 알아보기 위해서 이번 조사를 하게 되었다. 그리고 앞으로 한류의 전망이 어떨지, 계속 한류를 유지하기 위해서 한국은 어떤 노력을 해야 할 것인지에 대해서도 알아보고자 한다.

• _____
• _____
• _____

자료 출처: <대학 강의 수강을 위한 한국어 쓰기 중급II> 5과, 52쪽.

3) 창의적 내용의 쓰기 활동 예시 : 수필 쓰기

※ 수필을 쓸 때 문장은 구체적인 표현으로 쉽게 써서 이해하기 쉬워야 하며 실제 경험에서 나온 거짓 없는 글이어야 한다.
※ 처음-중간-끝으로 구성되며 각 부분의 비율은 1:3:1로 하는 것이 이상적이다.
• 처음: 글을 쓰게 된 동기나 자신이 쓰게 될 이야기의 배경을 기술한다.

보기

실수는 사람에게 후회와 실망을 주기 때문에 사람들은 실수를 싫어하고 피해야 하는 것으로 생각한다. 그러나 나는 다르다. 작년에 한국어 수업 시간에 실수를 했는데 그 경험을 통해 실수가 나쁜 것만은 아니라고 생각하게 되었다.

☞ 자신이 했던 실수 경험으로 <보기>와 같이 처음 부분을 써 보십시오.

_____
_____
_____
_____
_____
_____

자료 출처: <대학 생활을 위한 한국어 쓰기 중급 II> 4과, 29쪽.

4) 공적인 내용의 쓰기 활동 예시 : 이력서 쓰기

※ 앞의 글을 참고하여 자신의 이력서를 써 봅시다.

이 력 서			
성명			
생년월일			
주소			
년	월	일	학력

기간	경력사항

취득일	자격증

자료 출처: <비즈니스 한국어> 2과, 27쪽.

5) 사회적 내용의 쓰기 활동 예시 : 감사의 이메일 쓰기

※ 다음은 감사의 이메일입니다. 다음을 참고하여 감사의 이메일을 써 봅시다.

| 답장 | 전체답장 | 전달 | 삭제 |

결혼식에 참석해 주셔서 감사합니다. | 관련 편지 검색

+ 보낸 사람 : XXX 21.03.21 10:35 | 주소 추가 | 수신 차단
📎 첨부파일 1개가 있습니다. 바로가기

안녕하세요? 저는 총무처의 박민서입니다.
지난 4월 20일, 바쁜 주말에 제 결혼식에 와 주셔서 감사합니다. 이에 직접 찾아 뵙고 감사 인사를 드려야 하지만 먼저 서면으로 인사를 드립니다.
그날 보내 주신 축하와 관심이 저희 부부에게 큰 힘이 되었습니다.
앞으로 행복하게 잘 사는 모습으로 보답하겠습니다. 아울러 항상 건강하시고 댁내에도 항상 행복이 함께 하시기를 기원합니다.

박민서 드림.

(1) 누구에게 감사의 이메일을 쓰고 싶습니까?
(2) 무슨 일에 대해서 감사하다고 말하고 싶습니까?
(3) 감사의 이메일을 써 보십시오.

자료 출처: <비즈니스 한국어> 8과, 74쪽.

6) 전문적 내용의 쓰기 활동 예시: 보고서 쓰기

❷ 다음과 같은 제목으로 보고서를 쓰려고 합니다. 주어진 개요를 활용하여 서론을 써 봅시다.

제목: 유학생의 한국 학교생활 적응에 관여하는 요인에 대한 질적 연구
― A국 출신 유학생을 중심으로

개요:

현황	한국 각 대학의 유학생 수 증가 특히 A국 학생이 가장 많은 수를 차지함.
선행 연구의 한계	연구 대상이 유학생 전반 양적 연구 ➜ 구체적인 질적 분석 및 해결책 제시 부족
연구 목적	유학생들의 한국 학교 적응에 관여하는 요인과 학교생활에서의 필요와 문제를 파악하여 사회 복지적 측면에서 해결 방안을 찾음.
연구 내용	A국 출신 유학생에 대한 질적 연구 1) 학교생활 적응을 위한 요인 규명 2) 학교생활의 필요와 문제점 파악 3) 이들을 위한 구체적인 방안 제시
연구의 의의	늘어나고 있는 A국 유학생을 위한 구체적인 지원 방안 마련

최근 _____.	현황 -고 있다
특히 _____.	
그러나 _____.	문제 제기 -(으)ㄴ 실정이다
이러한 문제 의식 아래 본 연구에서는 _____.	연구 목적 -고자 하다
이를 위해 먼저 _____.	연구 내용 -(으)ㄹ 것이다
다음으로 _____.	연구 방법 및 절차 -을/를 위해 먼저 다음으로 이를 통해
_____. 이를 통해 _____.	
본 연구를 통해 _____.	연구의 의의 -(으)ㄹ 수 있다 -(으)ㄹ 것으로 예상되다

자료 출처: <서울대 한국어 plus 학문 목적 쓰기> 11과, 126쪽.

4. 쓰기 수업의 실제

이 장에서는 교실에서의 실제 쓰기 수업을 어떻게 구성할 수 있을지에 대해 구체적으로 알아보도록 한다. 특히 앞서 살펴보았던 주요 쓰기 모형 중 과정 중심 쓰기 모형과 장르 중심 쓰기 모형에 초점을 맞추어 쓰기 수업의 실례를 제시하도록 하겠다.

우선 과정 중심 쓰기 수업은 아래와 같이 구성할 수 있다.

<표 10-8> 과정 중심 쓰기 수업의 실례

- 주제: 한국에서의 재미있는 경험
- 목표: 문화 차이로 인해 한국에서 경험한 재미있는 일에 대해서 쓸 수 있다.

쓰기 전

(1) 다음 질문을 이용하여 문화 차이 경험에 대해 친구와 대화해 보십시오.
- 언제 무슨 일이 있었습니까?
- 그 일은 어떤 문화 차이 때문이었습니까?
- 그 일을 겪은 후에 무엇을 느꼈습니까?

(2) 여러분 나라와 다른 문화를 경험한 일을 빠르게 메모해 보십시오.

> I. 들어가는 말: _____
> II. 경험한 일: _____
>   1. _____
>   2. _____
> III. 맺는 말: _____

쓰기

메모한 내용을 바탕으로 '한국에서의 재미있는 경험'에 대한 글을 써 보십시오.

쓰기 후

- 쓴 글을 친구와 바꾸어 읽어 보십시오.
- 여러분 나라의 문화는 친구의 나라 문화와 가깝습니까? 한국의 문화와 가깝습니까? 이야기해 보십시오.
- 친구의 글을 참고하여 여러분의 글을 고쳐 써 보십시오.

다음으로 장르 중심 쓰기 수업은 아래와 같이 구성할 수 있다.

<표 10-9> 장르 중심 쓰기 수업의 실례

- 주제: 교수님께 이메일 쓰기
- 목표: 교수님께 사과하는 내용의 이메일을 쓸 수 있다.

맥락 형성하기

- 여러분은 교수님께 이메일을 쓴 적이 있습니까?
- 교수님께 이메일을 쓸 때 어떤 점이 중요할까요?
- 친구에게 쓰는 이메일과 교수님께 쓰는 이메일은 어떻게 다를까요?
- 교수님께 사과하는 이메일을 쓸 때 어떤 표현을 사용할 수 있을까요?

장르 모형화하기 및 주목하기

- 다음 두 글을 비교해 봅시다. 어떤 글이 더 좋다고 생각합니까? 그 이유는 무엇입니까?

보낸 사람: ×××	보낸 사람: ○○○
교수님, 죄송한데요. 다음주 월요일 수업에 못 가요. 고향에서 부모님이 오셔서 공항에 가야 돼요.	교수님, 안녕하세요? 저는 국어국문학과 21학번 ○○○입니다. 다름이 아니라, 다음주 월요일 '한국어의 이해' 수업에 결석을 하게 되었습니다. 고향에서 부모님이 저를 보기 위해서 오시는데 부모님은 한국어를 못하시기 때문에 제가 공항으로 마중을 나가야 할 것 같습니다. 개인적인 사정으로 수업에 결석을 하게 되어서 정말 죄송합니다. 다음부터는 결석하는 일 없이 열심히 공부하겠습니다. 그럼 좋은 하루 보내시길 바랍니다. ○○○올림.

- 여러분이 이야기한 표현이 있습니까?
- 또 어떤 표현이 있습니까? 여러분이 발견한 표현에 표시하고 친구와 이야기해 보세요.
- 이메일의 내용을 아래 표에 정리해 봅시다.

인사말	
보낸 사람 정보	
이메일을 보낸 이유	
끝인사	
보낸 사람	

텍스트의 명시적 분석

- 이메일을 보낸 이유를 말할 때 사용된 표현을 찾아 봅시다.
- 사과하는 표현을 찾아 봅시다.
- 끝인사에 사용된 표현을 찾아 봅시다.
- '-(으)시길 바랍니다'를 사용해서 끝인사를 다양하게 써 봅시다.

　　　　　　　(으)시길 바랍니다.
　　　　　　　(으)시길 바랍니다.

통제된 쓰기

- 다음의 내용으로 이메일을 쓴다면 어떻게 써야 할지 생각해 보십시오.

이메일을 받는 사람	교수님
이메일 내용	과제를 마감 기한보다 늦게 제출하면서 쓰는 이메일

- 다음 표현을 사용하여 이메일에 쓸 문장을 만들어 보십시오.

　　다름이 아니라　　　-게 되어서 죄송하다　　　-(으)시길 바라다　　　올림

독립적 쓰기

여러분이 교수님께 사과할 일이 있다고 생각하고 이메일을 써 보십시오.

　답장　전체답장　전달　삭제

○○○ 교수님께

나가기

» 과정 중심 쓰기 수업을 기획해 보자.

주제	나의 장래 희망
목표	자신의 장래 희망에 대해서 소개하는 글을 쓸 수 있다.

쓰기 전

쓰기

쓰기 후

제11장
쓰기 오류와 피드백

들어가기

» 다음은 학습자의 작문 자료이다. 교사가 되어 피드백을 해 보자.

나의 한국 생활

나는 처음에 한국에 왔은데, 기분이 너무 섬섬했다. 밖에 한국 사람이 많아서 한국말을 할 줄 모르데 걱정왔다. 지하철을 탈 줄 모르고 버스도 몰랐다. 그래서 처음에 택시만 닸다. 나는 한국에 유명한 것이 한나도 못 갔다. 음식도 안 먹고 그냥 한국에 생활였다. 그래도 친구들이 도와준 덕분에 한국 생활을 잘 할 수 있었다. 저기 친구은 한국 사람이 아니라 다 중국 사람인다. 한국은 날씨가 너도 추워서 운을 많이 있다. 그리고 한국의 값이 너무 비싸다. 나는 아르바이트를 하고 싶다. 한국 문화가 너무 재미있어서 나는 문화 책이 사고 싶다. 광화문에 가지고 책을 샀다. 집에 와서 열심히 공부하면 읽을 텐데 주말에 숙제를 하다가 친구에게 전화가 와서 밖으로 나갔다.

1) 주로 무엇에 대해 피드백을 했는가?

2) 어떤 방식으로 피드백을 했는가?

1. 쓰기 오류

1.1. 쓰기 오류의 특성

　제2언어 또는 외국어 학습자들은 목표어를 학습하는 과정에 있기 때문에 다양한 유형의 오류를 일으키기 마련이다. 오류는 규범에서 벗어난 비정형의 언어 사용 결과라는 점에서는 부정적인 평가를 면하기 어렵다. 그러나 그것이 목표어를 배우는 과정에서 누구나 범하게 되며 그러한 오류를 인지하고 바로잡기 위해 노력하는 과정을 통해 보다 완전한 목표어의 체계에 도달한다는 점에서 부정적인 측면만 있다고 보기는 어렵다. 또한 언어 사용의 측면에서 볼 때 오류는 학습자들이 목표어를 배운 대로만 쓰는 것이 아니라 자신이 알고 있는 규칙을 바탕으로 새로운 가설을 세우고 창조적으로 사용한다는 증거라는 점에서 긍정적으로 평가할 수 있다. 그러한 관점에서 보면 오류가 없는 것이 반드시 좋다고 할 수는 없다. 오히려 오류가 발생했을 때 어떻게 처리할 것인가가 중요하다. 그에 따라 오류가 학습자의 언어 발달에 긍정적으로 작용하거나 부정적으로 작용하게 되기 때문이다. 즉, 학습 과정에서 범하는 다양한 유형의 오류가 다음 단계로 가기 위한 발판이 될 수도 있고 화석화되어 고급 수준의 언어 능력을 갖게 된 후에도 좀처럼 고쳐지지 않는 부정확한 언어 사용 습관으로 남을 수도 있는 것이다.

그렇다면 오류는 어떻게 처리해야 할까? 쓰기 오류를 적절히 처치하기 위해서는 쓰기 오류의 특성을 정확히 파악하는 것이 필요하다. 먼저, 쓰기는 문자를 사용하여 필자가 전달하고자 하는 메시지를 글로 표현하는 의사소통 방식이다. 문자에 의존하여 의사를 전달하는 글말이기 때문에 음성을 통해 의사를 전달하는 입말에 비해 표기에 관한 규범의 제약을 크게 받는다. 이로 인해 띄어쓰기, 철자 등에 관한 규범을 지키지 못해 발생하는 표기 오류의 비중이 상당히 높다. 다음으로, 쓰기는 적법한 구조를 갖춘 문장을 기본 단위로 하여 메시지를 전달하기 때문에 문장 배열 규칙을 엄격하게 지켜야 한다. 이는 말하기가 문장뿐만 아니라 단어, 구와 같이 다양한 형태로 메시지를 주고받으며, 문장성분의 생략, 축약, 도치 등과 같은 현상이 빈번하게 일어나는데도 소통에 아무런 영향을 미치지 않는 것과 구분되는 특성이다. 쓰기에서는 이러한 통사 규칙을 어기게 되면 글로서 적절성의 문제가 생길 뿐만 아니라 그 정도에 따라 의사소통을 방해하는 심각한 오류로 이어질 수 있다. 그다음으로, 쓰기는 문장들이 모여 단락을 이루고, 단락이 모여 완결된 구조의 텍스트를 이룬다. 이렇게 완성된 텍스트에는 표기나 문장 배열 규칙과 관련된 오류와 같이 옳고 그름의 잣대로 판단하기는 어렵지만 담화공동체에서 요구하는 담화 규칙에 대한 고려가 필요하다. 표기나 문장 배열 규칙이 정확성의 문제라면 담화 규칙은 적절성의 문제로 오류라고 하기는 어려우나 필요에 따라 어느 정도 수정이 필요한 고차원적인 오류라고 할 수 있다. 마지막으로, 쓰기의 큰 특징 중 하나인 영구성과 관련된 특성을 들 수 있다. 쓰기의 과정을 통해 산출된 글은 순간적으로 사라지는 말과 달리 영구적으로 남는다는 특성이 있다. 그러므로 쓰기 오류 또한 학습자가 산출을 글 속에서 가시적으로 드러나며 글과 함께 영구적으로 남게 된다. 따라서 글의 완성도를 높이기 위해 반드시 수정이 되어야 한다.

교사는 학습을 이끌고 돕는 안내자이자 조력자로서 적절한 시점에 적절한 방법을 선택하여 다양한 쓰기 오류들을 수정할 수 있도록 도움을 주어야 한다. 또한 쓰기 교육의 목표가 다양한 쓰기 전략을 익히고 연습을 통해 쓰기 능력을 향상시키는 것이라고 볼 때, 학습자 스스로가 오류를 인지하고 수정해 나갈 수 있는 훈련도 필요하다.

1.2. 쓰기 오류의 유형

학습자의 오류는 분류 기준에 따라 다양한 방식으로 구분할 수 있다. 다음은 일반적인 분류 체계에 따라 오류 층위, 오류 위치, 오류 양상, 오류 원인 등을 기준으로 구분한 것이다.

<표 11-1> 오류 분류의 체계

구분		오류 분류 체계
오류 층위		발음 오류, 어휘 오류, 문법 오류, 담화 오류
오류 위치	실질 어휘	명사, 대명사, 수사, 동사, 형용사, 관형사, 부사, 감탄사, 접두사, 접미사, 어근
	기능 어휘	주격조사, 관형격조사, 목적격조사, 부사격조사, 호격조사, 인용격조사, 보조사, 연결어미, 종결어미, 선어말어미, 명사형 전성어미, 관형사형 전성어미, 접속조사, 보격조사, 연결어미, 관형사형 어미, 명사형 어미, 종결어미
	구 단위 표현, 표현문형	–
오류 양상		대치, 첨가, 누락, 오형태, 오어순
오류 원인		모국어의 간섭에 의한 오류, 목표어에 의한 오류, 언어 발달상의 오류

이와 같은 분류 방식은 발음 오류를 제외하고는 쓰기와 말하기 모두에서

통용되는 분류 체계이다. 물론 쓰기의 특성에 따라 오류를 식별하고 판정하는 기준이나 오류의 양상에서 다소 차이가 있다.

> (1) 우리는 수업(√ 수업이) 끝난 후에 도서관에 갔다.
> (2) 저는 여덟 시부터 여덟 시 삼십분까지 저녁(√ 저녁을) 먹고 열 시까지 텔레비전을 봐요.
> (3) 집 근처에서 텍시를(√ 택시를) 탔어요.
> (4) 보통, 보통, 아, 왜냐면 우린, 디지틀, 아니, 디지털 카메라 말고 필름 카메라로 사진 찍어요.

(1)과 (2)는 쓰기 오류의 예로 각각 주격조사와 목적격조사를 누락한 경우이다. 만약 이것이 쓰기가 아닌 말하기에서 산출된 발화라면 화자와 청자가 발화 상황을 충분히 공유하고 있다는 전제하에 조사의 생략이 허용되므로 오류로 보지 않는다. 그러나 일정 수준의 격식성을 요구하는 쓰기에서는 조사의 생략이 허용되지 않는다. (3)은 쓰기에서 철자를 잘못 쓴 오류의 예다. 이 경우 쓰기에서 '텍시'와 '택시'가 표기의 차이로 표면화되는 것과 달리 말하기에서는 그 차이가 발음상에서 명확하게 드러나지 않기 때문에 오류로 간주되지 않는다. (4)는 학습자가 산출한 발화의 한 부분으로 구어에서 반복이나 자기 수정이 빈번하게 일어나고 발화 사이에 휴지와 간투사가 자주 삽입되기 때문에 자연스러운 발화로 받아들여진다. 반면, 쓰기에서 이러한 문장을 산출했다면 적법한 문장으로 보기 어렵다.

쓰기 오류는 오류의 내용과 범위에 따라 맞춤법 오류, 어휘·문법 차원의 오류, 텍스트 차원의 오류로 구분할 수 있다.

> » 맞춤법 오류
> : 철자 오류, 띄어쓰기 오류, 문장부호 오류 등 어문규범에 어긋나는 것들을 말한다. 이 중 띄어쓰기와 문장부호 오류는 메시지를 전달하는

데에 심각한 문제를 일으키지 않는다는 점에서 다소 가벼운 오류이지만 완성도 높은 쓰기를 위해 중요한 부분이다. 한편, 철자 오류는 그 정도에 따라 의사소통을 방해할 수 있기 때문에 가벼운 오류가 될 수도 있고 심각한 오류가 될 수도 있다.

» 어휘·문법 차원의 오류
: 어휘와 문법 사용에서 지켜야 할 규칙이나 제약을 지키지 못해 발생한 오류를 말한다. 대부분 문장 차원에서 나타나는 오류로 해당 위치에서 써야 할 어휘나 문법을 적절하게 선택하지 못하고 부적절한 어휘를 사용하는 경우, 생략하거나 누락하는 경우, 불필요한 어휘나 문법을 더 사용한 경우 등이 해당된다. 사용해야 할 어휘나 문법의 의미를 모르거나 형태 결합, 문법 제약을 정확하게 알지 못해서 발생한다. 또한, 학생들이 알고 있는 규칙이나 제약을 과잉 적용해서 오류가 발생하는 경우도 빈번하게 일어난다. 어휘·문법 차원의 오류는 다소 정확성이 부족한 경우는 학습자가 전달하고자 하는 의미를 이해하는 데에 큰 영향을 미치지 않거나 부분적인 교정을 통해 바로잡을 수 있지만 경우에 따라서는 학습자의 의도를 전혀 파악할 수 없는 심각한 수준의 오류로 이어질 수 있다.

» 텍스트 차원의 오류
: 담화적인 차원에서 전달하고자 하는 내용을 적절하게 구성하지 못한 경우를 말한다. 맞춤법 오류, 어휘·문법 차원의 오류가 정확성의 문제인 것과 달리 텍스트 차원의 오류는 적절성, 유창성의 문제와 관련된다. 따라서 특정한 요소에 대한 옳고 그름을 판단하고 교정하기보다는 쓰기 목적에 따라 글의 장르를 선택하고 그에 맞게 내용을 구조화하여 전개해 나갈 수 있도록 해야 한다. 텍스트 차원의 오류는 대부분의 경우 의사소통에는 지장을 주지 않으나 메시지를 효과적으로

전달하는 것을 방해할 수 있다.

2. 쓰기 오류 수정과 피드백

오류의 수정의 필요성, 수정 시기, 수정 범위와 방법 등에 대해서는 연구자 또는 교사에 따라 견해가 다르다. 그러나 언어 발달의 측면에서 볼 때 목표어를 학습해 나가는 과정에 있는 학습자가 산출하는 오류는 수정이 되어야 할 대상임에 분명하다.

오류 수정은 일반적으로 피드백을 통해 이루어진다. 언어 교수에서 피드백은 교수·학습 과정에서 빈번하게 일어나는 교육적 처지 중 하나이다. 학습자가 산출한 말이나 글을 평가하고, 오류를 수정하는 데에 필요한 언어 형태와 내용에 대한 정보를 제공해 주며, 목표어에 대한 학습자의 이해를 돕고 지식을 내재화하며 언어 사용 능력을 강화하기 위한 활동이다.

피드백은 긍정적 피드백(positive feedback)과 부정적 피드백(negative feedback)으로 나눌 수 있다. 긍정적 피드백은 학습자의 언어 사용 결과가 적절하게 잘 되었다는 것을 표시하는 동시에 학습자의 수행을 칭찬하고 격려하는 것을 말한다. 반면, 부정적 피드백은 학습자의 언어 사용 결과가 부적절하거나 부정확하다는 것을 표시하는 것을 말한다.

부정적 피드백은 수정적 피드백(corrective feedback)이라고도 하는데, 이는 피드백의 본질이 학습자가 산출한 오류를 수정하기 위한 것이라고 보는 견해에 따른 것이다. 적절한 때에 효과적인 방법으로 학습자들에게 수정적 피드백을 제공하면, 오류 수정은 물론 오류를 일으킨 부분에 관한 언어 사용 규칙을 내재화하고 강화하는 데에도 긍정적인 영향을 미칠 수 있다. 다음은 학습자가 쓰기 과정에서 수정적 쓰기 피드백을 받은 후의 인지 처리 과정을 나타낸 것이다(Bitchener & Storch, 2016:18-25).

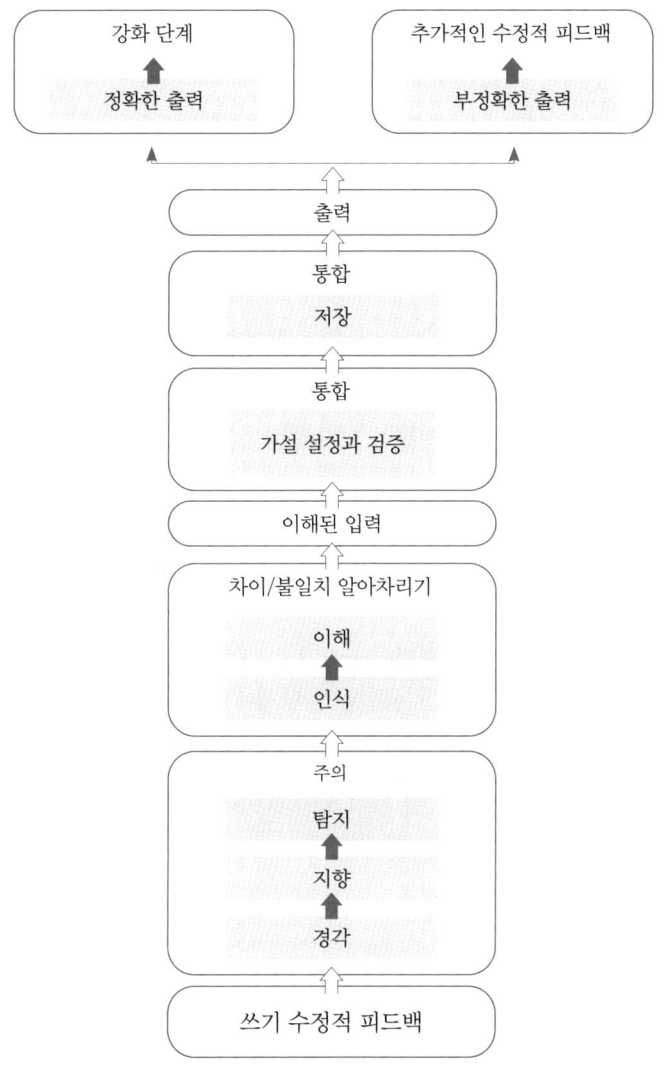

[그림 11-1] 수정적 피드백의 인지 처리 단계(Bitchener & Storch 2016:20)

[그림 11-1]에 따르면 그림에 따르면 학습자는 수정적 피드백을 받은 후 다섯 단계의 인지 처리 단계를 거치게 된다.

첫 번째 단계는 '주의'와 '차이/불일치 알아차리기' 단계이다. 이 단계에서 학습자는 자신이 생성한 오류와 피드백에 주의를 기울인다. 먼저 배우고자 하는 동기를 확인하고 준비를 하며, 다음으로 자신이 생성한 오류의 형태와 의미에 집중하고, 이에 관한 정보를 처리하기 위해 탐색의 과정을 거친다. 그 과정에서 자신이 알고 있는 것과 피드백을 통해 제공된 정보에 차이가 있음을 인식하고 자신이 생성한 오류를 이해하게 된다.

두 번째 단계는 '이해된 입력'의 단계이다. 학습자가 '수용'의 단계로 가기 전에 피드백 내용을 이해하는 것으로 자신이 가진 지식과 피드백의 내용이 다름을 인식하는 과정이다. 학습자가 그 차이를 분명하게 알 수 있게 목표어의 수준을 고려하여 적절한 피드백 방법을 선택하는 것이 중요하다.

세 번째 단계는 '수용'의 단계이다. 학습자가 피드백과 자신이 가진 지식을 비교하면서 가설을 설정하고 검증해 나가는 과정이다. 이 과정에서 학습자는 목표어에 대한 지식뿐만 아니라 모국어와 그 밖의 다른 언어에 대한 지식을 종합적으로 활용한다.

네 번째 단계는 '통합'의 단계로 앞선 단계에서 검증된 가설을 저장하는 단계이다. 학습자는 자신의 오류를 수정하여 새로운 출력을 하기 위해 가설을 검증한다. 학습자가 가진 지식을 토대로 세워진 가설은 피드백을 통해 제공된 입력과 일치하면 학습자의 지식과 통합되고 그렇지 못하면 버려지게 된다. 그리고 언어 항목을 정확하게 사용할 수 있음을 확인하면서 그 가설은 강화된다.

다섯 번째 단계는 '출력'의 단계이다. 앞선 과정을 통해 정확한 형태와 의미로 언어를 사용하면 출력이 성공한 것으로 보며, 그렇지 못한 경우는 실패한 것으로 본다. 출력이 성공적으로 이루어지면 학습자는 관련 지식을 강화하게 되며, 출력이 실패한 경우에는 추가적인 피드백이 필요하다.

이에 따르면 피드백은 학습자가 중심이 되는 매우 능동적인 활동이다. 연구자마다 피드백의 기능과 효과에 대한 생각의 차이는 있지만 적절한 피드백은 학습자로 하여금 자신이 생성한 오류에 주목하고, 자신이 가진 지식을 수정함으로써 올바르게 언어 사용을 할 수 있게 해 주며, 언어 습득을 촉진하는 역할을 한다는 것에 대해서는 큰 이견이 없다. 피드백이 이와 같은 순기능을 하도록 하기 위해서는 다음과 같은 점에 유의할 필요가 있다.

- » 첫째, 학습자들의 인지 처리 과정을 고려하여 적절한 피드백의 방법을 선택한다.
- » 둘째, 학습자의 수준을 고려하여 피드백 방법과 범위를 결정한다.
- » 셋째, 지나치게 형태 오류에만 집중하지 않는다.
- » 넷째, 피드백의 내용은 학습자들이 이해하기 쉽게 명확하고 구체적으로 한다.
- » 다섯째, 학습자가 피드백을 단순히 수용하는 수동적인 존재가 아님을 이해하고 학습자 중심의 활동을 다양하게 마련하여 제시한다.
- » 여섯째, 학습자 스스로 오류를 수정하고 그 과정에서 얻은 새로운 지식을 내재화할 수 있는 활동을 제시해 준다.
- » 일곱째, 가급적 교사의 주관적인 의견이 개입되지 않도록 한다.

3. 쓰기 피드백의 실제

학자에 따라서는 오류를 수정하는 것이 반드시 긍정적인 효과로 이어지는 것은 아니라고 보기도 한다. 하지만 교수 현장에서 최소한 고쳐지지 않은 오류가 습관으로 굳어지는 것을 방지하기 위해서라도 오류의 수정은 필요하다. 또한 더 나아가 효율적인 언어 습득을 위한 발판으로 오류를 활용하기 위해 체계적인 오류 수정이 이루어질 필요가 있다. 그러면 쓰기 피드백은 언제 해야 하며, 어디까지 해야 하며, 구제적으로 무엇에 대해 해야 하며, 누가 주체가 되어야 하며, 어떤 방법으로 해야 할까? 이 절에서는 쓰기 피드백의 유형과 방법에 대해서 알아보기로 하겠다.

3.1. 쓰기 피드백의 유형

쓰기 피드백이 언어 습득에 긍정적인 영향을 미치는 것은 사실이지만 교사와 학습자 모두에게 만족스러운 피드백이 되기란 쉬운 일이 아니다. 쓰기 활동의 과정에서 교사는 학습자들이 좋은 글을 써 나갈 수 있도록 방향을 제시하고 이끄는 안내자인 동시에, 학습자가 필요로 하는 순간에 도움을 주는 조력자, 학습자의 글을 평가하는 평가자로서 다양한 유형의 피드백을 제공한다.

피드백의 시기, 범위, 내용, 주체, 경로에 따른 피드백의 유형을 구분해 보면 다음과 같다.

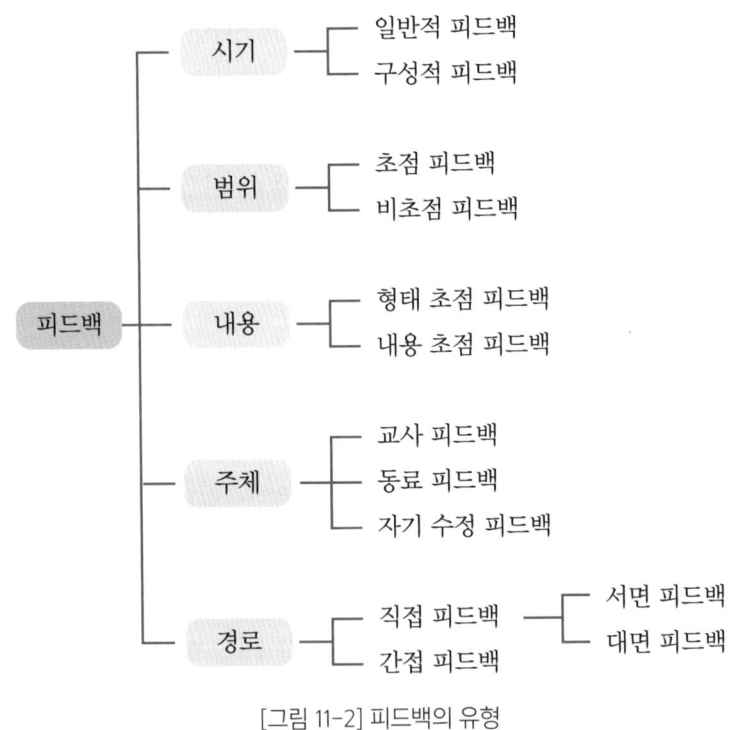

[그림 11-2] 피드백의 유형

3.2. 유형에 따른 피드백 방법

쓰기 피드백은 유형에 따라 구체적인 목적이나 효과, 방법 등이 달라질 수 있다. 따라서 학습자의 특성이나 쓰기 자료의 특성, 교육 환경 등을 고려하여 적절한 유형의 피드백을 선택하는 것이 좋다.

3.2.1. 언제 하는 것이 효과적일까?

Raimes(1983:139-141)에서는 피드백을 주는 시점에 따라 피드백의 유형을 일반적인 피드백과 구성적인 피드백으로 나누었다.

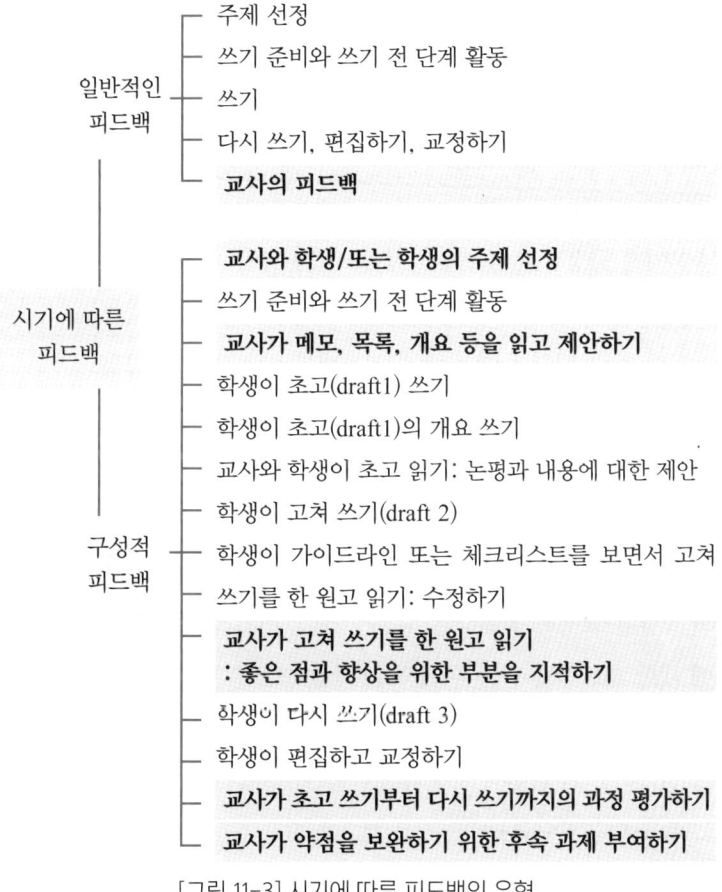

[그림 11-3] 시기에 따른 피드백의 유형

일반적인 피드백은 글이 완성된 다음에 피드백을 주는 것이다. 교사는 학습자에게 주제를 선정해 주고 평가자로서 마지막 단계에서 학습자가 수행한 결과를 평가하는 역할을 하게 된다.

이와 달리 구성적 피드백은 쓰기의 전 과정에서 피드백이 이루어진다. 수행 결과에 대한 피드백은 물론 주제 선정, 개요 짜기, 초고 쓰기, 고쳐 쓰기의 각 단계에서 피드백이 이루어진다.

이와 같은 과정을 통해 글을 쓰면서 학습자는 쓰기의 과정 전반에 대해 배울 수 있게 된다.

3.2.2. 어디까지 피드백을 해야 할까?

학습자는 다양한 유형의 오류를 일으킨다. 더불어 학습 정도에 따라 오류의 양이 적거나 많을 수 있다. 이때 모든 오류를 수정의 대상으로 삼을 것인지 반복적으로 일어나는 오류 또는 특정 오류를 수정의 대상으로 삼을지에 대한 판단이 필요하다. 오류의 수정을 목적으로 하며, 그러한 과정이 학습자에게 긍정적인 영향을 미친다고 보는 관점에서는 모든 오류가 피드백의 대상이 될 수 있다.

피드백은 그 범위에 따라 초점 피드백과 비초점 피드백으로 나눌 수 있다. 교사가 학생들의 모든 오류에 대해 피드백하는 것을 비초점 피드백이라고 하고 몇 가지의 오류 항목에만 주목하여 피드백하는 것을 초점 피드백이라고 한다. 초점 피드백은 제한된 피드백을 제공하여 학습자가 오류를 쉽게 파악하고 오류에 주목할 수 있도록 해 준다는 장점이 있는 반면, 그 밖의 오류를 교정하지 못하는 문제가 있다. 비초점 피드백은 많은 양의 오류에 대한 피드백을 받을 수 있지만 학습자의 수준에 따라 피드백의 수용에 어려움을 느끼게 된다. 이에 반해, 학습자가 형태에 집중하여 자신의 오류를 인식하고 더 나아가 자신의 오류를 이해한다면 언어 습득을 촉진하는 데 도움을 얻을 수 있다.

3.2.3. 무엇을 피드백해야 할까?

쓰기 피드백은 글의 내용과 조직, 전개에 초점을 둔 내용 초점 피드백과 철자, 어휘, 문법 등 언어 형태의 정확성에 초점을 둔 형태 초점 피드백으로 나눌 수 있다. 내용 초점 피드백은 좋은 글을 쓰기 위해 필수적이며, 형태 초점 피드백은 정확성을 요하는 글을 작성하는 데에 반드시 필요하다.

일반적으로 쓰기는 완성된 글을 쓰기까지 여러 단계를 거치게 되는데, 제2 언어 또는 외국어 학습자로서 목표어 학습 활동의 한 부분으로 쓰기 활동을 하기 때문에 아이디어를 구상하는 단계부터 글을 완성하기까지 각 단계의 목표를 고려하여 피드백 내용을 달리하는 것이 효과적이다.

<표 11-2> 쓰기 단계에 따른 피드백 내용

단계	쓰기 활동	중점적인 피드백 내용	
쓰기 전 단계	개요 짜기	• 적절한 주제를 선정하였는가 • 주제와 관련된 경험, 입장이나 견해가 잘 정리되었는가 • 주제 관련된 예시, 사실, 근거, 비교 자료 등이 잘 조사되었는가	내용 초점
쓰기 단계	초고 쓰기	• 도입이 효과적인가 • 내용이 논리적으로 잘 전개되고 있는가 • 결론이 명확하게 드러나는가 • 글의 길이가 적절한가	
	고쳐 쓰기	• 주제문이 잘 드러나는가 • 단락이 일관성 있게 잘 구성되었는가 • 적절한 담화 표지가 사용되었는가 • 내용이 짜임새 있게 잘 구성되었는가 • 풍부한 어휘와 문법을 사용하였는가	
쓰기 후 단계	점검 하기	• 어휘와 문법이 용법에 맞는가 • 철자가 정확한가 • 문장부호가 정확한가 • 글이 전달하고자 하는 내용이 잘 드러나는가	형태 초점 · 내용 초점

쓰기 전 단계에서는 글을 본격적으로 쓰기에 앞서 아이디어를 구상하고 개요를 짜는 단계로 적절한 주제를 선정하고 그와 관련된 견해나 자료 등

이 잘 준비되었는가에 초점을 맞추어 피드백을 한다. 주로 내용 초점 피드백이 이루어지는 단계이다. 일방적으로 의견을 전달하는 방식보다는 주제에 관해 다양한 방식으로 소통을 하면서 학습자가 자신의 생각을 확장해 나갈 수 있도록 단서를 제공하거나 교사의 의견을 덧붙이는 것이 좋다.

쓰기 단계에서는 초고 쓰기와 고쳐 쓰기가 이루어지는 단계로 주로 내용 초점 피드백이 이루어진다. 초고 쓰기 단계에서는 주로 글의 구조적인 측면에 초점을 두고 피드백을 해 주는 것이 좋다. 주제를 도입하는 방식이나 내용의 전개 방식, 결론의 도출 방식 등이 주요한 대상이 된다. 초고 쓰기 단계가 지난 후에는 글의 내용을 중심으로 피드백을 한다. 주제문이 명확하게 드러나는지, 글의 내용이 주제문과 관련된 내용으로 일관성과 짜임새가 있게 잘 구성되었는지, 주제를 전개하는 데 필요한 어휘나 문법 표현 등이 다양하게 쓰였는지를 중점적으로 살펴보고 피드백을 하도록 한다.

쓰기 후 단계는 글을 최종적으로 점검하는 단계이다. 완성된 글을 읽으면서 내용과 형태 두 가지 모두 검토하여 글의 완성도를 높인다. 특히 앞선 단계에서는 관심을 두지 않았던 어휘와 문법, 철자, 문장부호 사용의 정확성에 초점을 두어 피드백을 한다.

3.2.4. 누가 해야 할까?

쓰기 피드백은 피드백의 주체가 누구인지에 따라 교사 피드백, 동료 피드백, 자기 수정 피드백으로 나눌 수 있다.

교사 피드백은 교사가 직접 피드백을 하는 방식이다. 오류를 수정해 주거나 글의 내용과 구성을 검토하고 의견을 제시해 준다. 학습자에게 정확하고 신뢰할 수 있는 피드백을 제공해 줄 수 있다는 장점이 있다. 그러나 평가자의 입장에서 오류 수정에 관한 피드백만 일방적으로 제공하면 학습자가 오류에 대한 부정적인 생각이나 부담감을 가질 수 있다. 따라서 학습자의 쓰기를 돕는 안내자, 조력자의 입장에서 쓰기의 과정에서 필요로 하는 피드백을 제공해 주는 것이 좋다.

동료 피드백은 학습자가 짝 활동, 그룹 활동을 통해 서로의 글을 읽고 피드백을 주는 방식이다. 동료의 글에서 오류를 찾고 내용을 점검하는 과정에서 자신의 글을 되돌아보게 되며, 쓰기 능력의 발달을 촉진할 수 있다. 또한 글을 비판적으로 읽을 수 있는 능력이 향상된다. 그러나 동료 학습자에 대한 신뢰가 없을 경우 부정적인 결과를 가져올 수 있으므로 교사는 학습자의 수준이나 성향을 고려하여 짝을 지어 주어야 한다. 아울러 학생들이 어떤 부분에 주의를 기울여 글을 읽어야 하는지 구체적으로 제시해 주어야 한다. 다음의 예와 같이 점검 목록을 만들어 주는 것도 좋다.

쓰기 피드백 점검 목록
※ 다음의 항목을 생각하면서 친구의 글을 읽고 피드백을 해 봅시다.

내용	• 글의 제목이 내용과 잘 어울리는가 • 글의 내용이 흥미로운가 • 글쓴이의 중심 생각이 잘 나타나 있는가 • 중심 생각을 뒷받침하는 내용이 잘 나타나 있는가 • 글이 자연스럽게 이어지는가 • 글의 길이가 적절한가
형식	• 어휘와 문법을 정확하게 사용하였는가 • 글의 주제에 맞는 어휘와 문법을 선택해 사용하였는가 • 어휘와 문법을 다양하게 사용하였는가
종합	• 글쓴이가 전달하고자 하는 메시지가 나에게도 전해지는가 • 이 글에서 가장 인상적인 것은 무엇인가 • 이 글이 좋아지기 위해 조금 더 개선되어야 할 부분은 무엇인가

자기 수정 피드백은 학습자 스스로 자신이 쓴 글을 검토해 보면서 수정하는 방식이다. 학습자가 교사 피드백에서 수용적인 입장이 되는 것과 달리 학습자 스스로 오류를 발견하고 오류의 원인을 찾고 수정하는 과정에서 주체적이고 능동적으로 활동하게 되며 오류에 대한 두려움이나 부정적인 감정을 감소시킨다. 그뿐만 아니라 자신의 약점을 파악하고 이를 극복하기 위한 학습 전략을 세울 수 있게 되며 이는 학습자의 쓰기 능력을 향상키는

데에도 도움이 된다. 단, 학습자가 목표어를 학습하는 과정에 있으므로 실수로 인한 오류나 복잡하지 않은 형태 오류는 학습자가 직접 수정할 수 있으나 목표어에 대한 지식이 내재화되지 못해 일으킨 오류나 내용에 관한 오류는 교사의 도움이 필요하다.

3.2.5. 어떻게 하는 것이 효과적일까?

쓰기 피드백은 피드백 방식에 따라 직접 피드백과 간접 피드백으로 구분할 수 있다. 직접 피드백은 교사가 잘못된 부분을 명시적으로 수정해 주는 방식을 말한다. 반면, 간접적 피드백은 교사가 오류 위치를 표시하거나 기호를 통해 오류의 유형을 암시적으로 알려 주어 학습자가 스스로 오류를 수정할 수 있는 기회를 제공하는 방식을 말한다. 직접 피드백은 빠른 시간에 쉽고 명확하게 오류를 확인하고 작문의 정확성을 향상시킬 수 있는 장점이 있는 반면, 학습자가 오류에 주의를 기울이지 못하고 쉽게 지나칠 우려가 있다. 간접적 피드백은 학습자가 직접 오류를 수정하는 과정에서 문법 형태에 대한 의식을 고양하고 내재화를 돕는 효과가 있다고 알려져 있다. 그러나 모든 학습자들이 교사가 기대하는 방식으로 오류를 수정할 수 있는 것은 아니다. 따라서 학습자가 수정한 오류는 교사가 반드시 확인해 주는 과정이 필요하며 이 과정이 이루어지지 않을 경우 오랫동안 고쳐지지 않는 오류가 남을 수도 있다. 이처럼 두 가지 방식 모두 장단점이 있기 때문에 학습자의 수준, 학습 목적, 문화적 배경, 선호 방식, 교수·학습 환경을 고려하여 적절한 방법을 선택하는 것이 좋다.

교사에 의한 쓰기 피드백은 대면 피드백과 서면 피드백으로 나눌 수 있다. 대면 피드백은 교사가 학습자와의 면담을 통해 수행 결과에 대한 의견을 주는 방식이며, 서면 피드백은 학습자의 작문에 교사가 다양한 방식으로 논평과 주석을 제공하는 방식이다. 대면 피드백은 교사와 학습자의 상호 작용을 바탕으로 하기 때문에 교사가 학습자의 의도를 파악하기가 쉽고 형식보다는 내용을 중심으로 한 피드백을 하기가 용이하다. 또한 학습자가 부족하거나 궁금해 하는 점에 대해 집중적으로 피드백을 해 줄 수 있어 피드백에 대한 만족도가 높은 경우가 많다. 서면 피드백은 학습자가 교정해야 할 사항을 반복해서 볼 수 있다는 장점이 있는 반면, 수행의 결과만 보고 피드백을 하기 때문에 교사가 학습자의 의도를 파악하기 어렵다는 단점이 있다. 또한 어휘, 문법과 같은 형태적 오류에 초점이 주어지는 경향이 있다.

그럼에도 교사가 매번 대면 피드백을 하기는 어렵기 때문에 서면 피드백은 가장 주된 피드백의 방법으로 활용되고 있다. 서면 피드백은 오류 표시하기, 교정 부호를 사용하여 오류 표시하기, 수정 표현 제시하기, 관련규칙을 제공하기, 절충 방식으로 교정하기, 논평 제시하기와 같은 방식으로 이루어진다.

1) 오류 표시하기

오류를 직접 수정해 주지 않고 오류가 발생한 위치에 표시를 하는 방식이다. 이때 오류의 종류에 따라 표시를 달리 하여 학습자가 오류의 유형을 인지하고 오류 수정의 방향을 파악해 직접 수정하도록 하기도 한다. 예를 들면, 문법 오류에는 밑줄을 긋고 어휘 오류에는 동그라미를 하거나 단순 철자 오류에는 빨간색, 형태 결합 오류에는 파란색, 의미 오류에는 노란색으로 모양이나 색깔을 다르게 하여 표시를 해 줄 수 있다.

2) 교정 부호를 사용하여 오류 표시하기

오류 위치에 교정 부호를 사용하여 오류를 표시하는 방식이다. 띄어 쓰기나 붙여 쓰기, 철자나 내용의 첨가나 누락 등을 나타내는 교정 부호가 주로 사용된다.

3) 수정 표현 제시하기

교사가 오류 위치를 표시하고 직접 수정을 해 주는 방식이다. 오류를 수정하기 위한 대안을 제시하기도 하고, 학습자가 쓴 표현보다 더 좋은 표현을 제시하기도 한다.

4) 관련 규칙을 제공하기

오류 위치를 표시하고 오류를 일으킨 원인을 파악할 수 있도록 관련 규칙을 간단히 제시하는 방식이다. 주로 형태 결합 규칙이나 문법 제약을 어겼을 경우 유용하게 활용할 수 있다. 규칙만 제시하고 학습자가 직접 수정을 하게 하거나 교사가 직접 수정을 한 후 보충 설명을 위해 규칙을 부가적으로 제시하기도 한다.

5) 절충 방식으로 교정하기

오류 위치 표시, 교정 부호 사용, 직접 교정 등의 방식을 혼합하여 수정을 해 주는 방식이다. 예를 들면, 단순한 실수라고 판단되는 부분에는 밑줄을 긋고, 학습자가 스스로 수정할 수 있는 오류에 대해서는 오류임을 인식할 수 있도록 오류 위치를 표시하거나 교정 부호를 제시한다. 또한 학습이 부족하거나 아직 배우지 않아 발생한 오류는 교사가 직접 수정을 해 줄 수 있다.

> 저는 미래에 대도시에서 살고 싶어서/큰 도시에서 생활은
> 시골에서 생활보다 안락해요. 다른 사람들 마지못해
> 시골에서 살고 있어요.
> 그 중의 많은 대도시에서 살고 싶지만 도로 못 이사해요.
> 대도시에 일자리를 찾기 어렵지 않고 가망은 있어요. 시골에서
> 생활 품질은 나쁘고 땅이 적은은 많은 사람들은 시골에서 살고 있어요.
> 큰 도시에서 교육 품질은 전원에서 교육 품질보다 좋아요.
> 대도시에서 문화 생활의 기회가 많을 수 있어요.

6) 논평 제시하기

교사가 학습자의 수행 결과에 대해 논평을 제시하는 방식이다. 주로 글의 구성이나 내용 등에 대한 의견을 제시하거나 학습자를 칭찬하거나 격려하는 내용의 긍정적 피드백을 제시하는 경우가 많다.

> 대학교 졸업하자마자 재미있는 일자리를 취직을 하기로
> 했어요. 제가 좋아하는 일자리를 선택하고 그 일에 몰두할 수
> 있을 것입니다. 그렇게 하면 그 일을 하는 동안 즐겁고 일의 좋은 생각이에요!
> 보람을 느끼게 될 것이에요. 직업을 구할 때 일에 몰파한
> 정보다는 자기가 보람을 느낄 수 있는 일을 선택해야겠어요.
> 저는 날마다 제일 유명한 회사에 이력서하고 자기소개서를
> 보낼 거예요. 저는 미래에 대기업에 다니고 싶었는데
> 대기업에서 중소기업보다 더 많이 공부할 수 있다고 생각해요.

※ 직업 선택에 대해 좋은 생각을 가지고 있네요. 대기업에 다니고 싶은 이유를 조금 더 구체적으로 써 보세요. 예를 들어서 설명을 해도 좋고, 장단점을 비교해도 좋습니다! ^^

나가기

» 학습자 오류와 피드백에 대해 학습한 내용을 바탕으로 아래의 작문에 피드백을 하고 질문에 대해 토론해 보자.

저는 6개월 전에 한국에 왔다. 한국에 있는 여러 가지 대학교에서 이 학교에 정했다. 처음 한국에 왔을 때 한국어 읽을 쓸 줄을 알아지만 말할 줄을 몰라서 정말 힘들었다. 그렇지만 대학교에서 한국어 공부한 후에 한국말도 잘 할 수 있고 한국 드라마도 잘 들을 수 있다.

한국에 왔을 때 친구가 없어서 매일 집에서 혼자 빵하고 과자 먹을 뿐이다. 지금은 친구가 많이 생겼을 뿐만 아니라 한국 생활을 하는 동안 여러 가지 일을 한 덕분에 지금은 잘 생활할 수 있다. 한국에 생활하는 동안 힘들기는 하지만 친구가 있어서 다 괜찮다. 처음에 왔을 때 무엇 일이든지 다 모랐지만 지금은 다 할 줄 알은 것 같다.

이제는 한국이 하도 좋아서 나중에도 한국에 있는 동안도 많은 곳을 가 보고도 많은 경험이 할 보면 좋을 것 같다.

1) 무엇이 달라졌는가?

───

〈들어가기〉
에서의 피드백

───

〈나가기〉
에서의 피드백

───

2) 학생들에게 도움이 되기 위하여 피드백을 할 때 고려해야 할 사항은 무엇인가?

제12장
쓰기 전략

들어가기

» 외국어로 글을 쓸 때 어떤 전략을 사용하는지 다음을 보고 체크해 보자. 얼마나 많은 전략을 사용하는가? 그 전략이 쓰기 활동에 얼마나 도움이 되는가? 그 밖에 쓰기 활동을 할 때 사용하는 전략이 있는지 이야기해 보자.

(1: 전혀 그렇지 않다, 2:그렇지 않다, 3: 보통이다, 4:그렇다, 5: 매우 그렇다)

질문	1	2	3	4	5
나는 쓰기 전					
1. 나는 어떻게 쓸 것인지 계획하고, 주어진 시간을 잘 사용한다	1	2	3	4	5
2. 내가 어느 정도의 분량을 쓸지 결정하고 쓰기 시작한다.	1	2	3	4	5
3. 서론, 본론, 결론에 들어갈 내용을 정리한 후 쓰기를 시작한다.	1	2	3	4	5
나는 쓰기를 할 때					
4. 시간이 얼마나 남았는지 생각하면서 쓴다.	1	2	3	4	5
5. 맞춤법에 맞게 썼는지 생각하며 쓴다.	1	2	3	4	5
6. 상황에 맞는 올바른 단어를 사용하였는지 생각한다.	1	2	3	4	5
나는 다 쓴 후					
7. 나는 다 쓴 후, 내가 쓴 글을 다시 읽으며 글의 구성이 논리적이고 자연스러운지 확인한다.	1	2	3	4	5
8. 나는 다 쓴 후, 내가 전하고자 하는 바가 명확한지 다시 확인한다.	1	2	3	4	5
9. 한국어로 글을 쓰면서, 제시된 문제에서 요구하는 주제에 관한 것을 썼는지 확인하였다.	1	2	3	4	5
나는 한국어로 글을 쓸 때					
10. 나는 아는 단어 중에서 글의 주제에 가장 적합한 단어를 사용한다.	1	2	3	4	5
11. 지시문에서 중요하다고 생각되는 부분이나 단어에 밑줄을 그었다.	1	2	3	4	5
12. 글을 쓰며 중요하거나 좋은 아이디어 또는 핵심단어들이 생각나면 잊어버리지 않기 위해 적어두는 편이다.	1	2	3	4	5
나는 글을 다시 확인할 때					
13. 내가 쓰기 전에 계획한 만큼의 분량에 맞게 썼다.	1	2	3	4	5
14. 새 단어나 내용을 추가하는 것이 필요할 경우 추가한다.	1	2	3	4	5
15. 내가 의도했던 것을 표현하지 않은 단어들을 바꾸거나 지운다.	1	2	3	4	5

1. 쓰기 교육과 쓰기 전략

　쓰기 전략이란 필자가 쓰기에서 부딪치는 문제를 해결하여 쓰기 목적을 달성하기 위해 사용하는 활동을 말한다. 최근 쓰기 지도에서는 과정 중심, 학습자 중심, 전략 중심 지도가 중요하게 여겨지고 있는데, 이는 쓰기를 필자의 역동적인 의미 구성 행위로 파악하여 학습자가 쓰기 과정에서 필요로 하는 전략을 가르침으로써 학습자의 쓰기 능력을 향상시키고자 하는 것이다.

　쓰기 전략에 대한 관심과 연구는 일찍부터 모어 쓰기 분야에서 활발히 진행되어 왔으며 제2언어 쓰기 전략에도 큰 영향을 미쳤다. 1960년대까지의 쓰기 연구는 주로 쓰기의 형식적인 특징에만 초점을 맞추어, 정확한 글을 생산하는 것을 중요하게 여기는 결과중심적인 쓰기 교육이 주를 이루었다. 그러나 이러한 형식주의 쓰기 이론으로는 학습자의 쓰기 능력이 향상되기 어려웠기 때문에 1960년대 후반부터는 필자의 머리속에서 이루어지는 쓰기 과정에 관심을 갖게 되었다. 당시 인지심리학에서 인간의 내재된 사고력이 지적 능력이나 언어적 능력을 개발한다고 여기면서 교수·학습에 대한 관점이 인지주의적 관점으로 바뀐 것도 이러한 흐름에 큰 영향을 주었다. 1970, 80년대의 인지주의 쓰기 이론은 쓰기를 정보의 인지 처리와 관련된 복잡하고 비선형적인 과정으로 보았다(Emig 1971; Flower & Hayes 1980). 대표적인 인지주의 쓰기 모델인 Flower & Hayes(1980)의 모델에서는 쓰기를 쓰기 과제와 필자의 선험 지식, 그리고 쓰기 과제 수행을 위해 필자가 도입하는 인지 전략의 상호 작용으로 이루어진 일련의 과정으로 보았다(Tsai 2004:42). 이렇듯 인지주의적 관점의 쓰기 이론이 도입되면서 쓰기 과제라는 문제 해결을 위해 필자가 도입하는 전략으로서 쓰기 전략이 중요하게 다루어지기 시작하였다. 최근에는 쓰기 전략 사용을 쓰기 능력의 일부로 보고 쓰기 교육에서 전략 교육을 특히 강조하고 있다.

2. 쓰기 전략의 개념

쓰기 전략은 필자가 쓰기 과정 중에 부딪치는 문제를 해결하여 쓰기 목적을 효율적으로 달성하기 위해 사용하는 방법을 말한다. 쓰기 전략의 개념을 이해하는 데 중요한 것은 쓰기가 목표 지향적이고 문제 해결적인 행위라는 점, 그리고 다른 학습 전략과 마찬가지로 쓰기 전략이 의식적인 행위라는 점이다(Stern 1983; Oxford 1990; Cohen 1990). 여기에 더해 제2언어 쓰기의 필자는 언어적인 제약을 가진다는 점을 기억해야 한다. 이를 정리하면 다음과 같다. 첫째로, 필자는 쓰기의 목표를 효율적으로 달성하기 위해 전략을 사용한다. 쓰기는 문자 언어를 매개로 한 의사소통으로서 모든 쓰기 활동은 일정한 의사소통 목적을 가지기 마련이다. 안내문은 독자에게 핵심적인 정보를 쉽고 정확하게 전달하고자 하고, 광고문은 광고하는 대상에 대한 장점을 부각시켜 독자를 구매로 유도하고하 하는 등, 장르에 따라 일정한 의사소통의 목적을 가지며, 필자는 이를 가장 효율적으로 달성할 수 있는 방법을 찾아 글을 쓰려고 한다. 둘째, 쓰기는 일종의 문제 해결 과정으로서 필자는 쓰기 과정에서 부딪치는 여러 문제를 해결하기 위해 전략을 사용한다. 제2언어로 글을 써야 하는 필자는 주어진 쓰기 과제가 무엇을 요구하는지 파악하는 첫 번째 과정에서부터 문제를 겪을 가능성이 크다. 이를 해결하기 위해 필자는 쓰기 지시문을 모어로 번역하여 이해하거나, 지시문의 맥락을 이용하여 과제의 요구사항을 추론할 수 있다. 셋째, 필자는 제한된 인지 능력을 보상하기 위해 전략을 이용한다. 필자는 한정된 작업 기억 용량 때문에 쓰기 과정 중에서 처리해야 하는 여러 인지적 활동들을 충실하게 처리하는 데 어려움을 겪을 수 있는데(박영목 2000; Peñuelas 2012), 특히 모어가 아닌 제2언어로 글쓰기를 해야 하는 필자에게는 익숙하지 않은 제2언어로 의미를 적절히 구성하는 일에 작업 기억을 상당 부분 할당해야 하고, 쓰기의 다른 부분을 처리하는 데도 작업 기억을 할애해야 하므로 인지적인 부담이 더욱 크다. 따라서 필자는 전략을 이용해 특정한 과업에 주의를 집중함으로써 작업 기억의 한계 내에서 정보를 처리할 수 있도록 작문의 과정을 효율화시킬 수 있다. 넷째, 쓰기 전략은 문제 해결의 맥락에서 목표에 도달하기 위한 의도적이며 의식적인 행위이다(최영환 1995; 이재승 2002; 박영목 2008). 필자는 쓰기 과정에서 부딪치는 문제를 해결하고, 쓰기의 목적을 효율적으로 달성하기 위해 가장 효율적인 방법으로서 적절한 전략을 선택하고 이를 실행한다. 쓰기 전략 사용은 전적으로 필자의 의도적인 선택에 의한 것이므로 쓰기 과정 중의 행위가 이미 자동화되었다면 이는 전략 사용이 아니다.

　최근 한국어교육 분야에서는 전략(strategy)과 기술(skill), 활동(activity)을 구분하지 않고 사용하는 경우가 있는데, '전략'과 '기술'의 가장 큰 차이는 그것이 의식적인 노력에 의한 것인가 자동화된 무의식적인 행위인가에 달려 있다. 만일 쓰기 과정에서 어떠한 문제를 인식하고 이를 해결하기 위한 방법으로 어떤 행위를 하고자 한다면 이는 전략에 해당하고, 이러한 상황에서 그 행위를 하는 것이 반복되어 의식적인 결정 없이 수행된다면 기술이라 할 수 있다. '활동'의 경우에는 '수업 활동', '의사소통 활동'으로 쓰이는데, 한국어 수업에서 이루어지는 단순한 연습에서부터 달성해야 하는 의사소통 목적을 가지는 일련의 완결된 의사소통 행위까지, 교수·학습의 일환으로 학습자가 행하게 되는 모든 언어 행위를 의미한다. '전략'은 의사소통 목적을 달성하기 위해 필자가 의도한 행위를 일컬으므로 동일한 행위라고 하더라도 그것을 의도한 주체가 교사인지 학습자인지에 따라 활동이 될 수도 있고 전략이 될 수도 있다.

한편, '전략(strategy)'과 '과정(process)'을 구분하지 않는 경우도 있어 구분이 필요하다. '과정(process)'이란 인간의 정보 처리 모델에서 이해하기, 저장하기, 검색하기와 같은 개별적인 정신 활동 단계를 의미하는 것으로 직접 관찰될 수 없는 것이며, 이러한 인지 활동은 언어 사용, 시험 수행, 전략 사용 등 광범위한 행위의 기초가 된다. 반면, 전략은 학습자의 행위로 나타나므로 인지 활동과 달리 구체적이고 관찰 가능하다.

3. 쓰기 전략의 유형

많은 연구들이 쓰기 단계별로 쓰기 전략 유형을 제시하고 있다. 대표적인 연구는 O'Malley & Valdez(1996)로서 쓰기 전략 유형을 다음과 같이 제시하고 있다.

<표 12-1> 쓰기 단계별 전략(O'Malley & Valdez 1996)

쓰기 단계	전략
쓰기 전	쓰기 시작 전에 주제 선정하기 Formulates topics before writing stages
	주제에 대한 접근 방식 고려하기 Considers approach to topic
	쓰기 위해 주제에 대해 토론하기 Discuss topic for writing
	내용 조직하기 Outlines or makes schematic organizer
쓰기	쓰기 모니터링하기(다시 읽기, 검토하기, 되짚어보기) Monitors writing(re-reads, reviews, backtracks)

쓰기	조정 기술 사용하기(단어 생략, 대체) Use adaptive techniques(e.g., skips words, makes substitutions)	
쓰기 후	교정하기(단어 수준의 변경) Edits(wod-level changes)	
	수정하기(문장 수준의 변경) Revises(sentence-level changes)	
	고쳐 쓰기(작문 수준의 변경) Rewrites(composition-level changes)	
	다른 사람들로부터 피드백 받기 Gets feedback from others	

한편, Cohen(1990)은 다음과 같이 쓰기 전략을 제시하였으며, Leki(1995)는 제2언어 학습자들의 쓰기 과제 수행을 분석하여 학습자들이 사용하는 쓰기 전략을 귀납적으로 밝혔는데, 학습자들은 쓰기 전략을 한 번에 두 개 이상 사용하기도 한다는 것을 알아냈다.

Cohen(1990)의 쓰기 전략 유형
» 쓴 것 되돌아보기
» 내용 간 의미를 명확히 하기
» 계획 세우기
» 수정 미루기
» 담화 표지 및 접속사 등을 결정하기
» 어휘 확장 여부 확인하기
» 거리를 두고 자신의 글 관찰하기
» 글의 목적과 독자를 염두에 두어 작성하기
» 원고 여러 번 쓰기

Leki(1995)의 쓰기 전략 유형

- 명료화
- 초점 맞추기
- 과거 경험에 의존해 쓰기
- 모어나 자국 문화 이점 이용하기
- 현재의 경험이나 피드백 이용하기
- 모형 찾기
- 현재 또는 과거의 ESL 쓰기 훈련 이용하기
- 교사의 요구 수행하기
- 교사의 요구 저항하기
- 경쟁 요구 관리하기

인지적인 관점에서 모어 화자의 쓰기를 연구한 Flower & Hayes(1981) 이후로 제2언어 쓰기에 대한 연구들은 대부분 Flower & Hayes(1981)를 바탕으로 쓰기 전략을 재분류하여, 제2언어 쓰기 전략을 인지 전략과 상위 인지 전략으로 구분하였다. 그중 Tsai(2004)에서는 ESL 학습자의 쓰기 전략 사용과 제2언어 쓰기 능력 사이의 관계를 조사하기 위해 Flower & Hayes(1980)의 쓰기 모델을 바탕으로 쓰기 전략을 다음과 같이 유형화하였는데, 이는 쓰기 전략을 체계적으로 교수·학습하기 위해 한국어교육에서도 참고할 만하다.

<표 12-2> 쓰기 전략의 유형(Tsai 2004:122, 126)

인지 전략 (Cognitive Strategy)	이해 과정 (comprehending processes)	번역하기(translating)
		추론하기(inferencing)
		명시하기(clarifying)
	기억 회상 과정 (memory retrieval processes)	사전 지식 활용하기 (invoking prior knowledge)
		정보 조직하기 (organizing information)
		작문하기(composing)
		수정하기(revising)
상위 인지 전략 (Metacognitive Strategy)	계획하기(planning)	
	독자 고려하기(considering the audience)	
	모니터링하기(monitoring)	
	결과물 평가하기(evaluating product)	

Tsai(2004)에 따르면 쓰기 전략은 인지적 전략과 상위 인지 전략으로 구분할 수 있다. 쓰기를 쓰기 과제, 필자의 선험 지식, 필자가 쓰기 과제를 수행하기 위해 도입하는 인지 전략 간의 상호 작용이라 보았을 때, 쓰기에 사용되는 가장 직접적인 전략은 인지 전략이다. 인지 전략 사용이 학습자가 당면한 작업에 직접 사용하는 전략이라면 상위 인지 전략은 작업을 상위에서 통제하고 제어하는 고차원적인 사고 행위로 볼 수 있다. 인지 전략과 상위 인지 전략을 상세히 살펴보면 다음과 같다.

3.1. 인지 전략

인지 전략은 인간의 정보 처리 모델에서 단기 기억의 새로운 정보를 처리하고 이를 장기 기억에 저장하는 과정과 관계된다. 쓰기에서는 이러한 인지 전략이 아래와 같이 작동한다.

3.1.1. 이해 과정

1) 번역하기

　번역하기는 언어 학습자들이 흔히 사용하는 인지 전략으로 제2언어를 이해하거나 생산하기 위해 목표어를 번역하는 것을 의미한다. 보통 숙달도가 낮은 학습자들에게서 많이 관찰되는 전략이다. 쓰기에서는 과제를 수행하기 위해 모국어 또는 다른 이미 알고 있는 언어를 사용하여 과제의 지시를 이해하는 것이다.

2) 추론하기

　번역하기와 더불어 필자가 과제와 과제 요구 사항을 이해할 수 있도록 하는 또 다른 전략으로 추론하기가 있다. 추론하기는 이미 가지고 있는 정보로부터 새로운 정보를 얻는 전략으로, 쓰기 과제에서는 지시문에서 이용 가능한 문맥적 단서나 자신의 스키마를 사용하여 지시문의 의미를 추측함으로써 과제의 요구 사항을 이해하는 것이다.

3) 명시화하기

　명시화하기는 과업의 요구에 대한 이해를 명확히 하기 위해 자신에게 질문하는 전략이다. 일반적인 의사소통 상황에서는 교사나 다른 원어민에게 요청함으로써 명시화하기가 이루어지기 때문에 의사소통 전략의 하나로 볼 수 있지만, 쓰기 상황에서는 정보를 명확히 하거나 지시문에 대한 이해가 정확한지 확인하기 위해 필자는 자신에게 질문을 던질 수 있다.

3.1.2. 기억 회상 과정

1) 사전 지식 활용하기

　필자는 이미 작업, 주제, 독자, 언어, 장르 등에 대한 정보를 장기 기억에 저장하고 있기 때문에 필요할 때 관련 지식을 검색할 수 있다. 사전 지식 활용하기는 필자가 자신이 이미 알고 있는 쓰기에 대한 지식을 사용하여 과업을 수행하는 것이다. 이것은 자신의 스키마(주제, 언어, 절차적 지식과 경험)와 과제를 통해 습득한 것을 연결시키는 것을 포함한다.

2) 정보 조직하기

쓰기 과제와 관련된 정보를 장기 기억으로부터 검색할 때 즉시 사용할 수 있을 정도로 조직화된 아이디어를 불러 올 수도 있지만, 대개는 단편적인 정보를 떠올릴 뿐이다. 정보 조직하기는 장기 기억에서 불러 온 정보를 입력 또는 출력을 위해 구조화하는 행위로서, 쓰기에서는 글에 포함시키기 위한 아이디어나 요점을 정리하는 것이다. 지시문에서 주요 단어에 밑줄을 긋거나 강조하거나 간단히 메모하고 아이디어를 도식화할 수 있다. 이렇게 아이디어가 정리되고 필자가 이에 만족하면 비로소 쓰기를 시작하게 된다.

3) 작문하기

실제로 글을 쓰는 것은 또 다른 전략으로 필자는 정교하고 추상적이며 비언어적인 의미를 목표 언어 공동체의 관례적이고 공식적인 언어적 표상들로 바꾸는 데 전략을 사용한다. 작문하기는 말하는 대로 쓰기보다 훨씬 복잡한 과정으로 논증적인 글쓰기의 경우 작문하기는 필자로 하여금 개념을 통합하고 문제를 해결할 것을 요구하는데 그 과정에서 필자는 계속해서 지식을 발전시키면서 텍스트도 발전시켜야 하는 양방향 상호작용에 놓이게 된다.

4) 수정하기

수정하기는 학습자의 언어적, 비언어적 지식, 학습된 규칙을 요구하는 인지 전략이다. 필자는 쓰기를 수행하면서 수정을 할 수도 있고, 쓰기를 끝낸 후 수정할 수도 있는데, 수정하기는 단순한 교정이나 오류 수정 이상의 복잡한 행위이다. 필자는 모호함을 개선하거나 응집성을 향상시키기 위해 아이디어를 재배열하거나 새로운 정보를 추가하고, 글의 목적, 어조, 청중을 고려하여 글을 수정한다.

3.2. 상위 인지 전략

인지 전략이 쓰기 작업과 직접 관련되고 쓰기 결과물에 직접적인 영향을 미친다면, 상위 인지 전략은 일종의 제어 과정(control process)에 해당한다.

1) 계획하기

계획하기는 쓰기에 대한 인지적 접근에서 가장 강조되는 전략이다. Flower & Hayes(1981)가 계획하기를 쓰는 동안 필자가 계속해서 사용하는 별개의 사고 과정이라고 한 것처럼, 쓰기 전에 이루어지지만 쓰기 작업 전반에 걸쳐 반복될 수 있다. 필자의 지식과 같은 내부 자원과 시간과 같은 외부 자원을 모두 평가하고 할당하며, 작업을 완료하기 위해 취해야 하는 단계를 지시하고, 각 단계에서 수행해야 하는 강도나 속도를 결정하는 것이 포함된다. 자신의 집중력, 쓰기 목표를 고려하는 것도 계획하기의 범주에 들 수 있다.

2) 독자 고려하기

독자 고려하기는 또 다른 중요한 상위 인지 전략으로서 독자에 맞게 의식적으로 글을 쓰는 것이다. 독자를 고려한 글이 좋은 글이 된다는 점은 널리 알려져 있다. 독자에게 알맞은 글을 쓰기 위해서는 누구를 위해 글을 쓰는지, 무엇을 써야 하고, 어떻게 써야 하는지에 대해 인식해야 한다. 독자를 분명하게 상정하는 것은 글의 수사적인 측면을 발전시킬 뿐 아니라 글에 대한 아이디어를 생성하는 데도 도움이 된다.

3) 모니터링하기

모니터링은 쓰는 동안 필자가 자신의 쓰기 수행이 효과적인지 점검하는 것인데, 상위 집단과 하위 집단의 중요한 차이 중 하나로 여겨지는 전략이다. 모니터링은 미시적 수준에서 언어적 지식에 비추어 결과물의 언어적 정확성을 검토하고, 거시적 수준에서 논의가 논리적으로 진행되었는지, 독자에게 적절한 표지를 제공했는지, 글의 내용이 일관성 있는지를 점검하는 담화 수준의 작업이 이루어진다. 이뿐 아니라 글이 주어진 주제, 상식, 필자의 경험에 맞는지에 대한 검토도 이루어진다.

4) 결과물 평가하기

모니터링이 언어활동 중에 이루어지는 전략이라면, 평가하기는 수행이 끝난 후 사용되는 전략이다. 언어 학습 전략에서 평가하기는 자신의 언어 산출물, 언어 수행을 판단하는 것이며, 쓰기에서도 능숙한 필자는 수시로 자신이 쓴 글을 평가하여 과제의 요구와 필자 내적 기준에 의거해 적절한 언어를 사용했는지, 아이디어가 이해하기 쉬운지, 어조나 사용역이 적절한지를 판단한다. 만일 구상한 계획이나 작성된 글이 만족스럽지 않다면 이를 개선할 방법을 찾아 추가적인 계획하기, 텍스트 생성하기, 검토하기, 수정하기 작업이 이루어지게 된다.

4. 쓰기 전략의 훈련

4.1. 쓰기 전략 훈련의 효과

모어 글쓰기 능력과 쓰기 전략이 제2언어로 전이된다고 보는 견해와 그렇지 않다고 보는 견해가 있다. Frienlander(1990)는 사용되는 언어에 관계없이 모어에서 개발된 쓰기 전략은 제2언어로 전이된다고 하였고, Silva(1993)는 모어와 제2언어 쓰기가 유사하지만 언어 구사 능력의 차이로 표현 부분에서는 두드러진 차이를 보인다고 하였다. 모어 쓰기 전략은 제2언어 쓰기에 전이될 수도 있고 그렇지 않을 수도 있는데, 한 가지 분명한 것은 언어적 제약으로 인해 학습자가 모어 쓰기에서 사용했던 전략을 그대로 한국어 쓰기에 사용하기는 어렵다는 것이다. 따라서 모어에서 숙달한 전략이라 하더라도 핵심적인 쓰기 전략은 제2언어 쓰기에서 다시금 훈련이 필요하다.

쓰기 전략 훈련이 글쓰기 능력 향상에 직접적인 도움을 준다는 연구 결과는 상당하다. 특히, 많은 연구에서 상위 학습자 집단과 하위 학습자 집단은 쓰기 전략 사용에서 뚜렷한 차이를 보였는데 이는 쓰기 전략 개발이 쓰기 능력 향상의 지름길이 될 수 있음을 시사하는 것이다. 다음은 학습자의 상위 학습자와 하위 학습자 집단의 쓰기 전략 사용의 차이를 정리한 것이다.

> 1) 상위 집단은 하위 집단보다 상위 인지 전략을 더 많이 사용한다.

한국어와 영어 글쓰기에서 모두 상위 집단은 하위 집단보다 상위 인지 전략을 더 많이 사용하며, 자신이 사용하고 있는 쓰기 전략을 인식하고, 적절하고 효율적인 전략을 판단하는 것으로 나타났다(Yeon 2002).

> 2) 상위 집단은 하위 집단보다 글의 전반적인 구성을 계획하는 데에 시간을 더 사용한다.

상위 집단은 글을 쓰기 전에 글의 전반적인 구성을 계획하는 데 하위 집단보다 시간을 더 쓰며, 쓰기 전에 전반적인 계획을 하면 쓰는 동안 초보자들처럼 자주 멈추어서 생각하지 않는 것으로 나타났다. 반면, 미숙한 필자는 주제를 받자마자 바로 쓰기를 시작하는 경향이 있었다.

> 3) 상위 집단은 자신이 쓴 글을 계속해서 수정한다.

가장 상위의 학습자들은 수정하기와 편집하기에 가장 많은 시간을 들이며, 숙달된 학습자일수록 독자를 염두에 두고 기꺼이 수정과 편집에 시간을 할애한다(Raimes 1983; 문다혜 2009에서 재인용). 상위의 학습자들은 대부분 글이 주어진 과제에 효과적인 응답이 될 때까지 주제와의 관련성, 적절성, 분명함을 개선하기 위해 계속해서 수정하는 특징을 보였다(Sasaki 2000; Yeon 2002). 그러나 하위 집단은 글의 목적이나 맥락을 고려하기보다 한 문장 한 문장에 신경을 쓰면서 문법이나 어휘 문제와 같은 지엽적인 오류에만 초점을 두는 것으로 나타났다.

4) 상위 집단은 하위 집단보다 다양한 전략을 사용한다.

여러 연구에서 상위 집단은 하위 집단보다 더 많은 전략을 사용하는 것으로 나타났다. 하위 집단은 늘 사용하던 전략을 반복해서 사용하였는데, 주어지는 쓰기 과제에 따라 적절한 전략을 판단하지 않고 익숙한 전략만을 사용하는 것으로서 쓰기 작업을 효율적으로 만들어주지 못한다.

5) 하위 집단은 전략을 적절하게 적용하지 못한다.

미숙한 필자는 다양한 전략을 사용하지 못할 뿐 아니라 적극적으로 전략을 사용하더라도 잘못된 전략을 사용하거나 전략을 적절하게 적용하지 못하는 문제가 있는 것으로 나타났다(Vann & Abraham 1990). 이는 성공적인 학습자와 그렇지 않은 학습자가 문제 해결에 접근하는 방식에 근본적인 차이가 있음을 나타내는 것이다(한선화 2008).

그밖에 능숙한 필자들은 쓰기 과제가 주어지면 주제를 분명히 이해하고자 노력하며, 주제와 관련된 자료를 찾아 읽으면서 아이디어 전개나 언어 표현에 도움을 받는 특징을 보이기도 했다(Gordon 2008).

4.2. 쓰기 전략 훈련 활동

그렇다면 어떤 쓰기 전략을 어떻게 훈련시키는 것이 좋을까? 쓰기 전략은 쓰기 과정 중에 학습자들이 쓰기 과제를 효율적으로 완수할 수 있는 방법을 적용하는 것으로서 쓰기 수업에서는 이를 쓰기 과제를 통해 훈련시킬 수 있다. 다음은 쓰기 전략을 훈련하는 쓰기 과제이다.

1) 사전 지식 활용하기

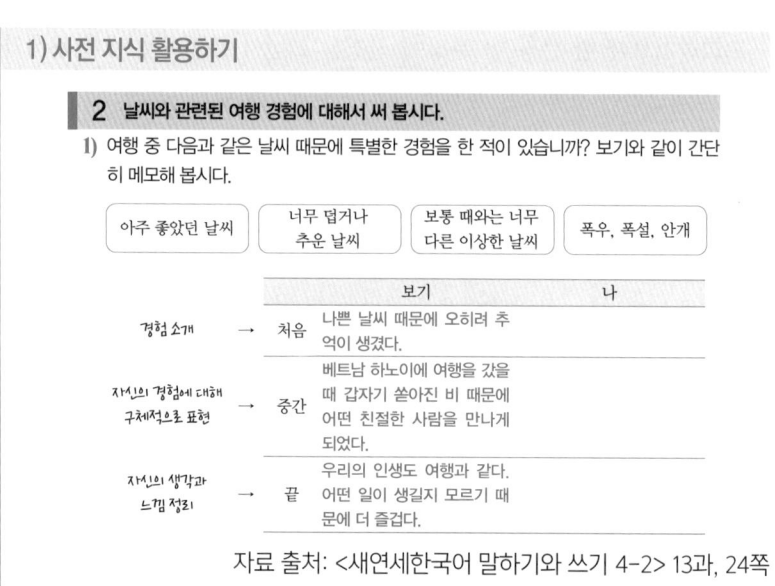

2) 정보 조직하기

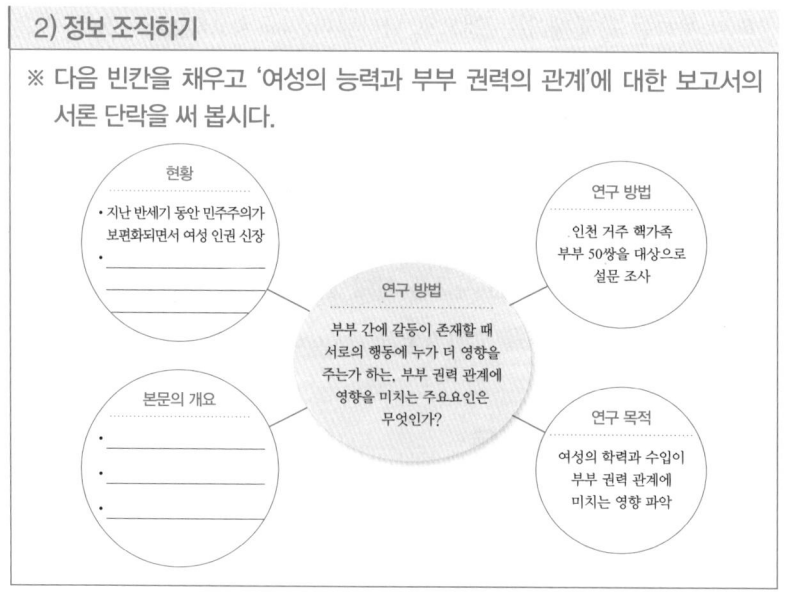

> 전근대적인 사회에서는 남편의 권위와 아내의 순종으로 부부 간 권력 관계가 단일한 양태로 고정되어 있었다. 그러나 _____
> _____
> _____
> _____
> _____

자료 출처: <대학 강의수강을 위한 한국어 쓰기 고급> 3과, 32쪽

3) 수정하기

※ 다음에 맞게 글을 작성했는지 확인해 보고 고쳐 써 보십시오.

구분	평가 내용	확인
형식	• 문장이 논리적으로 연결되어 있는가? • 단락이 잘 나뉘어 있는가? • '처음-중간-끝'이 명확하게 구분되어 있는가?	
내용	• 주제를 잘 뒷받침하는 자료를 근거로 들었는가? • 내용상 보충할 부분은 없는가?	
표현	• 주어와 서술어의 호응이 맞는가? • 맞춤법 오류는 없는가? • 문장을 문법에 맞게 작성했고, 다양하고 적절한 어휘를 사용했는가?	

자료 출처: <유학생을 위한 대학한국어 읽기, 쓰기 2> 9과, 177쪽

4) 수정하기, 독자 고려하기

1. 작성한 개요가 주제를 잘 드러내고 있는지 검토하고 부족한 부분을 보완하여 완성해 봅시다.
2. 위에서 보완한 하여 완성한 개요를 토대로 초고를 써 봅시다.
3. 조별로 초고를 돌려 보고 독자의 입장에서 수정할 내용에 대해 논의하고 수정해 봅시다.
4. 다음 사항을 고려하여 완성된 초고를 문단별로 살펴봅시다.

> ① 문단이 나뉘어야 하는 부분이 있는가?
> ② 문단이 합쳐져야 하는 부분이 있는가?
> ③ 주제문에서 벗어나는 문단은 뺐는가?
> ④ 주제문에 부합하면서 꼭 필요한 문단이 추가될 필요는 없는가?
>
> 5. 4의 내용을 바탕으로 초고를 문단별로 수정해 봅시다.

자료 출처: <글쓰기의 절차와 과정> 6과, 78-79쪽

이밖에도 모든 전략의 수행을 상위에서 조정하는 상위 인지 전략을 훈련할 필요가 있다. 자신이 어떠한 전략을 사용하고 있는지 인지하고 이를 조정할 수 있도록 전략 사용에 대한 점검을 하도록 하는 것이 중요하다.

나가기

» 다음 주제 중에 하나를 골라 쓰기 단계에 따라 적용할 수 있는 전략을 계획해 보자. 같은 주제를 고른 동료들과 전략 사용 계획을 비교해 보고 어떤 차이가 있는지 알아보자.

주제

- 인공지능의 발전이 인간에게 이로울까?
- 동물원은 동물에게 필요한가, 해로운가?
- 텀블러 사용은 환경 보호에 도움이 되는가?

쓰기 단계	사용할 수 있는 전략
쓰기 전	・ ・ ・ ・ ・
쓰기	・ ・ ・ ・ ・
쓰기 후	・ ・ ・ ・ ・

제13장
쓰기 평가

들어가기

» 다음은 쓰기를 평가하기 위한 질문이다. 각각의 질문은 어떤 지식을 평가하기 위한 것일지 연결하여 보자. 왜 그렇게 연결했는지 이야기해 보자.

- ㉠ 문장의 연결이 긴밀하고 자연스러운가?

① 언어 사용 지식

- ㉡ 쓰기 계획과 목표를 체계적으로 세웠는가?

- ㉢ 글의 내용이 풍부하고 정확한가?

② 텍스트적 지식

- ㉣ 어휘와 표현이 풍부한가?

- ㉤ 주어진 과제의 주제에 맞는가?

③ 내용적 지식

- ㉥ 수준에 맞는 문법을 정확하고 적절히 사용하였는가?

- ㉦ 담화 장치들을 적절히 사용하였는가?

④ 전략적 능력

- ㉧ 초안 작성이 잘 이루어졌는가?

- ㉨ 맞춤법은 정확한가?

1. 쓰기 평가의 목표와 내용

　우리가 쓰기 능력을 평가하기로 결정하였다면, 어떤 점에 관한 논의가 필요할까? 우선, 쓰기 평가의 목표를 설정하여야 하고, 학생들이 수행할 수 있다고 예상되는 쓰기 평가 과제가 무엇이 되어야 하며 어떠한 쓰기 능력이 평가되어야 할지(즉, 쓰기 평가의 내용이 무엇이 되어야 할지), 그리고 평가의 형식은 어떻게 되어야 할지, 문항 유형은 어떻게 되어야 할지, 채점은 어떻게 이루어져야 할지에 대한 논의가 필요할 것이다. 이러한 일련의 준비가 공정하고 객관적인 평가를 마련하는 데에 필요하며, 긍정적인 환류 효과가 일어날 수 있게 하는 밑거름이 될 것이다. 이를 위한 쓰기 평가의 목표, 평가 유형, 평가 문항의 유형, 쓰기 평가 기준 및 채점 방식을 살펴보도록 하겠다.

1.1. 쓰기 평가의 목표

쓰기 평가를 설계하는 데 있어서 우선적으로 해야 할 일은 왜(목적) 쓰기 평가를 시행하는지, 그리고 무엇을 위한(목표) 쓰기 평가가 되어야 하는지에 대해 생각하는 일일 것이다. 일반적으로 언어 평가의 목적은 학습자의 언어 능력을 추론하여 어떠한 결정을 내리는 것이다(Bachman & Palmer 1996). 이를 쓰기 평가에 대입해 보면, 쓰기 평가의 목적이란 학습자가 쓴 글을 가지고 평가 항목과 기준에 따라 쓰기 능력을 추론하여, 이것에 따라 '언어 능력 및 적성 진단과 피드백, 학습자 선발, 배치, 교육 프로그램 평가 및 개선, 연구' 등을 위한 결정을 내리는 것이다. 한편 쓰기 평가의 구체적인 목표는 위에서 언급한 쓰기 평가의 목적, 기관에서 설정한 쓰기 교육과정의 내용, 교육 목표, 수준별 기준, 평가 기준 등을 참고하여 구체적으로 설정한다. 여기에서는 TOPIK II의 평가 기준을 예로 들어 살펴보도록 하겠다. 평가 기준을 통해 평가 목표가 무엇인지를 가늠해 볼 수 있을 것이다.

<표 13-1> TOPIK II의 쓰기 평가 기준[1]

급	쓰기 평가 기준
3급	• 사적이고 친숙한 소재의 글을 유창하고 정확하게 쓸 수 있다. • 자신에게 친숙한 사회적 소재에 대해 글을 쓸 수 있다. • 설명문의 구조를 이해하여 간단한 글을 쓸 수 있다. • 문어와 구어의 기본적인 특성을 구분할 수 있으며, 문어체 종결형을 사용해 글을 쓸 수 있다.
4급	• 친숙한 사회적·추상적 소재에 대해 글을 쓸 수 있다. • 일반적인 업무와 관련된 간단한 서류 및 보고서를 작성할 수 있다. • 간단한 감상문, 설명문, 수필 등을 쓸 수 있다. • 자신의 생각을 논리적으로 표현하는 간단한 글을 쓸 수 있다.

[1] 제시된 토픽의 등급별 평가 기준은 2014년 7월 토픽 개편 이전인 2011년에 공개된 것이다. 그러나 체제 개편으로 평가 기준이 크게 변화한 것은 아니므로 등급에 따른 쓰기 평가 목표의 차이를 비교하기 위한 목적으로 살펴본다.

5급	• 자신과 관련이 적은 사회적·추상적 소재에 대해 어느 정도 글을 쓸 수 있다. • 업무나 학문 등의 전문 분야에서 요구되는 글을 쓸 수 있다. • 다양한 담화 상황에 맞는 적절한 격식을 사용하여 글을 쓸 수 있다. • 감상문, 설명문, 수필, 보고서, 논설문 등을 쓰거나 요약할 수 있다.
6급	• 자신의 업무나 전문 분야와 관련된 글을 정확하고 유창하게 쓸 수 있다. • 한국어 담화 구조의 특징을 이해하여 설득력 있고 논리적인 글을 쓸 수 있다. • 다양한 표현법 중 가장 적절한 표현을 선택해 사용할 수 있다. • 논문, 연설문, 공식적인 문서 등을 쓸 수 있다.

1.2. 쓰기 평가의 내용

쓰기 평가의 내용은 시험 또는 과제를 통해 평가하고자 하는 바가 될 것이다. 여기서 평가하고자 하는 바, 즉 쓰기 능력의 구성 요인은 '구인(Construct)'이라고 한다. 구인을 결정하는 일은 쓰기 능력의 본질적인 측면을 측정하기 위한 요인을 결정하는 일인데, 이는 평가의 개발에서 주된 일이 된다고 볼 수 있다.

쓰기 평가의 구인을 결정하기 위해서는 쓰기 능력이 무엇인지에 대해 알아보아야 한다. 쓰기 능력이 언어 능력에 속하는 것으로 보고, 언어 능력에 대해서 잠시 살펴보면, 언어 능력은 대체적으로 크게 '언어 지식'과 '전략적 능력'으로 이루어진다고 볼 수 있다. 언어 지식은 다시 '문법 지식(어휘, 형태, 통사, 음운론), 텍스트 지식(응집성 있는 텍스트 형성을 위한 지식), 기능적 지식(다양한 의사소통적 기능을 성취하기 위해 언어가 사용되는 방법에 대한 지식), 사회언어학적 지식(여러 사회적 상황에서 언어를 적절하게 사용하는 방법에 대한 지식)'의 하위 지식으로 나뉘고, 전략적 능력은 '평가, 목표 설정, 계획하기, 실행 통제'로 나뉜다(Douglas 2000:35).

언어 능력을 위와 같이 언어 지식(문법, 텍스트 기능, 사회언어적)과 전략적 능력(평가, 목표 설정, 계획, 실행 통제)으로 쓰기 능력이 이루어져 있다고 보고, 이를 바탕으로 쓰기 평가를 위한 구인을 정해 보자. '언어 사용 지식, 텍스트적 지식, 내용적 지식, 전략적 능력'으로 재구조화하여 쓰기 능력 평가 구인을 나열한다면 다음과 같이 해볼 수 있겠다.

<표 13-2> 쓰기 평가를 위한 구인

1) 언어 사용 지식	• 맞춤법은 정확한가? • 문장 부호를 정확히 사용하였는가? • 수준에 맞는 문법을 정확하고 적절히 사용하였는가? • 문법을 풍부하게 사용하였는가? • 수준에 맞는 어휘와 표현을 정확하고 적절히 사용하였는가? • 어휘와 표현이 풍부한가?
2) 텍스트적 지식	• 과제에 타당한 글의 장르나 유형을 잘 선택하였는가? • 글의 구조가 합리적인가? • 일관된 내용을 썼는가? • 문장의 연결이 긴밀하고 자연스러운가? • 담화 장치들을 적절히 사용하였는가?
3) 내용적 지식	• 내용 조직이 논리적인가? • 주어진 과제의 주제에 맞는가? • 글의 내용이 풍부하고 정확한가? • 세부 내용들의 연계가 자연스러운가?
4) 전략적 능력	• 쓰기 계획과 목표를 체계적으로 세웠는가? • 초안 작성이 잘 이루어졌는가? • 필요한 자료 수집이 잘 이루어졌는가? • 쓴 글을 피드백에 맞게 잘 수정하였는가?

첫째로, 언어 사용 지식의 측면에서 맞춤법, 문법, 어휘와 표현으로 나누어 언어 사용이 정확하고 풍부한지 평가한다. 문장 구성의 능력과 오류 여부를 판단하여 반영한다. 평가 문항에서 요구하는 수준의 문법과 어휘 및 표현을 정확하고 다양하게 썼는지를 평가한다. 이때 형태적으로만 접근하는 것보다 의미 전달에 문제가 없는지를 고려하여 평가하는 것이 필요하다.

둘째로, 텍스트적 지식을 평가한다. 글의 장르나 유형을 잘 선택하였는지, 글의 구조를 합리적으로 조직화하였는지, 일관된 내용으로 썼는지, 문장의 연결이 긴밀하고 자연스러운지, 담화 장치들을 적절히 잘 활용하였는지를 고려하여 평가한다. 즉 문장 단위를 넘어 문장 간 연결이 자연스럽고 연관성이 있는지, 또 문장들이 모인 한 문단이 응집성, 통일성을 지니는지, 또 문단 간의 연결이 자연스럽고 연관성이 있는지를 파악한다.

셋째로, 내용적 지식에 관하여 평가한다. 글을 평가할 때 글 속에 담긴 내용을 문장, 담화 단위로 평가한다. 주어진 과제의 주제에 맞는지, 과제의 내용이 풍부한지, 일관된 내용을 썼는지, 내용 조직이 논리적인지, 세부 내용들의 연계가 자연스러운지 등에 대해서 평가한다.

넷째로, 전략적 능력을 평가한다. 이것은 과정 중심 평가에서 활용될 수 있는 범위로서, 쓰기 계획 및 목표를 잘 세웠는지, 초안 작성이 잘 이루어졌는지, 자료 수집이 잘 이루어졌는지, 피드백에 맞게 잘 수정하였는지를 평가한다.

지금까지 쓰기 평가의 구인에 대해 살펴보았다. 그러나 이러한 구인은 실제 평가에 적용할 때, 축소 또는 확대, 변형의 과정을 거치게 될 것이다. 예를 들어 만약 과정 중심 평가를 하게 된다면 위의 네 가지 영역을 모두 구인의 범위로 삼겠지만, 만약 결과 중심 쓰기 평가를 하게 된다면 위에서 세 가지 영역만 취할 수도 있을 것이다. 이밖에도 평가 기관, 평가 목적, 평가 대상 등에 따라 구인이 다르게 적용될 수 있다.

2. 쓰기 평가 유형

일반적으로 언어 평가는 그 목적에 따라 숙달도 평가, 진단 평가, 배치 평가, 성취도 평가, 적성검사 등으로 나뉘는 등 다양하다. 이 안에서 필요에 따라 쓰기 평가가 사용될 수도 있고 그렇지 않을 수도 있을 것이다. 그렇다면 이러한 다양한 언어 평가 안에서 활용될 수 있는 쓰기 평가의 유형에는 어떤 것이 있을지 살펴보도록 하겠다.

쓰기 평가의 유형은 평가받게 되는 대상이 무엇이 되느냐에 따라 즉, 평가 대상이 쓰기 결과냐 아니면 쓰기 과정이 되느냐에 따라 결과 중심 쓰기 평가와 대안적 평가로 나뉜다(최은지 2019:202). 결과 중심 평가는 학습자가 쓴 쓰기의 결과물에 표현된 것을 중심으로 평가하는 것을 가리킨다. 즉 수업과의 연계성 없이 결과물에 드러난 어휘, 문법, 철자의 정확성에 중점을 둔 일회적 평가를 말한다. 결과 중심 평가는 쓰기 수행의 결과를 직접적으로 평가하느냐 아니면 다른 수행을 통하여 쓰기 능력을 간접적으로 평가하느냐에 따라 직접 쓰기 평가와 간접 쓰기 평가로 나눌 수 있고, 대안적 평가에는 과정 중심 쓰기 평가와 포트폴리오 평가 등이 있다. 아래에서는 쓰기 평가 유형을 '직접 쓰기 평가, 간접 쓰기 평가, 과정 중심 쓰기 평가, 포트폴리오 평가'로 나누어 각각을 살펴보겠다.

2.1. 직접 쓰기 평가

직접 쓰기 평가는 그 자리에서 주어진 주제로 제한 시간 내에 정해진 형식의 글을 답안지에다가 실제로 쓰게 하는 방식이다. 즉 직접 쓰기 평가는 쓰기 수행을 통해 평가한다. 이는 쓰기가 아닌 다른 수행 결과로 평가하는 간접 쓰기 평가와 대비되는 개념이라 할 수 있다. 직접 쓰기 평가를 통해 학습자들이 해당 주제를 가지고 얼마나 잘 생각을 발전시켜 표현하고, 문장을 잘 조직하는지 등의 능력을 평가할 수 있다. 이 방식은 작문 주제, 시험 환경, 자료의 이용 조건, 채점 방법 등이 통제된 환경에서 글을 쓰게 하므로 평가의 안면 타당도를 확보하는 데에 용이하다.(Wolcott & Legg 1998:10-12) 따라서 직접 쓰기 평가는 제1언어와 제2언어 쓰기 시험으로 가장 많이 사용되기도 한다.

직접 쓰기 평가의 특징은 다음과 같이 다섯 가지로 볼 수 있다 첫째, 시험의 응시자는 논리적으로 연속성 있는 텍스트를 최소 한 편 이상 써야 한다. 둘째, 응시자에게는 시험 과정에 대한 설명이 제공되어야 하는데, 응시자마다 이를 이해하는 정도는 매우 다를 것이다. 셋째, 훈련된 채점자는 텍스트를 적어도 한 번, 보통은 두 번 이상 읽어야 한다. 넷째, 모범답안을 참고하거나 여러 단계로 채점 등급이 나뉜 체계가 있는 척도를 따라 판정한다. 다섯째, 평가 결과는 숫자로 표시하며 추가로 언어적 설명을 덧붙일 수 있다.(Hamp-Lyons 1991:5)

직접 평가에 해당되는 쓰기 유형은 크게 제한된 쓰기, 유도된 쓰기, 자유 작문으로 나눌 수 있다. 제한된 쓰기의 세부 유형에는 '문장 완성하기, 문장 연결하기, 어순에 맞게 배열하기' 등이 있으며, 유도된 쓰기의 세부 유형에는 '담화 및 텍스트 완성하기, 그림 보고 묘사하기, 표나 그래프를 바탕으로 글쓰기' 등이 있고, '자유 작문'에는 '주어진 주제에 대해 작문하기, 자료를 바탕으로 자신의 의견 쓰기' 등이 있다.(최은지 2019:203)

2.2. 간접 쓰기 평가

간접 쓰기 평가는 쓰기 평가를 위해 쓰기 수행이 아닌 다른 방식의 수행을 활용하는 방식이다. 간접 쓰기 평가는 채점이 효율적이고, 신뢰도를 확보하는 데에 용이하므로 실용적이다. 따라서 대규모 평가에서 선호되는 방식이다. 그러나 쓰기가 아닌 다른 종류의 수행을 가지고 평가하므로 타당도 확보는 좀 어렵다는 단점이 있다. 또한 간접적 평가 방식으로는 수험자들의 쓰기 전략에 대한 지식을 파악하기 어려운 면이 있으므로 이러한 형식을 통해 실제적인 쓰기 능력을 측정하는 데에 한계가 있다고 볼 수 있다. 따라서 학습자의 쓰기 능력을 잘 추론할 수 있는 타당한 평가 문항 개발을 할 수 있도록 해야 한다.

간접적 쓰기 평가에는 선다형, 오류 인지형, 배열형, 낱말 형태 변형하기, 빈칸 메우기, 베껴 쓰기, 문장 변형하기, 낱말 형태 변형하여 글 완성하기, 글이나 서식 완성하기, 편집하기 등이 있다(김성숙 2015:300-301). 1회부터 34회까지의 한국어능력시험(TOPIK)에서도 이러한 간접 쓰기 평가 방식이 객관식의 선다형으로 활용된 적이 있다.

2.3. 과정 중심 쓰기 평가

위에서 살펴본 직접 쓰기 평가와 간접 쓰기 평가는 결과 중심 평가에 속해 평가가 일회적으로 이루어진다면 지금부터 다룰 과정 중심 쓰기 평가와 포트폴리오 평가는 수업과 연계되어 반복적이고 계속적으로 이루어지며 결과뿐만 아니라 쓰기가 이루어지는 과정이 중시되는 유형이다. 과정 중심 쓰기 평가는 학습자와 교사가 수업 중 평가와 피드백을 반복적으로 주고받으며 이루어진다. 또한 평가 자체가 수업과 분리된 것이 아니라 수업 과정과 연계되어 이루어지게 된다. 과정 중심 쓰기 평가를 통해 학습자의 문제 해결 능력, 글쓰기 전략을 사용하는 능력을 익히게 하는 데 도움을 줄 수 있다. 일반적으로 과정 중심 쓰기는 '계획하기 → 쓰기 → 다시 쓰기'의 단계로 이루어지며 학습자는 이 단계를 통해 텍스트를 지속적이고 반복적으로 생산해 낸다.

2.4. 포트폴리오 평가

포트폴리오 평가는 과정 중심 쓰기 평가의 한 방식으로 다루어진다. 포트폴리오는 다른 사람들에게 보이기 위한 목적으로, 특정 영역에 대한 학습자의 노력, 발전 과정, 성취 정도를 보이는 자료를 수집하는 것으로 정의될 수 있다. 쓰기 평가의 측면에서 살펴보면, 포트폴리오는 일정 기간 동안 서로 다른 목적으로 작성된 문어 텍스트를 수집한 것이다. 어느 정도의 차이는 있으나 포트폴리오 쓰기 평가는 대체적으로 다음과 같은 아홉 가지 특성이 있다고 볼 수 있다(Hamp-Lyons & Condon 2000).

1) 포트폴리오는 단일 쓰기 표본이 아니라 여러 편의 쓰기 작품을 수집한 것이다.
2) 여러 다른 장르, 독자, 목적 하에 필자가 수행한 쓰기 능력의 범위를 보여준다.
3) 학습 대상인 풍부한 상황이 반영되므로 필자의 성취 수준을 광범위하게 보여준다.
4) 최종 평가 전에 쓰기 결과물의 수정 기회와 동기를 제공하는 지연된 평가이다.
5) 일반적으로 포트폴리오에 포함될 부분은 교수자의 안내에 따라 학습자가 선택한다.
6) 지연된 평가와 선택은 학습자 중심 통제의 기회를 제공한다. 즉 학습자는 지정된 평가 준거들을 가장 잘 충족할 부분들을 선택해서 포트폴리오에 포함시키기 전에 수정할 수 있다.
7) 포트폴리오에는 대개 성찰과 자기 평가의 과정이 있다. 포트폴리오에 작품을 배치하면서 학습자는 자신의 작업 과정을 성찰하게 된다. 필자로서의 발전 과정과, 포트폴리오에 실린 글이 그러한 발전을 어떻게 보여주는지 자기 성찰적인 글을 쓰도록 요구하기도 한다는 점에서 그렇다.
8) 언어적 정확성이나 논증 조직과 전개 능력 등 구체적 준거 항목의 성장을 측정할 수 있다.
9) 특정 교수자와의 관계를 초월하여 개별 학습자의 지속적인 발전을 측정할 수 있다.

3. 쓰기 평가 문항 유형

이번에는 앞서 살펴본 결과 중심 쓰기 평가 유형에 속하는 문항 유형들을 살펴보자. 직접 쓰기 평가와 간접 쓰기 평가에서 사용될 수 있는 문항 유형들을 한국어능력시험(TOPIK)의 실제 문항을 가져와 살펴보겠다.

3.1. 직접 쓰기 평가의 문항 유형

앞서 직접 쓰기 평가에는 '제한된 쓰기, 유도된 쓰기, 자유 작문' 유형이 사용될 수 있다는 것을 살펴보았는데, 이와 관련한 각각의 예시를 살펴보겠다.

3.1.1. 제한된 쓰기의 예시

아래의 문항은 빈칸을 채워 문장을 완성하는 평가 문항이다. 학습자가 정확한 문법과 어휘를 사용하여 맥락에 맞는 내용을 쓸 수 있는지를 평가한다.

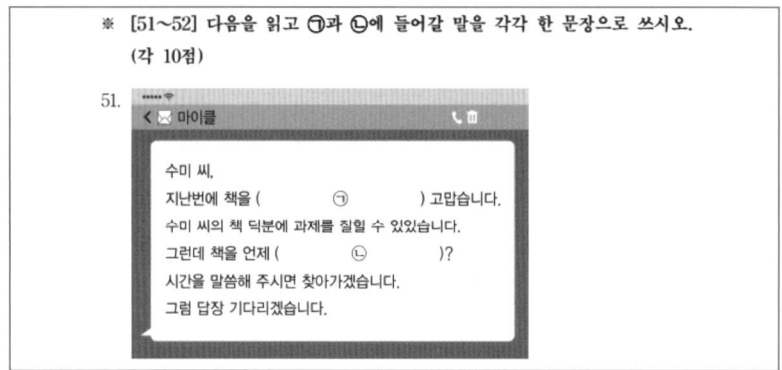

자료 출처: <TOPIK II> 52회, 쓰기

3.1.2. 유도된 쓰기의 예시

다음은 주어진 자료를 이용하여 객관적인 설명문을 작성하게 하는 쓰기 문항이다.

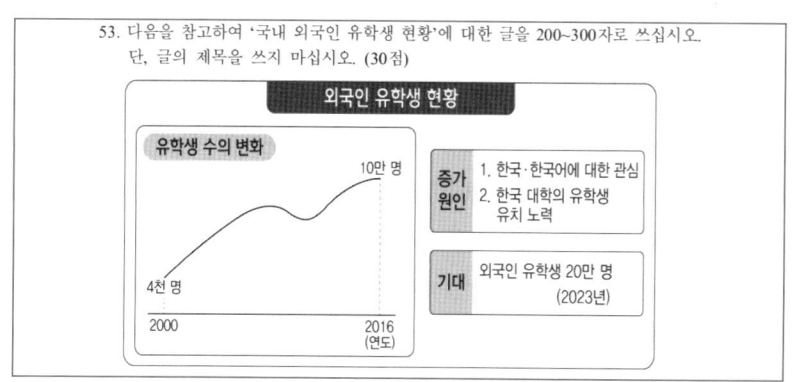

자료 출처: <TOPIK II> 47회, 쓰기

3.1.3. 자유 작문의 예시

아래의 문항은 제시된 주제에 관한 논리적 글쓰기 능력을 측정하기 위한 문항이다. 독창적 아이디어를 산출하여 보다 긴 논술문을 쓰는 과제이므로 내용 구성력과 글 전개 능력이 요구되는 과제라고 볼 수 있다(안수현, 김정숙 2017:177).

> 54. 다음을 주제로 하여 자신의 생각을 600~700자로 글을 쓰십시오. 단, 문제를 그대로 옮겨 쓰지 마십시오. (50점)
>
> '칭찬은 고래도 춤추게 한다'는 말처럼 칭찬에는 강한 힘이 있습니다. 그러나 칭찬이 항상 긍정적인 영향을 주는 것은 아닙니다. 아래의 내용을 중심으로 칭찬에 대한 자신의 생각을 쓰십시오.
> - 칭찬이 미치는 긍정적인 영향은 무엇입니까?
> - 부정적인 영향은 무엇입니까?
> - 효과적인 칭찬의 방법은 무엇입니까?

자료 출처: <TOPIK II> 47회, 쓰기

3.2. 간접 쓰기 평가의 문항 유형

앞서 간접적 쓰기 평가 문항의 예시로 빈칸 채우기, 오류 찾기, 같은 의미로 바꾸어 쓴 것 고르기의 유형을 살펴보겠다. 이러한 간접 쓰기 평가가 객관식 문제로 출제된 한국어능력시험의 실제 문항을 예시로 가져와 보겠다.

3.2.1. 빈칸 채우기

아래의 문항은 빈칸을 채워 자연스러운 한 단락의 내용을 구성할 수 있는지를 보는 문항이다. 해당 빈칸의 앞뒤 맥락을 잘 파악하여야 어떤 내용이 적절한지를 고를 수 있다. 이 문항을 통해 단락의 응집성, 통일성 등을 응시자가 잘 이해하고 사용할 수 있는지에 대한 능력을 간접적으로 추론해 볼 수 있다.

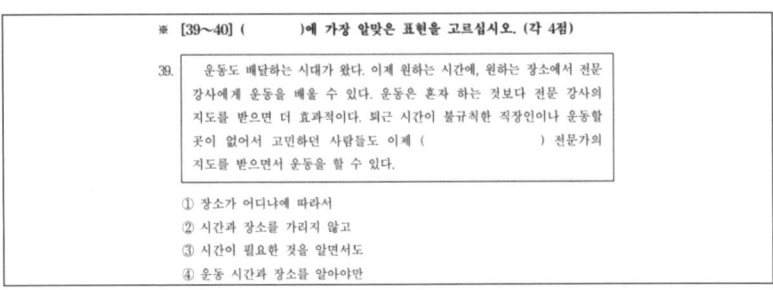

자료 출처: <TOPIK 중급> 34회, 쓰기

3.2.2. 오류 찾기

아래의 문항 유형은 다 쓰인 글을 읽고 어떤 부분이 틀렸는지를 인지하는 능력을 측정하기 위하여 사용되었다. 오류를 인지하는 것은 퇴고를 하기 위한 첫 번째 단계이므로 시험 응시자의 전략적인 능력을 일부분 엿볼 수 있는 문항이라고 볼 수 있겠다.

39. 다음 글에서 알맞지 않은 것을 고르십시오.

① 우리 동네에는 옷을 잘 고치는 세탁소가 있습니다. ② 저는 그 세탁소에서 옷을 고친 적이 있습니다. ③ 그곳에서 긴 바지를 짧게 고쳤습니다. ④ 저도 그 세탁소에서 바지를 고칠 것입니다.

자료 출처: <TOPIK 초급> 34회, 쓰기

3.2.3. 같은 의미로 바꾸어 쓴 것 고르기

아래의 문항은 이미 완성된 문장을 다른 언어 형식으로 바꾸어 쓰는 능력을 평가하기 위하여 사용되었다. 같은 내용을 다른 표현으로 바꾸어 쓸 수 있다는 것은 다양한 문법이나 어휘, 표현을 알고 있다는 뜻이며, 글을 수정하는 데에 필요한 능력을 가지고 있다는 것을 암시한다. 따라서 이 문항을 통해 언어 사용 지식, 전략적 능력 등을 간접적으로 평가할 수 있다.

> ※ [35~36] 밑줄 친 부분을 같은 의미로 바꾸어 쓴 것을 고르십시오. (각 4점)
> 35. '입소문 마케팅'이란 소비자들이 자발적으로 상품 홍보에 나서게 하는 광고 기법이다. 그러나 사소한 문제로도 여차하면 소비자들의 평가는 부정적으로 바뀔 수 있기 때문에 <u>기업 입장에서는 항상 대비가 필요하다.</u>
> ① 해당 기업이 대응책을 마련하지 않아도 된다
> ② 해당 기업은 만일을 생각하지 않으면 안 된다
> ③ 해당 기업을 소비자의 평가로만 바라봐서는 안 된다
> ④ 해당 기업의 문제를 소비자에게 떠넘기지 않아야 된다

자료 출처: <TOPIK 고급> 34회, 쓰기

4. 쓰기 채점

쓰기 평가를 하기 위해서는 문항 개발과 함께 평가 기준 및 채점 방식이 마련될 필요가 있다. 타당한 채점 기준이 마련되지 않는다면 평가의 신뢰성과 타당성을 확보할 수 없다.

Brown(2004)에 따르면 글을 채점하는 데 있어 사용되는 세 가지 주요 접근법에는 종합적 채점, 주요 특징 채점, 분석적 채점 방식이 있다. 아래에서는 종합적 채점과 분석적 채점 방식의 주요 특징들을 살펴보도록 하겠다.

4.1. 종합적 채점

종합석 채점은 채점자가 전체적인 인상을 서술하여 점수를 매기는 방식을 말한다(Brown 2004). 전체 텍스트에 하나의 성적을 부여하며, 글을 전체적으로 평가한다(진대연 2004). 전체 점수 범주에 있어서 서술 내용들은 항상 그렇지는 않지만 일반적으로 미리 정해진 형식을 따르지만 이러한 하위

서술 영역이 총점의 산출을 위하여 누진적으로 더해지는 것은 아니다. 이러한 방식의 장점과 단점을 기술하면 아래와 같다(Brown 2004).

> 1) 장점
> » 빠른 평가
> » 비교적 높은 채점자 간 신뢰도
> » 점수가 일반인에게도 쉽게 이해가 되는 '표준'을 보여준다는 점
> » 점수가 글쓴이의 장점을 강조하는 데에 중점을 둔다는 점(Cohen 1994:315)
> » 여러 다른 영역들의 쓰기에도 응용이 가능한 점
>
> 2) 단점
> » 단일 점수는 각 점수 내에서의 하부 기술상 차이점을 보여주지 않는다.
> » 진단적 정보가 없다(즉, 긍정적 역류 효과의 가능성이 없음).
> » 이 점수 체계는 쓰기의 모든 장르에 똑같이 적용되지는 않는다.
> » 채점자들이 이 점수 체계를 정확하게 이용하기 위해서는 심도 있게 훈련되어야 한다.

이러한 종합적 채점은 훈련된 채점자들을 활용할 수 있으며, 수준 판별이 비교적 단순하게 이루어질 경우에 적합하므로 일반적으로 행정적인 목적에 부합될 때에 채택될 가능성이 높으나 교실 수업 목적을 위해서는 유익한 정보를 거의 제공하지 못한다는 단점이 있다(Brown 2004). 종합적 채점 방식을 잘 보여주는 외국어 평가의 예시로 '유럽공통참조기준'과 'TWE(Test of Written English)'가 있다. 명시적으로 채점 기준을 보여준 TWE의 채점 지침을 살펴보겠다(이영식 외 공역 2006:295-296).

점수	채점 지침
6	때때로 오류는 있을 수 있으나, 수사적, 문법적 차원에서 탁월한 쓰기 능력을 나타낸다. 이 범주에 속하는 글은 • 쓰기 과제를 효과적으로 수행한다. • 잘 구성되고 전개되어 있다. • 논제를 지지하고 개념을 설명하기 위해 매우 적절한 세부 내용을 쓴다. • 언어 사용에서 지속적인 능숙함을 보인다. • 문법적 다양성과 적절한 어휘 선택을 보인다.
5	때때로 오류가 있으나 수사적, 문법적 차원에서 일정 수준 이상의 쓰기 능력을 나타낸다. 이 범주에 속하는 글은 • 쓰기 과제의 어떤 부분은 다른 사람보다 더 효과적으로 다룰 수 있다. • 대부분 잘 구성되고 전개되어 있다. • 논제를 지지하거나 개념을 설명하는 데 세부 내용을 쓴다. • 언어 사용의 능숙함을 보인다. • 문법적 다양성과 어휘의 폭을 다소 나타낸다.
4	수사적, 문법적 차원에서 어느 정도의 쓰기 능력을 나타낸다. 이 범주에 속하는 글은 • 쓰기 논제를 적절히 다루지만 과제의 일부만을 다루기도 한다. • 양호하게 구성되고 전개되어 있다. • 논제를 지지하거나 개념을 설명하는 데 어느 정도의 세부 내용을 쓴다. • 구문과 용법에서 어느 정도 능숙함을 보이나 일관성은 부족하다. • 때때로 의미를 모호하게 만드는 오류가 나타난다.
3	쓰기 능력이 생기고 있음을 보여 주지만, 수사적이나 문법적, 혹은 양쪽 차원에서 결함이 있다. 이 범주의 글은 다음 중 한 가지 이상의 결점을 드러낸다. • 부적절한 구성이나 전개 • 개괄적 내용을 지지하거나 설명하는 데 부적절하거나 충분하지 않은 세부 내용 • 눈에 띄게 부적절한 단어나 어형의 선택 • 문장 구성이나 용례에서의 오류 축적
2	쓰기 능력이 없음을 암시한다. 이 범주에 속하는 글은 다음 중 한 가지 이상의 약점으로 심각한 결점을 지니고 있다. • 매우 미흡한 구성이나 전개

2	• 세부 내용이나 관련 정보가 거의 없거나 전혀 없음 • 문장 구성이나 용례에서의 크고 잦은 오류 • 글의 초점이 크게 어긋남
1	쓰기 능력이 없음을 나타낸다. 이 범주에 속하는 글은 • 일관적이지 않다. • 글의 전개가 없다. • 심각하고 지속적인 쓰기 오류가 있다.
0	아무 반응이 없거나, 논제를 단순히 베껴 쓰거나, 논제를 완전히 벗어나 있거나, 목표 언어 이외의 언어로 쓰여 있거나, 단지 자판을 두드린 몇 글자만으로 구성된 글은 0점으로 채점된다.

4.2. 분석적 채점

분석적 채점에서는 쓰기에 대한 여러 특성을 모두 독립적으로 보고 그것을 개별 점수로 매기게 된다. 이 특성은 의사소통 내용, 수사적인 구성 체계, 문체, 문법, 어휘, 그리고 철자나 맞춤법과 같은 기계적인 것들을 포함하며, 최종 점수는 각각의 개별적 평가를 합산하여 놓은 것이 된다(이영식 외 2003:335).

Hyland(2003:23)는 일반적으로 글의 장점에 초점을 맞추는 종합적 평가 방법과 달리 내용, 구성, 문법, 어휘 등 여러 가지 준거를 구분하여 채점하는 분석적 평가 방법이 글의 약점을 세밀히 살필 수 있으므로 외국어 학습자가 작성한 글의 수준을 변별하는 데 효과적이라고 보고 있다.

이러한 분석적 채점 기준의 예시는 한국어능력시험(TOPIK) 쓰기 영역의 작문 문항 평가 범주에서 찾을 수 있다.

<표 13-3> TOPIK의 작문 문항 평가 범주

평가 범주	평가 내용
내용 및 과제 수행	• 주어진 과제를 충실히 수행하였는가? • 주제에 관련된 내용으로 구성하였는가? • 주어진 내용을 풍부하고 다양하게 표현하였는가?
글의 전개 구조	• 글의 구성이 명확하고 논리적인가? • 글의 내용에 따라 단락 구성이 잘 이루어졌는가? • 논리 전개에 도움이 되는 담화 표지를 적절하게 사용하여 조직적으로 연결하였는가?
언어 사용	• 문법과 어휘를 다양하고 풍부하게 사용하며 적절한 문법과 어휘를 선택하여 사용하였는가? • 문법, 어휘, 맞춤법 등의 사용이 정확한가? • 글의 목적과 기능에 따라 격식에 맞게 글을 썼는가?

이를 바탕으로 TOPIK II의 54번 쓰기 문항의 채점 기준표를 작성하면 아래와 같이 제시될 수 있겠다(안수현·김정숙 2017).

<표 13-4> TOPIK II 쓰기 영역 채점 기준표_54번

구분	채점 근거		점수 구분		
			상	중	하
내용 및 과제 수행 (12점)	1) 주어진 과제를 충실히 수행하였는가? 2) 주제와 관련된 내용으로 구성하였는가? 3) 내용을 풍부하게 다양하게 표현하였는가?		12~9	8~5	4~0
글의 전개 구조 (12점)	1) 시작과 마무리를 적절하게 구성하였는가? 2) 내용 전개의 긴밀성이 있는가? 3) 내용의 전환에 따라 문단을 적절히 구성하였는가?		12~9	8~5	4~0
언어 사용 (26점)	언어의 다양성	고급 수준의 어휘와 문법을 다양하게 사용하였는가?	26~19	18~11	10~0
	언어의 정확성	고급 수준의 어휘와 문법을 정확하게 사용하였는가?			
	사회 언어학적 기능	구어적 특징이 드러나는 어휘나 문법(종결형, 어미, 조사 등)을 사용하지 않고 문어의 특성을 살려 글을 썼는가?			

지금까지 종합적 채점 방식과 분석적 채점 방식에 대해서 살펴보았다. 종합적 채점은 빨리 할 수 있으나 영역별로 구체적인 점수를 부여하지 못하고, 평가 후 학습자들에게 분석적인 피드백 정보를 제공하지 못한다는 단점이 있다. 한편, 분석적 채점은 각 영역별로 채점이 이루어지므로 학습자들에게 구체적인 피드백 정보를 제공할 수 있다는 장점이 있으나 시간이 꽤 걸린다는 단점이 있다. 따라서 이 둘의 방식을 적절히 조화시키는 방법도 고려해 볼 만하다.

나가기

» 다음은 중급 한국어 교실의 쓰기 시험에서 한 학생이 쓴 글이다. 이 글을 평가할 종합적 채점 기준과 분석적 채점 기준이 아래에 제시되어 있다(10점 만점). 종합적 채점 기준은 TWE를, 분석적 채점 기준은 위의 한국어능력시험의 작문 문항 평가 범주를 참고하여 작성된 것이다. 각 채점 기준에 따라 채점을 해 본 후 점수를 비교해 보고, 점수가 어떻게 차이가 나며, 왜 차이가 나는지에 대해 설명해 보자.

여러분은 방학에 계획이 있습니까? 여행을 갑니까? 아래의 질문에 대한 답을 포함하여 여러분의 방학 계획을 쓰십시오. 10문장 이상 쓰십시오.

| 언제 갈 거예요? 어디에 갈 거예요? 며칠 동안 여행할 거예요? 누구하고 갈 거예요? 뭘 먹을 거예요? 뭘 할 거예요? |

제가 교환 기간은 1년이기 때문에 방학에 저도 한국에서 보낼 거예요. 그래서, 저는 한국의 유명한 곳을 많이 구경하고 싶어요. 근데 방학 동안 저는 어학당 수업이 있어서 오전에는 수업을 들어야 돼요. 오후에 운정 배우고 싶어요. 이 수업은 7월에 끝나고 8월부터 여행 시작하고 싶어요. 한국에 와서 부산과 제주도에 꼭 가야 돼요. 저는 부산의 바다나 모래 사장을 유명하다고 들었어요. 바다 근처에 해산물 꼭 먹어요. 그리고 제 친구가 부산에 있기 때문에 저는 친구랑 많이 구경하고 싶어요. 친구하고 아름다운 경치를 보고 맛있는 음식을 먹는 것은 너무 행복해요. 저는 방학에 기대돼요.

<분석적 채점 기준표 예시>

구분	채점 근거	점수 구분		
		상	중	하
내용 및 과제 수행 (3점)	1) 주어진 과제를 충실히 수행하였는가? 2) 주제와 관련된 내용으로 구성하였는가? 3) 내용을 풍부하고 다양하게 표현하였는가?	3	2	1~0
글의 전개 구조 (3점)	1) 글의 시작과 마무리를 적절하게 구성하였는가? 2) 내용 전개의 긴밀성이 있는가? 3) 내용의 전환에 따라 문단을 적절히 구성하였는가?	3	2	1~0
언어 사용 (4점)	1) 중급 수준의 어휘와 문법을 다양하게 사용하였는가? 2) 중급 수준의 어휘와 문법을 정확하게 사용하였는가? 3) 철자를 정확히 사용하였는가? 4) 글의 목적과 기능에 따라 격식에 맞게 글을 썼는가?	4~3	2	1~0

나가기

<종합적 채점 기준표 예시>

점수	채점 지침
10	오류가 가끔 있으나, 수사적, 문법적으로 탁월하다. • 과제에서 요구하는 모든 요소를 포함하였으며, 쓴 것 모두 매우 뛰어나다. • 독자의 이해를 돕도록 훌륭하게 구성되고 전개되어 있다. • 문제에 매우 적절한 세부 내용을 썼다. • 다양한 문법과 어휘를 사용하였으며, 적절하게 사용하였다.
8	가끔 오류가 있으나 수사적, 문법적 차원에서 일정 수준 이상의 쓰기 능력을 나타낸다. • 과제에서 요구하는 모든 요소를 포함하였으나, 일부만 뛰어나며 일부는 보통이다. • 구성과 전개가 일정 수준 이상이다. • 문제에 적합한 세부 내용을 썼다. • 문법적 다양성과 어휘의 폭을 어느 정도 양호하게 나타낸다.
6	수사적, 문법적 차원에서 어느 정도의 쓰기 능력을 나타낸다. • 문제에 적합한 내용을 썼지만 써야 할 내용의 일부만을 썼다. • 양호하게 구성되고 전개되어 있다. • 문제에 적합한 어느 정도의 세부 내용을 쓴다. • 어휘와 문법에서 어느 정도 능숙함을 보이나 일관성은 부족하다. • 때때로 의미를 모호하게 만드는 오류가 나타난다.
4	쓰기 능력이 생기고 있음을 보여주지만, 수사적이나 문법적, 혹은 양쪽 차원에서 결함이 있다. • 이 범주의 글은 다음 중 한 가지 이상의 결점을 드러낸다. • 부적절한 구성이나 전개 • 포함되어야 할 내용 중 몇 가지가 부적절하거나 충분하지 않음 • 눈에 띄게 부적절한 문법이나 어휘의 선택
2	쓰기 능력이 없음을 암시한다. • 이 범주에 속하는 글은 다음 중 한 가지 이상의 약점으로 심각한 결점을 지니고 있다. • 매우 미흡한 구성이나 전개 • 세부 내용이나 관련 정보가 거의 없거나 전혀 없음 • 문장 구성이나 용례에서의 크고 잦은 오류 • 글의 초점이 크게 어긋남
1	쓰기 능력이 없음을 나타낸다. • 일관적이지 않다. • 글의 전개가 없다. • 심각하고 지속적인 쓰기 오류가 있다.
0	아무것도 쓰지 않았거나 문제를 단순히 베껴 쓰거나, 논제를 완전히 벗어나 있거나, 목표 언어 이외의 언어로 쓰여 있는 글은 0점으로 채점된다.

참고문헌

강승혜(2014), 「한국어 쓰기교육 연구 동향 분석」, 『외국어로서의 한국어교육』 41, 연세대학교 언어연구교육원 한국어학당, 1-35.
강승혜·강명순·이영식·이원경·장은아(2006), 『한국어 평가론』, 태학사.
강현화·한송화·김한샘·홍혜란·김보영·김미경·배미연(2019), 『중국어권 한국어 학습자의 중간언어 발달 연구』, 한국문화사.
강현화(2017), 「중국인 한국어 학습자 말뭉치에 나타난 중간언어 분석 연구」, 『언어사실과 관점』 41, 연세대학교 언어정보연구원, 5-47.
강현화(2020), 「교육에서의 다문화 정책 방향성 모색 - 세계시민 역량 제고 -」, 통합인문학연구 12-2, 한국방송통신대학교 통합인문학연구소, 7-32.
강현화·원미진(2017), 『한국어 교육학의 이해와 탐구』, 한국문화사.
곽지영·김미옥·김제열·손성희·전나영·정희정·조현선·한상미·한송화·황인교(2007), 『한국어 교수법의 실제』, 연세대학교 출판부.
국립국어원(2017), 2017년 국제 통용 한국어 표준 교육과정 적용 연구(4단계), 국립국어원.
권도하·장현진·박은실·전희숙·신후남(2014), 『언어진단법』, 물과 길.
권오량·김영숙 공역(2010), 『원리에 의한 교수: 언어 교육에의 상호작용적 접근법(제3판)』, ㈜피어슨에듀케이션코리아.
김도완(2016), 『베트남 대학 한국학과 직업 목적 한국어 교재 개발을 위한 요구 분석』, 연세대학교 교육대학원 석사학위논문.
김민애·김수영·이정덕·김정현(2020), 『말하기 활동 자료집』, 한국문화사.
김상수(2007), 「한국어 교재의 말하기 활동 연구」, 『동남어문논집』 24, 동남어문학회, 39-58.
김선정·김용경·박석준·이동은·이미혜(2010), 『한국어 표현교육론』, 형설출판사.
김성숙(2015), 『한국어 쓰기 교육의 이론과 실제』, 경진출판.
김영규·박주경·오준일·유제명·이소영·전지현 역(2016), 『제2언어 평가 길라잡이』, 한국문화사.
김은호(2016), 「한국어 교실에서의 수정적 피드백에 대한 대화 분석적 접근」, 『語文論集』 65, 중앙어문학회, 145-185.
김정숙(1999), 「담화 능력 배양을 위한 외국어로서의 한국어 쓰기 교육 방안」, 『한국어 교육』 14-3, 국제한국어교육학회, 119-143.
김정숙(2008), 「한국어 교수법의 일반 원리」, 『한국어와 한국어교육』(박영순 외), 한국문화사, 281-303.
김지현(2018), 「외국어로서의 한국어학습과정에서 언어불안이 오류고쳐 말하기의 효과와 수정출력에 미치는 영향」, 『외국어교육연구』 32(2), 한국외국어대학교 외국어교육연구소, 1-25.
김현진(2016), 「의료관광 한국어의 교육과정 설계를 위한 요구 분석」, 『한국어 교육』 27-4, 국제한국어교육학회, 1-34.
김호정(2007), 「한국어 쓰기 교육의 원리와 교육 방안 탐색」, 『국어교육학연구』 30, 국어교육학회, 233-260.
남신혜(2020), 「중간언어 연구에 있어서 학습자 말뭉치의 활용 - 〈중국어권 한국어 학습자의 중간언어 발달 연구〉를 중심으로 -」, 『언어사실과 관점』 50, 연세대학교 언어정보연구원, 553-

574.
남주연·김영주(2011), 「협동적 쓰기 과제 수행에 나타난 형태 집중 양상」, 『국어교육』 135, 한국어교육학회, 329-354.
노미연(2012), 『한국어 학습자의 구어 오류와 후속 상호작용 분석 연구: 인터뷰 평가 담화를 중심으로』, 동국대학교 국어국문학과 박사학위논문.
노정은(2017), 「정보 전달 프레젠테이션 자료에 나타난 외국인 학부생의 오류 양상 연구」, 『학습자중심교과교육연구』 17-20, 학습자중심교과교육학회, 767-787.
문금현·박재남·엄소연·오미나(2017), 『쉽게 풀어 쓴 한국어 말하기 교육론』, 태학사.
문다혜(2009), 『영어쓰기 전략 연구』, 숙명여자대학교 석사학위논문.
문화체육관광부(2020), 한국어 표준 교육과정, 문화체육관광부고시 제2020-54호(2020.11.27.).
박석준(2008), 「국내 대학의 학문 목적 한국어 교육 현황 분석: 입학 후 과정을 중심으로」, 『한국어교육』 19-3, 국제한국어교육학회, 169-200.
박선옥(2011), 「여성결혼이민자를 위한 한국어 교재의 쓰기 활동 분석과 구성 방안 제언」, 『언어학 연구』 19, 한국중원언어학회, 71-96.
박수연(2016), 『학문 목적 한국어 학습자의 쓰기 교육을 위한 학위논문의 장르 분석 연구 - 〈선행연구〉 부분을 중심으로 -』, 연세대학교 박사학위논문.
박영목(1999), 「작문 능력 평가 방법과 절차」, 『국어교육』 99, 한국어교육학회, 1-29.
박영목(2008), 『작문교육론』, 역락.
박영목(2012), 「작문의 인지적 과정에 영향을 미치는 요인」, 『작문연구』 16, 한국작문학회, 1-28.
박영민 외(2016), 『작문 교육론』, 역락.
박지순(2006), 『학술 논문 텍스트의 표지 분석-국어학 학술 논문을 중심으로-』, 연세대학교 교육대학원 석사학위논문.
박지애(2010), 『여성결혼이민자를 위한 쓰기 교육 방안』, 부산외국어대학교 대학원 석사학위논문.
배연화(2018), 「한국어 중급학습자의 말하기에서 나타나는 어휘 대치 오류에 대하여」, 『배달말』 62, 배달말학회, 49-78.
백봉자(1987), 「교포 2세의 한국어와 쓰기 교육」, 『이중언어학』 3, 이중언어학회, 63-83.
서아람·안기정(2019), 「학문 목적 한국어 쓰기 교육 연구 동향 분석」, 『외국어교육연구』 33(4), 한국외국어대학교 외국어교육연구소, 83-119.
서울대학교 한국어문학연구소 외(2012/2019), 『한국어교육의 이론과 실제2』, 아카넷.
서진숙·박혜경(2016), 「교수의 수정적 피드백에 대한 학문 목적 학습자의 인식과 반응-한국어 발표를 중심으로-」, 『인문연구』 77, 영남대학교 인문과학연구소, 179-210.
송향근·권혜경·김령·김양순·김유선·김은령·김장식·담결·박인애·배고운·배정선·신은경·이양금·이정·주서연·차숙정(2016), 『예비교사를 위한 한국어교육론』, 도서출판 하우.
신명선·장경완·이안용·Liu Yanyan·Liu Yang(2020), 『(토픽 모델링과 언어 네트워크 분석을 활용한) 한국어교육 연구동향』, 소통.
신아영(2011), 『감탄사를 활용한 한국어 말하기 전략 교육 연구: '네', '그래', '아니'류의 담화 기능을 중심으로』, 세종대학교 석사학위논문.
안수현·김정숙(2017), 「한국어능력시험(TOPIK) 쓰기 평가의 채점 특성 연구」, 『한국어교육』 28-1, 국제한국어교육학회, 173-196.
양은미·이정원·전영주·김현진·허근·이상기·하명정·정숙경·김경헌·김정태·이효신(2014), 『영어 수업지도안 작성의 이론과 실제』, 한국문화사.
여순민(2002), 『고급 한국어 학습자의 글쓰기 전략 연구 : '문제-해결' 글쓰기 중심으로』, 연세대학교 석사학위논문.

오기원(2007), 「쓰기 협력학습이 한국어 쓰기 능력 향상에 미치는 영향 연구」, 『외국어로서의 한국어 교육』 32, 연세대학교 한국어학당, 171-198.
원미진(2020), 「한국 대학에 재학 중인 재외동포의 한국어에 대한 인식 연구」, 『문화교류와 다문화교육』 19-1, 한국국제문화교류학회, 173-190.
원미진·김지영(2017), 「한국어 말하기 평가 개발을 위한 채점 경향 분석 연구」, 『외국어로서의 한국어교육』, 연세대학교 언어연구교육원 한국어학당, 169-192.
원미진·황지유(2018), 「언어능력 평가로서의 말하기 평가 내용 연구 -한국어 말하기 평가 개발을 위한 국내외 말하기 평가의 비교 분석을 중심으로」, 『어문논총』 75, 한국문학언어학회, 45-78.
원정·양명희(2019), 「한국어 교실 수업에 나타난 발화 수정 양상 연구 - 한국어 숙달도별 비교를 중심으로 -」, 『언어사실과 관점』, 47, 연세대학교 언어정보연구원, 393-418.
원해영(2016), 「PBL을 적용한 한국어 쓰기 수업사례 연구」, 『우리말연구』 47, 우리말학회, 253-281.
윤경원(2011), 「한국어 혼잣말의 의사소통적 특성 연구」, 연세대학교 석사학위논문.
이동은(2007), 「한국어 학습자의 철자 오류와 개선 방안 : 북미지역 청소년 교포 학습자를 대상으로」, 『한국어학』 35, 한국어학회, 335-362.
이동희(2015), 「실무 한국어 쓰기 교육과정 연구-태국을 중심으로-」, 경희사이버대학교 문화창조대학원 글로벌한국학전공.
이미혜(2005), 「숙달도에 따른 한국어 쓰기 교육의 주요 장르 선정」, 『국어국문학』 163, 국어국문학회, 225-247.
이미혜(2008), 「국내 직업 목적 한국어 교육의 현황과 과제」, 『한국어 교육』 19-3, 국제한국어교육학회, 321-347.
이미혜(2010), 「장르 중심 한국어 쓰기 교육의 내용 체계」, 『외국어교육』 17-3, 한국외국어교육학회, 463-485.
이민경(2014), 「한국어 말하기 능력 평가 문항 유형 분석 -ACTFL OPIc 한국어 평가를 중심으로-」, 『국제한국어교육학회 제29차 국제학술대회 자료집』, 275-286.
이복자(2016), 『한국어 학습자의 쓰기와 말하기에 나타난 복잡성, 정확성, 유창성의 역동적 발달 연구』, 연세대학교 박사학위논문.
이석란(2009), 「교사의 오류 수정 유형에 따른 한국어 학습자 반응에 관한 연구」, 『Foreign languages education』 16-3, 한국외국어교육학회, 457-485.
이선진(2016), 『중국인 한국어 학습자의 구어 오류에 대한 교사 피드백과 학습자의 피드백 수용 양상 연구』, 경희대학교 박사학위논문.
이수진(2017), 「한국어교재의 쓰기 활동에 반영된 교육내용 연구-북미와 호주 대학 교재를 중심으로」, 『작문연구』 34, 한국작문학회, 111-138.
이영식·안병규·오준일 공역(2006), 『원리에 의한 교수』, 피어슨에듀케이션코리아.
이영식·이완기·신동일·최인철(2003), 『언어 평가의 이해』, 서울대학교 출판부.
이완기(2003/2012), 『영어 평가 방법론』, 문진미디어.
이윤진(2010), 「학문 목적 한국어 쓰기 교육에서 '윤리'의 문제」, 『한국언어문화교육학회 학술대회』, 한국언어문화교육학회, 215-227.
이윤진(2012), 『외국인 유학생의 자료 사용의 윤리성에 대한 연구』, 연세대학교 박사학위논문.
이윤진(2013), 「외국인 유학생의 글쓰기 윤리 실천을 위한 학문 목적 쓰기 지도 방안-자료 사용을 중심으로」, 『작문연구』 17, 한국작문학회, 195-225.
이윤진·이은경(2015), 『한국어 교육 입문 2』, 학지사.
이재승(2002), 『글쓰기 교육의 원리와 방법: 과정 중심 접근』, 교육과학사.
이정연(2017), 「CIS 지역 재외동포 학습자들의 한국어 쓰기 특성 연구-요구 조사와 오류 분석을 중심으로-」, 『언어와 언어학』 76, 한국외국어대학교 언어연구소, 99-136.
이정희(2002), 「한국어 오류 판정과 분류 방법에 관한 연구」, 『한국어 교육』 13-1, 국제한국어교육학회, 175-197.
이지영(2017), 「디지털 협력적 글쓰기 효과 연구-학생 필자 반응의 양적 분석을 중심으로」, 『교양교육연구』, 11-5, 한국교양교육학회, 199-234.
임병빈 외 역(2008), 『교사를 위한 영어교육의 이론과 실제(Celce-Murcia, M., 2004, Teaching English as a second or foreign language)』, 경문사.
장미숙(2005), 『의사소통전략 훈련이 한국어 학습자의 말하기 수행에 미치는 효과』, 이화여자대학교 석사학위논문.
장채린·홍연정(2014), 「한국어 교육용 반의어의 개념 설정 및 목록선정에 관한 연구 - 중급 범용적 반의어 목록 선정의 예-」, 『언어사실과 관점』 33, 연세대학교 언어정보연구원, 245-270.
전혜영(2005), 「한국어 공손표현의 교육 방안」, 『이중언어학』 29, 이중언어학회, 347-368.
정혜경(1999), 『언어행동과 비언어행동』, 박이정.
정희모·김성숙·유혜령·서수현 역(2017), 『쓰기 평가(Weigle, S. C.(2001), Assessing Writing)』, 글로벌콘텐츠.
조성문 외(2009), 『(기능과 화행 중심의) 한국어 말하기 활동: 외국인 학생을 가르치는 한국어 교사들을 위한 말하기 수업 지침서』, 제이앤씨.
조수진(2010), 『한국어 말하기 교육의 이론과 실제』, 소통.
조인옥(2014), 『중국인 한국어 학습자의 논설 텍스트에 나타난 모국어 영향 특성 연구-중국 산동대학 사례를 중심으로-』, 연세대학교 박사학위논문.
지현숙(2006), 「한국어 인터뷰 시험 담화에서 나타난 구어 문법적 오류 분석」, 『한국어 교육』 17-3, 국제한국어교육학회, 301-323.
진대연(2004), 「한국어 쓰기 능력 평가에 대한 연구: 텍스트 생산 능력 평가를 중심으로」, 『국어교육학 연구』 19, 국어교육학회, 483-512.
진대연(2005), 「쓰기 교육의 교수 학습」, 『한국어교육론 3』, 한국문화사.
진제희(2005), 「한국어 수업에 나타난 교사의 수정적 피드백과 학습자 반응 연구」, 『이중언어학』 28, 이중언어학회, 371-390.
차재호·나은영 역(2014), 『세계의 문화와 조직(Hofstede, G., Hofstede, G. J. & Minkov, M., 2010, Culture and Organizations: Software of the Mind)』, 학지사.
천은정(2003), 『대화 일기를 통한 한국어 쓰기 교육 연구 -초급 학습자를 중심으로-』, 경희대학교 석사학위논문.
최연희 편(2009), 『영어 쓰기 교육론 : 원리와 적용』, 한국문화사.
최영진 역(2007), 『한국어 학습자의 오류 다루기(Kleppin, K. 1998, Fehler und Fehlerkorrektur)』, 한국문화사.
최영환(1995), 「언어 사용 전략의 자동화와 초인지」, 『국어교육학연구』 5-1, 국어교육학회, 1-22.
최은지(2019), 『한국어 쓰기 교육론』, 도서출판 하우.
추계자(2001), 「비언어적 의사소통 수단으로서 공간, 시간, 침묵」, 『인문논총』 57, 부산대학교 인문학연구소, 89-107.
한국독일어교육학회(2010), 『언어 학습·교수·평가를 위한 유럽공통참조기준』, 한국문화사.
한국방송통신대학교 평생교육원 편(2005), 『외국어로서의 한국어교육학』, 한국방송통신대학교출판부.
한상미(2005), 『한국어 모어 화자와 비모어 화자 간의 의사소통 문제 연구-영어권 한국어 학습자의 화용적 실패를 중심으로-』, 연세대학교 박사학위논문.

한상미·윤은미·홍윤혜·배문경(2009), 「컴퓨터 기반 한국어 말하기 숙달도 평가 도구 개발 연구」, 『외국어로서의 한국어교육』 34, 연세대학교 언어연구교육원 한국어학당. 519-554.
한선화(2008), 『한국 대학생들의 쓰기 전략 분석 연구』, 인하대학교 석사학위논문.
함윤주(2019), 『학문 목적 한국어 학습자 대상 말하기 전략 교수 방안 연구: CALLA의 적용을 중심으로』, 부산외국어대학교 석사학위논문.
허용·강현화·고명균·김미옥·김선정·김재욱·박동호(2005), 『외국어로서의 한국어교육학 개론』, 도서출판 박이정.
홍윤혜·이복자·박진원(2008), 「특집 논문: 중급 말하기 교재의 구성 원리와 실제-연세대〈한달 완성 한국어 중급 1 말하기〉를 중심으로」, 『외국어로서의 한국어교육』 33, 연세대학교 한국어학당.
홍은실·박현정·조수진·민병곤·안현기·오예림·강석한(2016), 「학문 목적 한국어 말하기 능력 평가 도구 개발을 위한 요구 분석」, 『한국어교육』 27-4, 국제한국어교육학회. 243-268.
홍은주(2006), 『말하기 전략을 활용한 역할놀이가 초등영어학습에 미치는 영향』, 제주교육대학교 석사학위논문.
홍혜란(2018), 「말뭉치 기반 연구의 재탐색- Biber, Conrad & Reppen(1998)을 중심으로 -」, 『언어사실과 관점』 44, 연세대학교 언어정보연구원, 471-490.
황은하(2014), 「재외동포 아동의 한국어 쓰기 교육을 위한 대화일지 쓰기 사례 연구」, 『한국어 교육』 25-2, 국제한국어교육학회, 221-247.
Bachman, L. F. (1990) *Fundamental considerations in language testing*. Oxford University Press.
Bachman, L.F. and Plmer, A. S.(1996) *Language Testing in Practice*, Oxford University Press.
Bailey, K. M. and Nunan, D.(2005) Practical English Language Teaching: Speaking, Mc Graw Hill.
Bailey, K. M.(2007) *Practical English Language Teaching: Speaking*, Mc Graw Hill.
Bialystok, E.(1983) Some factors in the selection and implementation of communication strategies. In C. Færch & G. Kasper (Eds.), *Strategies in interlanguage communication* (pp. 100-118). Harlow, UK: Longman.
Bialystok, E.(1990) *Communication strategies*. Oxford: Blackwell.
Bialystok, E., & Kellerman, E.(1987) Language strategies in the classroom. In B. K. Das(Ed.), *Communication and learning in the classroom community* (pp. 160-175). Singapore: SEAMEO Regional Language Centre.
Bongaerts, T., & Poulisse, N.(1989) Communication strategies in L1 and L2: Same or different. *Applied Linguistics* 10, 253-268.
Boyle, O. F.(Ed.).(1982a) *Writing lessons II: Lessons in writing by teachers* (pp. 56-66). Berkeley: University of California/Bay Area Writing Project.
Brown, G. & Yule, G.(1983) *Teaching the Spoken Language*, Cambridge University Press.
Brown, H. D. & P. Abeywickrama(2018) *Language assessment: Principles and Classroom Practices(3rd Ed.)*, NY: Pearson Longman.
Brown, H. D.(1994) *Principles of Language Learning and Teaching*. The USA: Prentice Hall Regents.
Brown, H. Douglas & Lee, Heekyeong(2015) *Teaching by Principles: An Interactive Approach to Language Pedagogy*, Fourth Edition (권오량·김영숙 역(2010), 원리에 의한 교수: 언어 교육에의 상호작용적 접근법(제3판), (주)피어슨에듀케이션코리아).
Brown, H. Douglas(2004) *Language Assessment*, Englewood Cliffs, NJ:Prentice-Hall.

Caldwell, K.(1984) *Teaching using the writing process,* Speech presented at the Bay Area Wrting Project Workshop, Fairfield, CA.
Campbell, C.(1998) *Teaching second-language writing,* Boston: Heinle & Heinle.
Canale, M., & Swain, M.(1980) Theoretical Bases of Communicative Approaches to Second Language Teaching and Testing, *Applied Linguistics,* 1, 1-47.
Canale, M., & Swain, M.(1980) Theoretical bases of communicative approaches to second language teaching and testing, *Applied Linguistics* 1, 1-47.
Cohen, A. D. (1994) *Assessing Language Ability in the Classroom* (2nd ed.), Boston, MA: Heinle and Heinle.
Cohen, A. D.(1990) Strategies in Target-Language Learning: Insights from Research. Paper presented at the World Congress of Applied Linguistics, International Association of Applied Linguistics.
Cooper, C.(1981) *Ten elements of a good writing program,* Speech presented at the Bay Area Writing Project Institute, University of California, Berkeley.
Corder, S. P.(1981) *Error analysis and interlanguage,* Oxford: Oxford University Press.
Dörnyei, Z. & M. L. Scott(1997) Communication strategies in a second language: Definitions and taxonomies, *Language learning* 47(1), 173-210.
Dornyei, Z.(1995) On the teachability of communication strategies, *TESOL Quarterly* 29, 55-85.
Dörnyei, Z., & Thurrell, S.(1991) Strategic competence and how to teach it, *ELT Journal* 45, 16-23.
Douglas, D.(2000) *Assessing Languages for Specific Purposes,* Cambridge University Press.
Dudley-Evans, T., & St John, M. (1998) *Developments in ESP: A Multi-Disciplinary Approach,* Cambridge: Cambridge University Press.
Ellis, R. (1985) *Understanding Second Language Acquisition,* Oxford: Oxford University Press.
Emig, J.(1971) *The composing processes of twelfth graders(Research Monograph 13),* Urbana, IL: National Council of Teachers of English.
Flower, L. S. & Hayes, J. R.(1980) The cognition of discovery: Defining a rhetorical problem, *College Compostion and Communication,* 31-1, 21-32.
Flower, L. S. & Hayes, J. R.(1980) The dynamics of composing: Making plans and juggling constraints. In L. W. Gregg & E. R. Steinberg (Eds.) *Cognitive processes in writing* (pp. 31-50). Hillsdale, NJ: Erlbaum.
Flower, L. S. & Hayes, J. R.(1981) A cognitive prociss theory of writing, *College composition and communication* 32-4, 165-187.
Frienlander, A.(1990) Composing in English: Effects of a first language on writing in English as a second language. In B. Kroll (Ed.) *Second language writing* (pp. 109-125). New York: Cambridge University Press.
Gagne, E. D., Yekovich, C. W. & Yekovich, F. R.(1993) *The cognitive psychology of school learning,* New York: HarperCollins College Publishers.
Gordon, L.(2008) *Writing and good language learners, Lessons from Good Language Learners,* Ed. Cambridge : Cambridge University Press.
Grabe, W., & Kaplan, R. B.(1996) *Theory and practice of writing: An Applied linguistic perspective,* London: Longman.
Grice, H. P.(1975) Logic and conversation, Cambridge: Cambridge University Press.

Hamp-Lyons, L.(1991) Basic Concepts. In L. Hamp-Lyons(ed.), *Assessing second language writing in academic contexts,* Norwood, NJ: Ablex.

Harmer, J.(2015) The Practice of English Language Teaching (4th edition), Pearson Longman.

Evelyn, H.(1992) *Discourse and Language Education,* Cambridge University Press.

Hedge, T.(1988) *Writing (Resource books for teachers),* Oxford University Press.

Hinkel, E.(2017) *Handbook of Research in Second Language Teaching and Learning,* Routledge.

Hyland, K.(2003) *Second Language Writing,* Cambridge University Press.

Hyland, K.(2003) *Second language writing,* Cambridge, New York: Cambridge University Press.

Hyland, K. (2016) *Teaching and researching writing* (3rd ed.), New York: Routledge.

Hymes, D.H. (1972) On Communicative Competence. In: J.B. Pride and J. Holmes(eds), *Sociolinguistics. Selected Readings,* Harmondsworth: Penguin, pp. 269-293

Kaplan, R. (1966) Cultural thought patterns in intercultural education. *Language Learning,* 16, 1-20.

Kast, B.(2000) *Fertigkeit Schreiben, Langenscheidt*(한국어판: 안미란·최정순 옮김(2007), 쓰기 교수법, 한국문화사).

Kleppin, K.(1998) *Fehler und Fehierkorreotur*(최영진 옮김(2017), 외국어 학습자의 오류 다루기, 한국문화사) Goethe-Institut.

Kroll, B. (Ed.) (1990) *Second Language Writing: Research insights for the classroom,* Cambridge: Cambridge University Press.

Kroll, B.(1991) *Teaching Writing in the ESL Context. Teaching English as a second or foreign language,* Heinle & Heinle Publishers.

Kroll, B.(Ed.)(1990) *Second Language Writing: Research insights for the classroom,* Cambridge University Press.

Kunnan, A. J.(2017) *Evaluating language assessments,* Routledge.

Leech, G.(1983) *Principles of pragmatics,* London: Longman.

Leki, I.(1995) Coping strategies of ESL students in writing tasks across the curriculum, *TESOL Quarterly* 29, 235-260.

Liang, Rui(2019)『중국인 한국어 학습자를 위한 목표언어 기반 전략 교육 방안 연구: 설명적 말하기 상황을 중심으로』, 서울대학교 석사학위논문.

Liontas, J. I. et al.(2018) *The Tesol Encyclopedia of English Language Teaching,* Wiley-Blackwell.

Littlewood, W.(1981) *Communicative Language Teaching: An introduction,* Cambridge University Press.

Liu, Xiuhan(2019)『한국어 말하기 신장을 위한 의사소통 전략 교육 연구: 중국인 고급 한국어 학습자를 중심으로』, 서울대학교 석사학위논문.

Lyster, R., & Ranta, L.(1997) Corrective feedback and learner uptake. *Studies in Second Language Acquisition,* 19, 37-66.

Mihai, F. and Purmensky, K.(2016) *Course Design for TESOL: A Guide to Integrating Curriculum and Teaching,* University of Michigan Press.

Chomsky, N.(1965) *Aspects of the Theory of Syntax.* Cambridge, Mass.: M.I.T. Press.

Nunan, D.(1999) Second Language Teaching & Learning, University of Hong Kong, 임병빈 외(역)(2003),『제2언어 교수 학습』, 한국문화사.

O'Malley, J & Valdez, P.(1996) *Authentic Assessment for English Language Learners: Practical Approaches for Teachers,* Addison-Wesley.

Peñuelas, A. B.(2012) The compensation strategies of an advanced and a less advanced language learner: A case study, *Theory and Practice in Language Studies* 2-7, 1341-1354.
Peregoy, S. & Owen, F. B.(2013) *Reading, Writing, and Learning in ESL*, Pearson.
Purpura(1997) An Analysis of the relationships between test taker's cognitive and metacognitive strategy use and second language test performance, *language learning* 47-2, 289-325.
Purpura, J. E.(1999) *Learner strategy use and performance on language tests: A structural equation modeling approach*, UK: Cambridge University Press.
Raimes, A.(1983) *Techniques in teaching writing*, New York: Oxford University Press.
Raimes, A.(1987) Language proficiency, writing ablility, and composing strategies: A study of ESL college student writers, *Language Learning* 37-3, 439-467.
Richards, Jack C.(2015) *Key Issues in Language Teaching*, Cambridge.
Rob Nolasco, Lois Arthur, Alan Maley (1987) *Conversation*(Oxford Resource Books for Teachers), Oxford Press.
Rost. M., & Ross, S.(1991) Learner use of strategies in interaction: Typology and teachability, *Language Learning* 41, 235-273.
Sakai, M.(2000) Toward an empirical model of EFL writing processes: An exploratory study, *Journal of Second Language Writing* 9-3, 259-291.
Savignon, S. J.(1972) *Communicative competence: An experiment in foreign language teaching*, Philadelphia: The Center for Curriculum Development.
Savignon, S. J.(1983/1997) *Communicative competence: Theory and classroom practice*. Reading, MA: Addison-Wesley.
Scarcella, R. C., & Oxford, R. L.(1992) *The tapestry of language learning: The individual in the communicative classroom*, Boston: Heinle & Heinle.
Selinker, L.(1969) Language transfer. *General Linguistics* 9, 67-92.
Selinker, L.(1972) Interlanguage, *IRAL* 10, 209-230.
Silva, T.(1993) Toward an understanding of the distinct nature of L2 writing: The ESL research and its implications, *TESOL Quarterly* 27-4, 657-677.
Stern, H. H.(1983) *Fundamental concepts in language teaching*, Oxford, UK: Oxford university Press.
Tarone, E.(1977) Conscious communication strategies in interlanguage: A progress report. In H. D. Brown, C. A. Yorio & R. C. Crymes(Eds.), *On TESOL '77* (pp. 194-210). Washington: TESOL.
Tarone, E.(1980) Communication strategies, foreigner talk and repair in interlanguage. *Language Learning* 30, 417-431.
Tarone, E.(1983) Teaching strategies competence in the foreign language classroom, *Studies language Learning* 4, 121-130.
Tarone, E., Cohen, A. D., & Dumas, G.(1976) A closer look at some interlanguage terminology: A framework for communication strategies, *Working Papers on Bilingualism* 9, 76-90.
Thompson, I., Buck, K., & Byrnes, H. (Eds.)(1989) *The ACTFL oral proficiency interview: Tester training manual*, American Council on the Teaching of Foreign Languages.
Thornbury, S.(1999/2005) *How to teach grammar*, Longman.
Thornbury, S.(2005/2011) *How to Teach Speaking*, Pearson Longman.
Tribble, C.(1996) *Writing,* Oxford: Oxford University Press.

Tricia Hedge, Alan Maley (1988) *Writing*(Oxford Resource Books for Teachers), Oxford Press.
Tsai, C.(2004) *Investigating the relationship between ESL writer's strategy use and their second language writing ability*, Doctoral Dissertation, Columbia University.
Vann, R. J. & Abraham, R. G.(1990) Strategies of unsuccessful language learners, *Tesol Quarterly* 24-2, 177-198.
Wallwork, A.(1997) *Discussions A-Z Intermediate: a resource book of speaking activities*, Cambridge University Press.
Widdowson, H.G.(1984) *Explorations in Applied Linguistics 2*, Oxford University Press.
Willems, G.(1987) Communication strategies and thier significance in foreign language teaching, *System* 15, 351-364.
Wolcott, W.(with Legg, S. M.)(1998) *An Overview of Writing Assessment: Theory, Research and Practice*, Urbana, IL: National Council of Teachers of English.
Yeon, S.(2002) The writing strategies used by graduate Students of English as a second language, *Journal of the Applied Linguistics Association of Korea* 18-2, 127-144.
Zamel, V.(1983) The composition processes of advanced ESL studies: Six case studies. *TESOL Quarterly* 17-2, 165-187.

〈교재〉
국립국어원(2012),『결혼이민자와 함께 하는 한국어 5』, 하우.
김경훤·오광근·유하라·김희경·현원숙·홍은실(2016),『글쓰기의 절차와 과정』, 성균관대학교 출판부.
김경훤·유하라·현원숙·김희경·오광근·홍은실(2016),『한국어 문장 바로 쓰기』, 성균관대학교 출판부.
박창원·전혜영·이해영·김현진·최형용·박선희(2010),『비즈니스 한국어』, 집문당.
서울대학교 언어교육원(2017),『서울대 한국어 플러스 학문 목적 쓰기』, 서울대학교 출판문화원.
서울대학교 언어교육원(2019),『사랑해요 한국어 2』, 서울대학교 출판문화원.
서울대학교 언어교육원(2020),『말하기 활동 자료집』, 한국문화사.
연세대학교 출판부(2010),『한달완성 한국어 말하기 중급Ⅰ』, 연세대학교 출판문화원.
연세대학교 한국어학당(2012),『대학 강의 수강을 위한 한국어 쓰기 고급』, 연세대학교 출판부.
연세대학교 한국어학당(2012),『대학 강의 수강을 위한 한국어 쓰기 중급Ⅱ』, 연세대학교 대학출판문화원.
연세대학교 한국어학당(2020),『새 연세한국어 말하기와 쓰기 4-2』, 연세대학교 출판부.
이화여자대학교 언어교육원(2010),『이화한국어 1-1』, Epress.
이화여자대학교 언어교육원(2010),『이화한국어 2-1』, Epress.
이화여자대학교 언어교육원(2010),『이화한국어 2-2』, Epress.
이화여자대학교 언어교육원(2012),『이화한국어 6』, Epress.
이화여자대학교 언어교육원(2018),『유학생을 위한 대학한국어. 2: 읽기 쓰기』, Epress.

찾아보기

ㄱ

간접 쓰기 평가	305
간접적 전략	138
간접 평가	157
간접 피드백	268
격식성	73
계승어로서의 한국어	203
고맥락문화권	72
공손성	75
공손성의 원리 격률	76
공손표현	76
과정 중심 쓰기 모형	227, 246
과정 중심 쓰기 평가	306
과정 중심 접근법	225
교사 피드백	266
구성적인 피드백	263
구인	155, 301
글말	25
긍정적 피드백	258
기능적 언어 사용 능력	154
기초 문식성	205

ㄴ

내용 중심 접근법	225
내용 초점 피드백	265

ㄷ

담화적 능력	18
대면 피드백	268
대화 격률	75
동료 피드백	267
딕토글로스	237
딕토콤프	237

ㅁ

문법번역식 교수법	46, 184
문법적 능력	17, 154
문자 언어	25, 181

ㅂ

부정적 피드백	258
분석적 채점	314
비언어적 의사소통 행위	68
비초점 피드백	264

ㅅ

사용역	73
사회언어학적 능력	17, 154
상위 인지 전략	288
상호적 전략	139
서면 피드백	268
성취도 평가	157
수정적 피드백	258
숙달도 평가	157
시험 신뢰도	171
신뢰도	171
실수	111
실제적 쓰기 활동	231, 238

쓰기 윤리	217
쓰기 윤리 지식	217
쓰기 지식 체계	210

ㅇ

언어 불안	67
오류	111
오류 분석	112
오류 수정	121
오류 유형	112
오류의 화석화	48
용인가능성	71
유도된 쓰기 활동	231, 235
유창성	51, 66
음성 언어	25, 181
응결성	205
응집성	205
의미협상	67
의사소통 능력	17
의사소통적 접근법	48
의사소통 전략	133
인지 전략	285
일반적인 피드백	263
입말	25

ㅈ

자기 수정 피드백	267
장르 중심 쓰기 모형	229, 246
장르 중심 접근법	225
저맥락문화권	72

적절성	71
전략적 능력	18
전략 중심 접근법	225
정확성	51, 63
조직적 능력	154
종합적 채점	311
준 직접 평가	157
중간언어	133
직접 교수법	185
직접 쓰기 평가	304
직접적 전략	136
직접 평가	157
직접 피드백	268

ㅊ

채점 신뢰도	171
채점자 간 신뢰도	173
채점자 내 신뢰도	173
청각구두식 교수법	47
체면	73
체면 손상	73
초점 피드백	264
친소관계	73

ㅌ

텍스트 능력	154
텍스트성	205
통제된 쓰기 활동	231, 232

ㅍ

평균낱말길이 … 70
평균발화길이 … 69
평균형태소길이 … 70
포트폴리오 평가 … 306
피드백 … 258

ㅎ

학습자 말뭉치 … 128
함축 … 72
협력적 접근법 … 225
형식 중심 접근법 … 225
형태 초점 피드백 … 265
화계 … 73
화용적 능력 … 154

P

PPP 모형 … 88

T

TTT 모형 … 92

한국문화사 한국어교육학 시리즈

한국어 표현 교육론

1판 1쇄 발행   2021년 9월 30일
1판 2쇄 발행   2022년 9월 20일
1판 3쇄 발행   2024년 2월 29일
1판 4쇄 발행   2025년 8월 11일

지 은 이 | 강현화 · 홍혜란 · 박지순 · 박수연 · 윤경원 · 남신혜 · 장채린
펴 낸 이 | 김진수
펴 낸 곳 | 한국문화사
등   록 | 제1994-9호
주   소 | 서울시 성동구 아차산로49, 404호(성수동1가, 서울숲코오롱디지털타워3차)
전   화 | 02-464-7708
팩   스 | 02-499-0846
이 메 일 | hkm7708@hanmail.net
홈페이지 | http://hph.co.kr

ISBN   979-11-6685-041-7 93700

· 이 책의 내용은 저작권법에 따라 보호받고 있습니다.
· 잘못된 책은 구매처에서 바꾸어 드립니다.
· 책값은 뒤표지에 있습니다.

오류를 발견하셨다면 이메일이나 홈페이지를 통해 제보해주세요.
소중한 의견을 모아 더 좋은 책을 만들겠습니다.